LES INVARIANTS STRATÉGIQUES

OU POURQUOI
LA STRATÉGIE DES ÉTATS NE CHANGE PAS

« **Diplomatie et stratégie** »

Collection dirigée par Emmanuel Caulier

Dernières parutions

Bruno MIGNOT et Jean-Marc ROUQUETTE, *Les perceptions, ce monde méconnu des décideurs,* 2019.

Oumarou KOLOGO, *De la diplomatie étatique aux diplomaties polylatérales*, 2019.

Aristide Briand REBOAS, *Agir pour sauver la République centrafricaine*, 2019.

Séraphin MOUNDOUNGA, *Union européenne, Afrique, Chine, Jeux et enjeux pour la paix*, 2019.

Aslihan TURAN ZARA, *Le concept d'intervention humanitaire vu par l'École anglaise*, 2019.

Éric POURCEL, *Dronisation et robotisation intelligentes des armées (DRIA)*, 2018.

Bruno MIGNOT, *Le marketing d'influence, Stratégies au quotidien pour le chef d'entreprise,* 2017.

Mohammed BENHAMMOU, *Les services de renseignements. Quelles transformations après le 11 septembre 2001 ?*, 2017.

Olivier LAJOUS, *L'art de l'équilibre*, 2016.

Antonio MAPUA-BAMBISSA, *Transition periods as founding pillars of democracy and peace*, 2016.

Saoula SAID-SOUFFOU, *Pétrole et différends territoriaux dans l'océan Indien, Un défi pour la France*, 2015.

Fazil ZEYNALOV, *Le conflit du Haut-Karabakh. Une paix juste ou une guerre inévitable ? Approche historique, géopolitique et juridique. 2e édition revue et augmentée*, 2011.

Aristide Briand REBOAS, *Pour une politique de paix en Centrafrique,* 2015.

Bruno MIGNOT, *Mémento de stratégie d'influence à usage des dirigeants d'entreprise*, 2015.

Bruno Mignot

LES INVARIANTS STRATÉGIQUES

OU POURQUOI LA STRATÉGIE DES ÉTATS NE CHANGE PAS

Regard gaullien sur le Royaume-Uni, les États-Unis, la Russie, l'Allemagne et la France

Préface du Général d'armée Henri Bentégeat

5-7, rue de l'École-Polytechnique, 75005 Paris

http://www.editions-harmattan.fr

ISBN : 978-2-343-20921-0
EAN : 9782343209210

SOMMAIRE

PRÉFACE

L'État-Nation a-t-il encore un avenir ? Encadré par les instances multilatérales développées depuis la Seconde guerre mondiale, débordé par la mondialisation née de la révolution de l'information et de l'expansion du commerce, infiltré par les GAFA et autres entreprises multinationales légales ou criminelles, dépendant des circuits financiers internationaux, ébranlé, enfin, par le flux des grandes migrations, il voit sa liberté d'action bornée, comme jamais dans l'histoire.

De là nait la rumeur, entretenue par ceux qui croient que la Nation est la source de toutes les guerres et de tous les malheurs de l'humanité, que ses jours sont désormais comptés et que ce concept enfanté par la Révolution a fait son temps, ouvrant la voie à l'homme universel, libéré des chaînes du passé par une gouvernance mondiale, gage de paix perpétuelle.

Ce narratif kantien, réhabilité depuis 30 ans par Jürgen Habermas, est mis à mal par le retour en force des nationalismes, de Washington à Pékin, de Moscou à Londres et d'Ankara à New-Delhi. La pandémie du coronavirus a brutalement rétabli le rôle des frontières en rappelant que la protection des citoyens est d'abord une affaire locale. On redécouvre que la nation est le lieu des solidarités naturelles, le seul espace où se concrétise aujourd'hui la démocratie et où l'État exerce le monopole de la force légitime pour combattre la violence. L'État-Nation, aussi contraint qu'il soit par le nouveau contexte international, demeure l'élément central et indépassable de l'organisation du monde, car il incarne l'identité des peuples.

Fort de ce constat, Bruno Mignot explore les permanences qui déterminent les attitudes et les choix fondamentaux des grands pays.

À l'heure où l'émotion et l'impatience, produits d'internet et de l'information continue, irriguent les opinions publiques et pèsent sur les choix des dirigeants, son livre nous rappelle opportunément que les peuples sont aussi enracinés dans le temps long et que leur politique extérieure est le plus souvent guidée par des invariants stratégiques nés de leur géographie et de leur histoire singulières.

L'auteur, général et ancien pilote de combat de l'armée de l'air, aujourd'hui enseignant et chercheur, a choisi pour explorer ces constantes du jeu des relations internationales un guide incontestable. Le général de Gaulle, souvent combattu de son vivant, est aujourd'hui reconnu par tous pour sa capacité unique à s'extraire de l'évènement pour inscrire sa politique dans une vision de long terme des rapports entre nations.

Bruno Mignot aurait pu se limiter à recenser les analyses gaulliennes du « génie des peuples », le talent oratoire de son mentor suffisant à donner du corps à ses jugements tranchés. Il ne l'a pas fait et c'est tout le prix de son essai. S'attachant avec rigueur et passion à rechercher dans la géographie et l'histoire de cinq des plus grandes nations, les invariants conditionnant au fil des siècles leurs choix décisifs de politique étrangère, et parfois intérieure, il valide les analyses du Général, les complétant parfois ou les enrichissant. Bien plus, il se risque à quelques essais prospectifs, parfois dérangeants mais toujours roboratifs.

Outre le plaisir qu'on prend à replacer des pays qu'on croit connaître dans leur contexte temporel et spatial, ce livre a le mérite de nous extraire du diktat abscons de « l'accélération de l'histoire » et des querelles surréalistes du post-humanisme. En revenant au temps long, cher à Braudel, on reprend pied dans le réel, ce qui est la première règle de l'approche stratégique.

Bruno Mignot appuie sa démonstration sur les recherches de grands historiens ou géographes du XIXe et du XXe siècle, évoquant notamment les notions classiques et oubliées de « puissance maritime » ou de « puissance continentale ». Certains s'en gausseront, au nom de la modernité et des progrès de l'historiographie. Ils auront tort, car dans la confusion diplomatique qui est la marque de notre époque, la perte de repères de nos dirigeants tient pour beaucoup à l'ignorance de ces invariants dont De Gaulle avait l'intuition raisonnée.

Enfin, la saveur de ce livre tient à l'impertinence de son auteur, ne répugnant pas, à l'instar de son inspirateur, à dresser des portraits cruels, à secouer le voile des apparences, voire à suggérer d'étourdissants renversements d'alliance, loin, très loin de la doxa officielle, sans qu'on puisse l'enfermer dans une classification partisane.

On ne peut que regretter que le général Mignot ait limité son étude au Royaume-Uni, aux États-Unis, à l'Allemagne, à la Russie et à la France. On devine, à quelques phrases, le plaisir qu'il aurait eu à analyser les invariants stratégiques de la Turquie ou de la Chine.

Au-delà de l'hommage légitime qu'il rend au fondateur de la Ve République, cet ouvrage élégant, écrit d'une main ferme, est un rappel salutaire aux fondements de l'analyse stratégique. Qu'on adhère ou non à ses thèses et à ses propositions, il pose les fondations d'une approche raisonnée des relations internationales. Ce n'est pas son moindre mérite.

Général d'armée Henri Bentégeat

Chef d'état-major particulier
du président Jacques Chirac de 1999 à 2002,
chef d'état-major des armées jusqu'en 2006

Préambule

« *Quand on a décidé d'être aveugle,*
l'évidence cesse d'avoir cours ».

Alain Peyrefitte (1925-1999)
L'Empire immobile ou le choc des mondes, 1989

Les grands de ce monde comptent parmi eux des personnalités hors normes qui ont guidé leur pays, exalté le sentiment national et créé le consensus, parfois même après leur disparition. Dans l'Europe du XXe siècle, deux noms viennent immédiatement à l'esprit : Charles de Gaulle en France et Winston Churchill au Royaume-Uni, parce qu'ils ont été animés d'une foi inébranlable dans le génie de leur peuple, dans une incarnation personnelle de la fierté nationale et dans la poursuite d'une politique de puissance face aux soubresauts de l'histoire. À ce titre, de Gaulle écrivait en 1954 que son homologue britannique avait été « le grand champion d'une grande entreprise et le grand artiste d'une grande histoire »[1], de même que Churchill l'avait qualifié en 1940 « d'homme du destin », ajoutant : « Il est arrogant, il est égoïste, il se considère comme le centre de l'univers… il est… vous avez raison, c'est un grand homme » ![2] Le tableau d'honneur du fondateur de la France libre étant plus fourni, c'est celui que nous avons pris le parti de choisir pour illustrer les théories développées dans cet ouvrage, d'autant que l'année 2020 est l'année De Gaulle : 130e anniversaire de sa naissance (1890), 80e anniversaire de l'Appel du 18-Juin (1940) et 50e anniversaire de sa disparition (1970).

Les hommages les plus appuyés à l'ancien chef de la France libre viennent autant de France que de l'étranger, et plus particulièrement des chefs d'État qui l'ont côtoyé. René Pléven estimait « qu'avec le Général, la France tient un grand homme, un vrai. (…) Il est dans la lignée de ceux qui ont sorti la France du péril, chaque fois qu'elle s'y est

---

[1] Cf. *Mémoires de guerre – L'appel : 1940-1942*, Charles de Gaulle, Ed. Plon, 1954.

[2] Cf. *De Gaulle et Churchill – La mésentente cordiale*, François Kersaudy, Ed. Perrin, 2001.

trouvée »[3]. Le Président américain Dwight Eisenhower lui écrivit en 1960 : « Je porte à votre personne un respect et une admiration que je n'éprouve pour peu d'hommes »[4] ; son successeur, le Président John F. Kennedy, affirma quant à lui à la télévision américaine en 1961 qu'il avait « trouvé dans le général de Gaulle un conseiller avisé pour l'avenir et un guide éclairé pour l'histoire qu'il a contribué à faire »[5] ; le chancelier allemand Konrad Adenauer dit enfin en 1967 qu'il « était un homme qui sent le grand ». Les éloges ne manquent pas pour indiquer en quoi l'homme du 18-Juin est bien une des plus grandes figures mondiales du XXe siècle.

Cet ouvrage sera donc très fréquemment émaillé des écrits et des discours du général de Gaulle, d'où ce « regard gaullien » indiqué en sous-titre, de manière à rendre à César ce qui appartient à César et ne pas s'approprier (sans la citer) ou instrumentaliser une pensée à nulle autre pareille. Pour justifier cette référence si fréquente, deux autres raisons. La première est que le général de Gaulle est le dernier grand homme d'État que l'Occident ait connu et reste, en France, « le plus grand Français de tous les temps » depuis le sondage de France 2 du 4 avril 2005. La seconde est qu'il avait, selon l'ambassadeur de France René Massigli, « le regard incurvé au-delà de l'horizon »[6]. Si le général de Gaulle fut un immense serviteur de l'État et un ardent défenseur des intérêts de son pays, il fut aussi un très grand connaisseur du caractère profond des peuples et un non moins grand visionnaire de la scène internationale. Non accaparé par la conjoncture, il avait un bon sens inné et

---

[3] Cf. *Français en résistance – Carnets de guerre, correspondances, journaux personnels*, édition établie et présentée par Guillaume Piketty, Ed. Robert Laffont, 2009.

[4] Cf. *Mémoires d'espoir*, Charles de Gaulle, Ed. Plon, 1970.

[5] Cité dans *De Gaulle et les grands*, Éric Branca, Ed. Perrin, 2020.

[6] Cf. *De Gaulle – Le rebelle – 1890-1944* (tome 1), Jean Lacouture, Ed. du Seuil, 1984.

l'intuition de l'évidence qui lui sautait aux yeux et que nombre de ses contemporains ne distinguaient pas. Nous verrons que ses préceptes sont d'une actualité inouïe et qu'il est tout particulièrement opportun de les revisiter.

Très « tendance » depuis quelques années car il est tout sauf obsolète, De Gaulle est aujourd'hui pris en référence par de nombreux leaders politiques, de tous bords confondus, qui se revendiquent de sa pensée mais que certains transgressent tous les jours. On serait en effet intéressé de savoir ce que penserait le Général du retour rampant vers le parlementarisme qui a fait preuve de son incurie au cours des IIIe et IVe Républiques, du détricotage régulier de la Constitution de la Ve République, du passage au quinquennat mettant le chef de l'État au centre de l'arène politique[7], du non cumul des mandats transposant l'élu de terrain en politicien parisien, de la hiérarchie des normes juridiques donnant la primauté au droit européen sur le droit national, de la supranationalité des décisions de la Commission européenne, du consumérisme effréné opposé aux valeurs du vivre ensemble, de la confrontation idéologique permanente entre chefs d'entreprise et salariés par manque de participation des seconds aux résultats acquis par les premiers, de l'existence de ministres rattrapés par le fisc, de ministres d'un même gouvernement se présentant aux élections municipales dans la même ville, de candidats à la fonction suprême mis en examen, etc.

---

[7] Lors de sa conférence de presse du 31 janvier 1964, le Président de Gaulle avait pourtant indiqué « qu'il ne faut pas (...) que le Président soit élu en même temps que les députés, ce qui mêlerait sa désignation à la lutte des partis, ce qui altérerait le caractère (...) de sa fonction » et que « l'étendue, la nature de la fonction du chef de l'État exige qu'il ne soit pas absorbé par la conjoncture politique, parlementaire, économique, etc. ».

Le général de Gaulle en 1940[8]

[8] Toile anonyme (cf. https://www.histoire-image.org/fr/etudes/gaulle-1940).

Le Général savait ce qu'était la grandeur d'une nation et portait sur le peuple français un regard lucide, sur sa capacité à se ressaisir comme sur sa propension à se quereller. Pour la France, il repoussait les médiocres : ces derniers lui ont à plusieurs reprises donné l'envie de tout abandonner et ont même gagné trois fois, en 1946, en 1968 et en 1969. Pour la France, il ne tolérait pas de compromis politiciens : ce fut d'ailleurs sa seule force à Londres pendant la Seconde Guerre mondiale que de ne pas transiger au nom d'un idéal alors qu'il ne disposait que de moyens dérisoires, sauf celui de représenter la France éternelle – « je suis trop faible et trop pauvre pour céder », avait-il dit à Churchill en juin 1942 au sujet de Madagascar.

Il discourait facilement sur d'autres nations qu'il connaissait remarquablement bien, en particulier sur les cinq étudiées dans cet ouvrage. Nixon le qualifiait de « géant de l'histoire » et disait de lui qu'il était « l'homme le plus clairvoyant de notre siècle » et qu'il connaissait mieux des États-Unis que beaucoup d'Américains ![9] Pour Éric Branca, « s'il est un homme qui ne sépare jamais l'action de la "plus longue mémoire", au sens que Martin Heidegger assignait à ce terme, c'est bien Charles de Gaulle »[10]. De Gaulle était bel et bien un visionnaire et son esprit prophétique a éberlué ses contemporains, surtout en France dont la cécité faisait souvent loi – il est difficile d'être prophète en son pays ! Certes, il s'est parfois trompé, pensait comme un homme né au XIXe siècle et vivant au XXe mais qui peut, aujourd'hui comme hier, s'enorgueillir d'avoir vu de son vivant ses *Mémoires* (de guerre, en trois tomes) traduits en vingt-cinq langues et vendus à deux millions d'exemplaires ? Comme le dit Denis Tillinac, « dans le maelstrom du siècle vingtième, seule l'aventure

---

[9] Cité par Éric Branca dans *L'ami américain – Washington contre de Gaulle 1940-1969*, Éric Branca, Ed. Perrin, 2017.

[10] Cf. *L'ami américain*, *op. cit.*

gaullienne a hissé ses baroudeurs à l'altitude des rêves qui enchantent les âmes »[11].

Le général de Gaulle est entré dans l'histoire bien avant sa mort et nombre de ses visions se sont vérifiées après, la première datant de 1929 – il avait seulement trente-neuf ans – et indiquant que « dans quelques années, on s'accrochera à mes basques pour sauver la patrie »[12]. Gageons que quatre-vingt-onze ans plus tard, c'est toujours un peu le cas. Certaines de ses prophéties sont intemporelles et s'avèrent terriblement contemporaines, au regard de l'état du monde d'aujourd'hui. « À l'heure d'une réévaluation géopolitique globale, il n'est pas vain de recourir à la vision et à l'expérience du Général », écrit Hélène Carrère d'Encausse en 2017[13]. En évoquant le concept de participation proposé par De Gaulle, Denis Tillinac estime quant à lui que « l'évolution de l'économie mondialisée donne un sacré coup de jouvence à l'intuition du Général »[14].

Il n'y a pas que des Français qui pensent que le fondateur de la Ve République a eu bien souvent raison : le consensus sur sa hauteur de vue est internationalement unanime et de nombreux chefs d'État le prennent encore pour référence. Déjà, lors d'une réception à la Maison Blanche en mars 1969, le secrétaire d'État américain Henry Kissinger avait relevé qu'il était « le point de mire de toute l'assistance », comme Pierre-Louis Blanc, chef du service de presse de l'Élysée, observait « qu'à son apparition, la foule réagit comme la limaille de fer aspirée par le champ de force d'un

---

[11] Cf. *Dictionnaire amoureux du Général*, Denis Tillinac, Ed. Plon, 2020.

[12] Entretien avec Lucien Nachin du 20 juin 1929, cité par Éric Branca dans son ouvrage *De Gaulle et les grands*, *op. cit.* et tiré du livre *Charles de Gaulle, Général de France*, Lucien Nachin, Ed. Colbert, 1944.

[13] Cf. *Le général de Gaulle et la Russie*, *op. cit.*

[14] Cf. *Dictionnaire amoureux du Général*, *op. cit.*

aimant »[15]. Les grands de ce monde ont reconnu, de son vivant, un personnage hors normes, et à sa disparition, la présence de quatre-vingt-dix-neuf délégations étrangères, dont quarante chefs d'État et de gouvernement[16], à la messe du 12 novembre 1970 à Notre-Dame de Paris, trois jours après sa disparition, en atteste : davantage que l'ancien Président de la République française, ils sont venus saluer le patriote, l'homme d'État et de conviction, le visionnaire, l'infatigable, l'intransigeant, l'intuitif et le désintéressé – le Président Nixon dit à cette occasion : « J'étais présent comme Président des Etats-Unis. J'étais aussi présent comme ami ». La population française ne fut pas en reste : plus d'un million de Parisiens se retrouvèrent spontanément le soir-même pour descendre les Champs-Élysées en silence, renouvelant la descente que De Gaulle triomphant avait effectuée le 26 août 1944 à la libération de Paris et bien conscients qu'une grande page de l'histoire de France venait de se tourner.

Au même titre qu'il était au-dessus du bourbier politicien des IIIe et IVe Républiques parce qu'il abordait l'histoire de France par l'âme de sa population et non pas par l'idéologie qui faussait tout et obscurcit encore la vue de nombre d'hommes politiques actuels, De Gaulle avait compris la mentalité des autres nations parce qu'il pensait « peuple » au lieu de penser « régime politique » : par exemple, il citait « la Russie » quand il parlait de l'URSS, comme pour bien signifier que le communisme n'était qu'une parenthèse du cahier d'histoire russe – « la Russie

[15] Cités tous les deux par Éric Branca dans *De Gaulle et les grands*, *op. cit*.

[16] Dont Gustav Heinemann (Allemagne), le roi Baudoin de Belgique, Félix Houphouët-Boigny (Côte d'Ivoire), Richard Nixon (États-Unis), le Négus d'Éthiopie, Indira Gandhi (Inde), le Shah d'Iran, Edward Hearth (Royaume-Uni, accompagné de trois anciens Premiers ministres), Léopold Sédar Senghor (Sénégal), Nicolas Podgorny (URSS)…

boira le communisme comme le buvard boit l'encre »[17]. Il avait une connaissance phénoménale de l'histoire et de la géographie des États, parce qu'il avait le génie d'associer subtilement ces ingrédients pour en déduire les ressorts de la « recette finale des nations » et du « génie des peuples ».

Comme c'est notre ambition, ses réflexions nous serviront à corroborer l'idée selon laquelle les États présentent des invariants stratégiques que les années ne gomment pas. Venons-en donc maintenant au sujet central de cet ouvrage.

---

[17] Cf. *C'était de Gaulle* (tome 1), Alain Peyrefitte, Ed. Fayard, 1994.

INTRODUCTION

« Physiologiquement, [les Rougon-Macquart] sont la lente succession des accidents nerveux et sanguins qui se déclarent dans une race, à la suite d'une première lésion organique, et qui déterminent, selon les milieux, chez chacun des individus de cette race, les sentiments, les désirs, les passions, toutes les manifestations humaines, naturelles et instinctives, dont les produits prennent les noms convenus de vertus et de vices ».

Émile Zola (1840-1902)
La Fortune des Rougon, 1871

Temps court vs temps long

À la vitesse à laquelle le monde tourne, l'immédiateté de l'information occupe une place de plus en plus grande dans la vie quotidienne de la moitié de l'humanité qui a accès à la connaissance *via* internet[18]. La météo qu'il fera demain, le film du soir, l'avis des utilisateurs sur un nouvel ordinateur, la recette d'un plat original, la teneur des échanges familiaux sur WhatsApp ou amicaux sur Facebook, les messages électroniques qui tombent en permanence, les commentaires échangés sur Twitter, les vidéos postées sur YouTube et les photos sur Instagram…, tout nous pousse à être connectés en permanence et à nous empêcher de lever la tête de nos écrans. Nous sommes aujourd'hui accaparés par le temps court, pour ne pas dire commandés, assujettis ou asservis, et oublions de penser à l'avenir, de fixer une route et de maintenir un cap. Le général d'armée Pierre de Villiers, ex-chef d'état-major des armées françaises, pense que « tout nous tire vers la tactique et l'action immédiate, au détriment d'une vision stratégique et d'un effet à obtenir dans la durée » et parlait de « nos sociétés, où l'émotion l'emporte souvent sur la réflexion »[19].

Pour Anne Lauvergeon, « il faut un peu plus de persistance dans l'être (…), il nous faut retrouver le sens du temps long »[20]. L'être humain occidental réfléchit de moins en moins car il zappe et se disperse, le professionnel est

---

[18] Selon We Are Social France, au 1er janvier 2020, 59 % de la population mondiale a accès à internet (cf. https://wearesocial.com/fr/blog/2020/01/digital-report-2020).

[19] Cf. *Servir*, Général d'armée Pierre de Villiers, Ed. Fayard, 2017.

[20] Cf. l'article « Retrouver le sens du temps long » – entretien entre Anne Lauvergeon et Bruno Mignot, lettre électronique de l'armée de l'air *Epidosis* n°5, février 2014 (site de l'IRSEM https://www.irsem.fr/data/files/irsem/documents/document/file/1657/CESA_2014_Epidosis_05.pdf).

accaparé par sa boite mail et le décideur dispose de moins en moins d'une vision stratégique car il gère les crises. On se souvient des jugements de certains présidents de la République en exercice réagissant trop vite face à un événement alors qu'il s'agissait d'une fausse nouvelle ou d'une manipulation : ce fut le cas de la fausse agression antisémite, le 9 juillet 2004 dans le RER D français, qui avait donné lieu à un communiqué officiel de l'Élysée quelques heures plus tard ; ce fut aussi le cas lors de l'accusation indue de viol à l'encontre des policiers ayant interpelé un éducateur de quartier le 2 février 2017 à Aulnay-sous-Bois, donnant lieu à une visite du Président de la République à son chevet à l'hôpital cinq jours plus tard. L'image prime sur la raison, l'instantanéité décide de nos actions, l'inconsistance gagne du terrain et ce jusqu'aux plus hauts niveaux de l'appareil d'État.

Cette évolution vers l'interprétation immédiate et instinctive, sans prise suffisante de recul, caractérise les journalistes qui, selon Jean-François Khan, n'écrivent pas pour la postérité mais pour le journal de 20 h 00[21]. L'analyse d'un événement ponctuel est fréquemment réalisée sans le replacer dans un phénomène de plus grande ampleur car il faut se dépêcher, une nouvelle en chassant une autre, de produire un papier tout aussi rapide qu'expéditif et incomplet. Les militaires tendent également trop souvent à être absorbés par le temps court, tant les crises se succèdent. C'est sans doute pour lutter contre cette logique que le chef d'état-major des armées françaises expliquait en novembre 2019, en évoquant la situation au Sahel, que « le passé explique (…) les centaines de morts que provoquent les crises que nous connaissons, et notamment les confrontations intracommunautaires (…).

[21] Conférence « Le monde des médias », Jean-François Khan, École de guerre alors dénommée Collège interarmées de défense (Paris), 26 septembre 2006.

Nous concentrer sur l'actualité peut aussi avoir pour effet de nous aveugler. (…) Nous devons avoir la perception du temps long pour appréhender correctement les raisons des évolutions actuelles. (…) Sans une analyse historique fine de ces confrontations et de ces crises, on est incapable de les traiter convenablement »[22]. C'est aller dans le même sens que le général de Gaulle qui, toujours, privilégia le temps long au circonstanciel. Et c'est bien ce qui sous-tend cette étude sur les invariants stratégiques.

Ce plaidoyer pour le retour au temps long est très lucide et devrait être davantage partagé par les élites d'un pays. Prendre de la hauteur relève aujourd'hui de personnalités, hommes politiques comme journalistes, ayant une longue carrière derrière elles et celles-ci se font de plus en plus rares. En cela, s'il n'y a rien de bien nouveau – c'est bien l'âge et l'expérience qui mènent à la sagesse – ces deux qualités se perdent dans le grand bain de la tendance actuelle où celui qui parle le premier a médiatiquement raison, même s'il dit des sornettes.

Cette évolution, encore, n'épargne pas les observateurs des relations internationales qui oublient souvent qu'une décision prise par un gouvernement, un parti-pris d'un État, une menace brandie par un Président ou une réaction instinctive d'une population sont le résultat d'une longue histoire qui agit inconsciemment dans l'âme d'un peuple et de ses dirigeants et les pousse à décider ainsi. C'est ainsi que le « retour des politiques de puissance » est fréquemment mis en avant dans les publications spécialisées ou dans les médias, comme si la politique de puissance des États avait été occultée par on ne sait quelle

[22] Cf. l'audition à huis clos du général d'armée François Lecointre, chef d'état-major des armées françaises, devant la Commission des affaires étrangères de l'Assemblée nationale du 6 novembre 2019, compte rendu n°12 (http://www.assemblee-nationale.fr/15/cr-cafe/19-20/c1920012.asp).

autre politique plus en phase avec le monde actuel – rares sont ceux qui, comme Christian Harbulot, essaient de rappeler ce truisme antédiluvien qui n'a pas pris une ride[23].

C'est oublier un peu vite que les intérêts stratégiques nationaux guident encore et toujours la politique étrangère des États. C'est négliger le fait que ces intérêts ne datent pas d'hier et que l'histoire se répète bien souvent dès lors qu'ils sont menacés. Le général Lucien Poirier, théoricien de la dissuasion nucléaire, écrivait que « les batailles de Marathon et de la Marne, celles de Salamine et de Leyte, ont peu de points communs ; assez néanmoins pour que le théoricien et le praticien [de la stratégie] les pensent identiquement comme les avatars d'un même être stratégique traversant l'histoire avec des attributs invariants »[24]. Alors titulaire de la chaire de stratégie à l'École de guerre de Paris, Hervé Coutau-Bégarie ajoutait que « l'organisation des sociétés humaines parvenues à un certain degré de complexité correspond presque toujours aux mêmes préoccupations : la protection du groupe, l'accroissement de sa richesse ou de sa puissance… autant d'éléments qui fondent une politique étrangère, qu'il s'agisse d'une cité, d'un empire ou d'un État-nation »[25]. Ces invariants que cite M. Coutau-Bégarie sont bien les invariants supérieurs évoqués plus haut et ils sont effectivement communs à tous les États mais les caractéristiques des États étant différentes, leur politique étrangère diffère elle aussi, même s'ils peuvent partager des invariants. Il s'agit également, comme le dit le général Poirier, de « discriminer les invariants et les facteurs

---

[23] Cf. *Sabordage – « Comment la France détruit sa puissance »*, Christian Harbulot, Ed. François Bourin, 2014..

[24] Cf. *Le chantier stratégique – Entretiens avec Gérard Chaliand*, Lucien Poirier, Ed. Hachette, 1997.

[25] Cf. *Traité de stratégie* (7e édition), Hervé Coutau-Bégarie, Ed. Economica, 2011.

d'évolution »[26], c'est-à-dire ce qui ne change pas et ce qui peut évoluer et qu'on constate sur une période courte incluant le présent.

Pourquoi la Turquie préfère-t-elle la lutte contre les Kurdes plutôt que l'unité de l'OTAN ? Pourquoi les États-Unis atermoient-ils vis-à-vis de l'Iran ? Pourquoi la Chine installe-t-elle impunément des bases sur des archipels faisant l'objet de différends avec ses voisins, pourtant réglés par la Cour internationale de justice (à son détriment) ? Il existe des réponses à ces questions, moins simplistes que celles qu'on trouve généralement car elles ne relèvent pas que d'une analyse de l'actualité.

Pour le général Pierre de Villiers, « l'histoire ne repasse pas les plats, mais la polémologie comporte des constantes, des invariants qui ne peuvent être contestés »[27]. Sans (trop) faire preuve de déterminisme, cet ouvrage a pour ambition de s'intéresser à ce qui ne change pas dans ces politiques, à ces « invariants stratégiques » qui s'inscrivent dans le temps long et font qu'un pays, une population, des gouvernements successifs poursuivent en règle générale les mêmes buts et défendent le plus souvent les mêmes intérêts, et ce quel que soit le régime ou les partis politiques au pouvoir. S'il est certes intéressant de dessiner les mentalités des peuples, le plus important est de comprendre la politique extérieure des États, leur attitude sur la scène internationale et non sur le territoire national, de manière à s'intéresser ensuite à l'avenir et dès lors anticiper leur action.

Et comme la vie d'un pays ressemble à une pièce de théâtre dont la géographie constitue le décor et l'histoire le scénario, ces deux approches vont constituer la trame de

---

[26] Cf. *Essais de stratégie théorique*, Lucien Poirier, Fondation pour les études de défense nationale, 1982.
[27] Cf. *Servir*, *op. cit.*

l'exposé qui suit. Le rôle principal est tenu alternativement par la population ou par l'État, au sens de l'exécutif, et les acteurs secondaires tournent autour pour permettre à ce dernier de jouer son rôle, de donner le meilleur de lui-même, de mettre en lumière ses qualités et ses défauts, tour à tour de se sublimer ou de se discréditer.

Géographie et histoire

Un pays « possède » sa géographie : il peut être enclavé comme le Lesotho ou ilien comme la Nouvelle-Zélande, bloqué six mois de l'année par les glaces comme le Canada, uniquement montagneux comme le Bhoutan, totalement plat et au niveau de la mer comme les Pays-Bas, essentiellement côtier comme le Chili, partagé en deux comme l'Angola ou partageant une même île comme Haïti et la République dominicaine, au carrefour de deux mondes comme la Turquie, immensément vaste comme la Russie, extrêmement petit comme Saint-Marin, etc. Par exemple, de Gaulle introduit *Vers l'armée de métier* en écrivant : « Comme la vue d'un portrait suggère à l'observateur l'impression d'une destinée, ainsi la carte de France révèle notre fortune » et cite Napoléon qui disait que « la politique d'un État est dans sa géographie »[28]. En fonction de la géographie ont bougé des hordes, des clans, des tribus et se sont développés des ethnies, des peuplades puis des peuples qui aujourd'hui parlent la même langue, habitent le même territoire, ont la même histoire et partagent une même communauté de destin, ingrédients nécessaires pour constituer une nation. Alexandre Dumas considérait « qu'un peuple ne compte intellectuellement au nombre des nations que lorsqu'il a une littérature en propre »[29].

---

[28] Cf. *Vers l'armée de métier*, Charles de Gaulle, Ed. Berger-Levrault, 1934.

[29] Cf. *Voyage en Russie*, (1858), Alexandre Dumas, Ed. Hermann, 2002.

Ajoutons donc aussi la littérature qui est un des ingrédients de la culture nationale.

La géographie d'une contrée forge assurément le caractère de ses habitants et tant que cette géographie n'est pas modifiée, il ne faut pas s'attendre à ce que les populations changent de tempérament. C'est ainsi que certaines, quand on les déplace en raison de considérations climatiques ou de conflits dans leur pays d'origine, se retrouvent perdues, désorientées, déboussolées parce que le pays d'accueil présente des caractéristiques tout autres. Installer un pêcheur en montagne, c'est le tuer un peu. C'est un principe de réalité, la géographie façonne les hommes mais elle ne façonne pas forcément une nation : même s'ils parlent la même langue, le français, on trouve des marins bretons et des montagnards savoyards qui, *a priori*, ne partagent pas les mêmes préoccupations. Alors, pour qu'ils se sentent membres d'une même communauté, d'un même peuple, d'une même nation, il faut que s'exprime une autre dimension au moins aussi importante et cette dimension, c'est l'histoire.

Un pays est également la résultante de l'histoire comme l'histoire est la résultante des guerres entre nations en raison le plus souvent de considérations géographiques que l'on qualifie de « géopolitiques » : par exemple, l'Autriche actuelle n'a rien à voir avec l'Empire autrichien qui rayonna de sa puissance tout au long du XIXe siècle. À ce sujet, le général de Gaulle employait la formule de « portugalisation d'un État » pour indiquer en quoi un grand empire pouvait décroître jusqu'à devenir une puissance de 3e rang, ce qui est le cas du Portugal d'hier et d'aujourd'hui[30]. Le lien entre

[30] Aux XVIe et XVIIe siècles, le Portugal était un empire dont le rayonnement était quasiment égal à celui de la France et de l'Angleterre. Puis il a entamé une lente décadence qui fait de lui, aujourd'hui, un pays au PIB six fois plus faible que celui de l'Espagne, treize fois plus faible que celui de la France et dix-sept fois plus faible

géographie, histoire et guerre est fort. En ce qui concerne la France, celle-ci « a été faite à coups d'épée »[31] mais elle n'est certainement pas la seule ; le géographe Yves Lacoste intitule un de ses livres *La géographie, ça sert, d'abord, à faire la guerre*[32] et l'historien André Loez, dans la critique de cet ouvrage, explique que « c'est avant tout un rappel acéré des racines militaires de la discipline, et de la carte en particulier, cette représentation "efficace" mais "coûteuse" de l'espace, qui ne peut être produite, à l'origine, que par les États et les états-majors »[33]. La carte crée le territoire et le bien commun, la tentation du voisin et donc le conflit : chacun regarde dans le jardin de son voisin, se méfie de son regard et se bat pour défendre ses intérêts et c'est bien cette notion d'intérêt qui s'avère centrale dans toute politique humaine, c'est elle qui a façonné l'histoire des peuples et celle des États.

Le plus souvent la géographie crée l'histoire – l'inverse étant l'exception, comme le tracé rectiligne des frontières africaines – ou tout au moins est au service de l'histoire, au même titre que la géomorphologie structurale s'intéresse au rôle de la structure géologique dans l'organisation des reliefs. La géographie a engendré la cartographie qui a elle-même engendré les frontières et causé les guerres. Pour

---

encore que celui de l'Allemagne, nation qui n'existait même pas du temps de la splendeur portugaise. C'est à ce déclin que le Général de Gaulle pensait en évoquant le risque de « portugalisation de la France » lors d'un entretien avec Alain Peyrefitte (cf. *C'était de Gaulle*, tome 1, *op. cit.*).

[31] Cf. *La France et son armée*, Charles de Gaulle, Ed. Plon, 1938.

[32] Cf. *La géographie, ça sert, d'abord, à faire la guerre*, Yves Lacoste, Ed. Maspero, 1976. Yves Lacoste est géographe, spécialiste de géopolitique, fondateur et directeur de la revue *Hérodote*.

[33] Cf. la critique d'André Loez du *Monde des livres* en date du 9 novembre 2012, après la réédition du livre d'Yves Lacoste aux éditions La Découverte en 2012 (https://www.editionsladecouverte.fr/catalogue/index-La_geographie__ca_sert__d_abord__a_faire_la_guerre-9782707178367.html).

connaître un pays et sa population, pour comprendre ses intérêts, il faut donc avant tout se pencher sur une carte, penser en géographe avant de penser en historien, en politique, en militaire ou en économiste.

Le rapport à la terre – ou à la mer – est à la base de tout, en particulier de l'état d'esprit d'une population, de la défense des biens particuliers puis de celle des intérêts nationaux. C'est ainsi qu'en pensant « île », on saisira le positionnement britannique, en pensant « conquête de l'Ouest », on s'expliquera le caractère américain, en pensant « immensité territoriale », on pénétrera l'âme russe… et l'on peut décliner cette liste à l'envi pour comprendre les tenants et les aboutissants des politiques étrangères des États d'hier et d'aujourd'hui. Les particularités géographiques, qui n'évoluent pas ou alors très peu, viennent s'agréger avec les séquelles de l'histoire de chaque pays, se construisant quant à elle quotidiennement pour constituer un tout stable, fondateur d'une politique, caractéristique d'une stratégie sur laquelle les ans et l'actualité n'ont que peu d'influence. Cette approche n'est certainement pas originale, en ce qu'elle délaisse la « petite » histoire, l'histoire évènementielle, l'histoire conjoncturelle que la perception de l'homme a de son environnement au cours de sa courte vie, et préfère celle du temps long chère à Fernand Braudel[34]. En particulier, si l'être humain a 200 000 ans d'histoire, la Terre a quant à elle 4,5 milliards d'années derrière elle. Enfin, si l'histoire est la résultante de l'activité de l'homme sur sa société, ce dernier a très peu façonné la géographie de la planète.

C'est donc en s'intéressant à la géographie et à l'histoire d'un pays qu'il est possible de retracer son parcours et d'identifier ses invariants. C'est en s'intéressant à ses

---

[34] Cf. *La longue durée*, Fernand Braudel, Annales Économies-Sociétés-Civilisations, 13e année, Ed. Armand Colin, 1958.

caractéristiques géographiques essentielles et à ses tendances irrésistibles historiques qu'il est permis d'expliquer son positionnement actuel, de comprendre ses réactions et d'imaginer ses dispositions futures.

Les chefs d'État sont de passage sur la scène internationale, au regard du faible nombre d'années où ils se trouvent aux commandes, mais ils agissent avec un fond identitaire qui est celui de leur pays et selon des schémas propres à leur pays. Qu'ils s'appellent Obama ou Trump, il existe un fond commun qui agit au profit de l'Amérique, certes avec des manières différentes, mais ce fond est identique – l'ex ambassadeur de France à Washington, Gérard Araud, indique même que l'*establishment* américain refuse à tort « de voir qu'en politique étrangère, d'Obama à Trump, les continuités l'emportent sur les ruptures »[35]. Qu'ils s'appellent Thatcher ou Blair, Adenauer ou Merkel, Brejnev ou Poutine, de Gaulle ou Mitterrand, il en est de même et leurs décisions sont ou étaient prévisibles. Il s'agit donc de bien se garder d'adopter une approche partisane quand il s'agit de critiquer leur politique mais de prendre suffisamment de hauteur pour comprendre leur logique et finalement traduire la démarche d'un gouvernement comme la suite rationnelle d'un invariant national.

Pourquoi ces cinq pays ?

Le choix des cinq pays étudiés dans cet essai résulte d'une observation de leur lente évolution au cours des siècles et des manœuvres de chacun sur la scène internationale : on commencera par le Royaume-Uni pour passer naturellement aux États-Unis, avant de s'intéresser à

---

[35] Cf. l'article « Trump, l'homme qu'il fallait prendre au sérieux », Gérard Araud, *Le Point* du 6 février 2020 (https://www.lepoint.fr/monde/gerard-araud-trump-l-homme-qu-il-fallait-prendre-au-serieux-06-02-2020-2361517_24.php).

la Russie et à l'Allemagne qui sont très liées, et de terminer par la France. Ce n'est pas un hasard de les avoir choisis dans cet ordre, chacun ayant une façon bien à lui de voir le monde et de fonctionner : Winston Churchill ne disait-il pas « qu'en Angleterre, tout est permis, sauf ce qui est interdit. En Allemagne, tout est interdit, sauf ce qui est permis. En France, tout est permis, même ce qui est interdit. En URSS, tout est interdit, même ce qui est permis » ?

Mais si ces États occupent le devant de la scène du camp occidental, ils ne sont pas les seuls à susciter l'intérêt. On aurait en effet pu ajouter la Chine à cette liste. Ainsi, le lecteur peut s'interroger sur la longue tradition chinoise, en raison de sa culture confucéenne, de demeurer l'Empire du milieu de nature essentiellement terrestre et replié sur lui-même qu'il est resté pendant de nombreux siècles : or, la Chine trouble cette constante par le développement important de sa flotte militaire. Ce serait oublier trop rapidement que « la plus grande puissance maritime de l'histoire fut la Chine des Tang et des Ming du Xe au XIVe siècle, à l'origine notamment du compas de navigation et du gouvernail d'étambot »[36] et qu'au début du XVe, l'amiral chinois Zheng He a abordé sur les côtes somaliennes et kenyanes et initié le commerce avec les Africains autochtones. L'intérêt des Chinois pour les choses de la mer ne date donc pas d'hier et cela fait dire que l'immobilité chinoise, même si elle a duré des siècles, n'est qu'une (longue) page de son histoire aujourd'hui refermée – le général de Gaulle a fait un fort beau portrait de la Chine éternelle lors de sa fameuse conférence de presse du 31 janvier 1964 à l'Élysée. D'aucuns regretteront de ne pas

---

[36] Cf. l'article « La Chine au miroir de la mer », Cyrille P. Coutansais, *Revue internationale et stratégique* 2010/2 (https://www.cairn.info/revue-internationale-et-strategique-2010-2-page-28.htm).

voir apparaître l'Inde, la Turquie ou Israël dans cet ouvrage et ils auront raison : qu'ils se lancent !

Intérêts et invariants

Comme nous l'avons déjà indiqué, un État-nation est constitué d'une population et d'un territoire auquel il mêle une histoire partagée et une communauté de destin ; une volonté de vivre ensemble, une culture singulière et une langue parlée par tous viennent fédérer ce tableau. Le régime qui le caractérise défend des valeurs qui coïncident plus ou moins, selon le système politique en place (démocratie, théocratie, monarchie, dictature…), avec l'identité nationale, avec celle de la population majoritaire, et ses valeurs sont souvent jugées à l'aune de la place laissée aux minorités et à l'opposition politique. Les intérêts du pays constituent les seuls points communs à tous les États-nations, leur défense constituant le seul vrai invariant stratégique : c'est la manière dont elle se décline qui est étudiée dans cet ouvrage.

Nous constaterons en quoi l'identité et la fierté d'une nation tiennent parfois à peu de choses mais qu'elles sont profondément ancrées dans les mentalités nationales et que les décisions des gouvernants s'y conforment toujours, notamment quand il s'agit de se maintenir au pouvoir, et en particulier quand il faut préserver les intérêts et surtout l'unité nationale, notion souvent attisée pour légitimer des guerres et pérenniser un régime politique. Nous confirmerons cette vision gaullienne selon laquelle, en parlant de l'Union soviétique, « le communisme s'effaçait derrière l'intérêt des États, et plus encore, derrière les intérêts historiques et les alliances séculaires »[37].

---

[37] Cf. *Le général de Gaulle et la Russie*, Hélène Carrère d'Encausse, Ed. Fayard, 2017.

Nous verrons que la formule « invariants stratégiques » ne vient pas de nulle part et prend toute sa signification pour expliquer les réticences des uns ou les réactions des autres, même sous l'empire de l'immédiateté. Surtout sous l'empire de l'immédiateté d'ailleurs, puisqu'elle fait jaillir ce qui dort au tréfonds de l'âme humaine avec la violence de l'individu qui ne pense plus mais agit instinctivement selon les ordres de son cerveau reptilien, de ses réflexes, de ce qui lui a été légué par ses ancêtres après des siècles de défense de ses intérêts, de connaissance de son environnement et de précautions quant à sa sécurité et à son développement.

Nous tenterons ensuite, à l'issue de chaque étude particulière, de dresser une carte de vigilance en essayant de faire preuve d'empathie afin de déduire les possibles actions et réactions des dirigeants face aux menaces qui couvent en 2020. Car discourir sur les invariants stratégiques d'un État n'a guère d'utilité si ce n'est pour se poser la question « et alors ? » et anticiper l'avenir.

Enfin, nous remercions tout particulièrement le général de corps d'armée (2S) Philippe Chalmel, ancien conseiller du gouvernement français pour la défense au sein du cabinet du ministre de la Défense Jean-Yves Le Drian et ex-attaché de défense près l'ambassade de France à Berlin, et M. Thierry Fortin, professeur agrégé d'anglais et ancien directeur des études et de la mobilité internationale de l'Institut d'études politiques (Sciences po) de Lyon pour le regard critique et constructif qu'ils ont bien voulu porter sur ce modeste essai.

Pour être l'ennemi héréditaire de la France et parce que le Royaume-Uni se cherche depuis deux ans entre une vision européenne que l'on aurait pu croire établie dans l'esprit du peuple britannique et un regard tourné vers le grand large, nous commencerons par nous intéresser à ce que beaucoup appellent la « perfide Albion ».

CHAPITRE I – LES INVARIANTS BRITANNIQUES

« *L'empire de la mer a toujours donné aux peuples qui l'ont possédé une fierté naturelle, parce que, se sentant capables d'insulter partout, ils croient que leur pouvoir n'a pas plus de bornes que l'océan* ».

Montesquieu (1689-1755)
De l'esprit des lois, 1748

Le Royaume-Uni est composé de l'Angleterre, du Pays de Galles, de l'Ecosse et de l'Irlande du Nord. Il a derrière lui une longue stabilité politique – le *Brexit* est une crise passagère – mais cela n'a pas toujours été le cas, notamment quand il a fallu forger l'âme britannique. L'entité « Royaume-Uni » est née en 1707 à l'occasion de l'unification des royaumes d'Angleterre et d'Écosse pour constituer celui de Grande-Bretagne. Ce dernier se rapproche bon gré mal gré du royaume d'Irlande un siècle plus tard (1801), devient alors le « Royaume-Uni de Grande-Bretagne et d'Irlande », pour enfin s'appeler formellement « Royaume-Uni de Grande-Bretagne et d'Irlande du Nord » en 1922, après la sécession de l'Irlande du Sud. On constate souvent que les termes de Royaume-Uni, d'Angleterre et de Grande-Bretagne – on parle d'ailleurs d'Anglais ou de Britanniques – sont indifféremment utilisés pour qualifier une même entité : il s'agit d'une erreur de fond mais elle est entrée dans le langage courant alors le lecteur comprendra pourquoi il en sera parfois de même ici.

Abrégé de géographie et de géopolitique britannique

Le Royaume-Uni est un conglomérat insulaire de quatre nations installées sur deux îles principales : Grande-Bretagne pour l'Angleterre, le Pays de Galles et l'Écosse ; Irlande pour l'Irlande du Nord. Elles sont entourées par l'océan Atlantique à l'Ouest, la Manche au Sud et la mer du Nord à l'Est et au Nord. Le climat est tempéré. Le relief anglais (plus haut sommet à 977 m) et nord-irlandais (852 m) est relativement plat tandis que celui du Pays de Galles (plus haut sommet à 1 085 m) et de l'Écosse (1 344 m) est bien plus montagneux. Les ressources naturelles terrestres sont assez rares (charbon, fer, plomb, zinc…) et la mer du Nord est exploitée pour son pétrole et son gaz depuis les années 1970 ; toutefois, l'ensemble de ces ressources est en voie d'épuisement et fait du pays une entité de plus en plus dépendante énergétiquement et économiquement de ses échanges commerciaux. Le Royaume-Uni n'en demeure pas moins la 5e économie mondiale après les États-Unis, la Chine, le Japon et l'Allemagne et juste avant la France[38].

Le Royaume-Uni est relié au continent européen par un tunnel de 50 km de long depuis 1994. Ce cordon ombilical ne peut pas être une menace pour Londres, tant il est facile de l'inonder en cas d'invasion. Dès lors, le royaume est bien constitué d'îles à part entière, même si l'Irlande du Nord a 500 km de frontière terrestre avec l'Eire (République d'Irlande).

80e pays le plus vaste du monde (10e en Europe) avec ses 244 800 km² derrière l'Italie et devant la Roumanie, le Royaume-Uni compte 66,9 millions d'habitants – 21e place mondiale et 3e en Europe derrière l'Allemagne et la France (sans compter la Russie). Les Anglais sont largement majoritaires avec 55 millions d'habitants (82,2 % du total) installés sur 130 400 km² (53,5 % du territoire) ; les Écossais sont dix fois moins nombreux avec 5,5 millions d'habitants (8,2 %) sur 78 800 km² (32,3 % du territoire) ; les Gallois sont 3,1 millions (4,6 %) sur 20 800 km² (8,5 %) et enfin les Irlandais du Nord comptent 1,9 million d'habitants (2,8 %) sur 13 800 km² (5,7 %). Cette répartition très favorable aux Anglais explique pourquoi le pouvoir à Londres a été presque toujours dans leurs mains[39]. Le taux de fécondité britannique, à 1,7 enfant par femme baisse petit à petit et a connu un bas historique en

[38] Classement par produit intérieur brut (PIB) établi par le Fonds monétaire international et la Banque mondiale.

[39] Sur les cinquante-cinq Premiers ministres différents depuis 1721 jusqu'à 2019, seul David Lloyd George n'avait pas l'anglais comme langue maternelle – il était gallois – et sept autres étaient écossais de naissance.

Angleterre et au Pays de Galles en 2018 (- 10 % par rapport à 2010)[40]. Or, le taux de remplacement des générations est de 2,075[41], ce qui signifie que la population britannique de souche diminue et que l'accroissement naturel de 0,5 % que connaît le pays provient dès lors de l'immigration, en particulier du Commonwealth.

Le régime politique est de type monarchie parlementaire dépourvu de constitution écrite[42] : la reine est chef de l'État mais c'est le Premier ministre qui gouverne – c'est traditionnellement le chef du parti arrivé vainqueur aux élections législatives – sous le contrôle de la Chambre des Communes et de celle des Lords.

Le système de dévolution du pouvoir permet à chaque nation au sein du royaume de disposer de son propre Parlement et de son propre Premier ministre dont les pouvoirs sont néanmoins limités. L'essentiel du pouvoir britannique se situe ainsi au « 10, Downing Street » à Londres, soit le lieu de résidence et de travail du Premier ministre qui est Boris Johnson depuis juillet 2019.

In fine et ce n'est pas faire preuve d'une perspicacité hors normes que de le rappeler, le caractère ilien constitue la principale caractéristique du Royaume-Uni et en fait un État tout particulièrement dépendant du commerce maritime.

---

40 Cf. l'article de *Courrier international*, « Le taux de natalité est au plus bas en Angleterre et au Pays de Galles », tiré de *The Guardian*, 2 août 2019, (https://www.courrierinternational.com/article/le-chiffre-du-jour-le-taux-de-natalite-est-au-plus-bas-en-angleterre-et-au-pays-de-galles).

41 Cf. Wikipédia (https://fr.wikipedia.org/wiki/Taux_de_f%C3%A9condit%C3%A9).

42 Mais il respecte la notion juridique d'*Habeas corpus* sur les libertés fondamentales.

TERRITOIRES D'OUTRE-MER DU ROYAUME-UNI
ROYAUME-UNI
Capitale d'État (plus de 8 000 000 hab.)
Plus de 1 000 000 hab.
Plus de 500 000 hab.
Plus de 200 000 hab.
Plus de 100 000 hab.
Plus de 50 000 hab.
Autre ville
Autoroute
Route principale
Autre route
Voie ferrée principale
Aéroport principal
Limite de pays (country)
ATLANTIQUE
OCÉAN
MER DU NORD
GRANDE BRETAGNE
ÉCOSSE
IRLANDE
IRLANDE DU NORD
ANGLETERRE
PAYS DE GALLES
MER D'IRLANDE
MER CELTIQUE
LA MANCHE
FRANCE
LONDRES
Birmingham
Manchester
Liverpool
Leeds
Sheffield
Glasgow
Édimbourg
Aberdeen
Belfast
DUBLIN
Bristol
Cardiff
Plymouth
Newcastle upon Tyne
Kingston upon Hull
ROYAUME-UNI
Ministère de l'Europe et des Affaires étrangères, direction des Archives (pôle géographique) © Août 2016

Abrégé d'histoire britannique

Les racines du peuple britannique sont constituées de croisements entre plusieurs peuplades ayant colonisé l'île de Grande-Bretagne à partir du VIIe siècle avant Jésus-Christ. Les premiers arrivants furent les Celtes venus de Belgique, suivis par les Bretons dont les ancêtres étaient eux-mêmes des Celtes installés dans les Alpes du Nord, notamment en Bavière et en Autriche – il proviendraient de la région de Hallstatt, nom d'un ravissant village installé au Sud-Est de Salzbourg, le long du lac éponyme, où des sites archéologiques attestent de la présence humaine datant de l'âge du fer. Il faut attendre l'an 55 avant JC pour que les Romains s'y intéressent et envahissent l'île jusqu'à la frontière de l'Ecosse, avant d'en faire une province romaine à part entière qu'ils appellent Britannia. Les barbares écossais de l'époque (les Calédoniens) leur posent alors tellement de problèmes que l'empereur romain Hadrien fait ériger au IIe siècle après JC un mur long d'une centaine de kilomètres pour s'en protéger – il en existe encore de très beaux restes aujourd'hui. Toutefois, la civilisation romaine ne parvient pas à s'imposer et les révoltes celtes sont tellement fréquentes contre le pouvoir de Rome que celui-ci quitte l'île au Ve siècle.

Vers 440 après JC, selon Roland Marx et Alain Rey[43], les premiers envahisseurs sont germaniques : les Jutes quittent le Jutland (aujourd'hui danois), les Angles le Holstein et les Saxons le Schleswig (aujourd'hui allemands) pour s'établir outre-Manche. Dès le Ier siècle après JC, Tacite avait déjà narré l'histoire des deux premiers et Ptolémée le Jeune s'était intéressé aux trois le siècle suivant. Tous ces peuples n'étaient pas marins à proprement

---

[43] Cf. *Histoire de la Grande-Bretagne*, Roland Marx, Ed. Perrin, 2004 et *Dictionnaire historique de la langue française* (tome 1), sous la direction d'Alain Rey, Ed. Le Robert, 2006.

dit mais agriculteurs. Les Jutes s'installent dans le Kent (face à Calais) et dans le Sud du Hampshire (face à Cherbourg), les Angles dans le Norfolk (face à Amsterdam) et les Saxons dans le Sussex (face à Dieppe). Ces trois peuples se trouvent inévitablement en conflit avec les Celtes et les Bretons présents bien avant eux sur l'île : certains sont amenés à la quitter pour s'installer en Armorique dans ce qui est aujourd'hui la (petite) Bretagne française.

Quand on parle aujourd'hui « d'Anglo-Saxons », terme apparu dans la langue française en 1599[44], on évoque ainsi les racines germaniques communes des peuples installés en Allemagne et en Grande-Bretagne aux premiers siècles de notre ère, tout en considérant implicitement qu'aujourd'hui des traits de caractère leur sont communs, y compris avec les Américains, ce que nous verrons plus loin. Au cours des Ve et VIe siècles, les tribus germaniques parlent encore leur langue originelle (vieux-norrois, francique, frison, saxon, anglien, etc.) issues du germanique commun initial (proto-germanique). La langue anglaise n'existe pas encore mais les populations installées sur le territoire vont être les promoteurs de cette langue dont l'évolution n'a pas encore commencé.

Au IXe siècle débutent les incursions des Vikings, peuple scandinave constitué de marins expérimentés à bord de leurs drakkars dont on pense qu'ils ont découvert l'Amérique bien avant Christophe Colomb – il s'agit surtout de razzias et pas d'invasions proprement dites. Quelques royaumes « danois » sont cependant établis, notamment en Irlande, dans les îles Shetlands et dans l'île de Man. Au XIe siècle, entre 1016 et 1042, avec l'avènement de Knut le grand, les Vikings dominent l'île – ce qui explique l'apport considérable de la langue

---

[44] Cf. le *Dictionnaire historique de la langue française*, *op. cit.*

scandinave à la langue anglaise – et constituent dès lors un grand royaume avec la Norvège et le Danemark. C'est à ce moment-là que, selon Roland Marx, « les Danois font profiter l'Angleterre des courants commerciaux établis de l'Atlantique au Turkestan par les navigateurs vikings » et qu'on peut subodorer que la navigation entre dans leurs habitudes, en complément de la culture agraire des autochtones ; toutefois, il faudra attendre encore un peu pour que les Anglais modèlent leur vocation maritime.

Ensuite, les Anglo-Saxons rétablissent leur prédominance, tout en subissant encore les incursions des « hommes du Nord » (ou Normand, du vieux francique *Nortman*) qui envahissent l'île en 1066 avec à leur tête Guillaume le Conquérant. Ce dernier est l'arrière-arrière-petit-fils du chef viking renommé Rollon, installé en Normandie en 911, qui, en contrepartie de l'arrêt de ses pillages en France, reçoit du roi de Francie occidentale Charles III, dit « le Simple », la région de Rouen qui deviendra en 996 le duché de Normandie sous la coupe de Richard II (970-1026) – la seule marque qui subsiste aujourd'hui de cette suzeraineté réside dans l'appartenance des îles anglo-normandes à la couronne britannique, avec le titre associé de « duchesse de Normandie » à la reine Elisabeth II.

Cette invasion s'explique très bien. Le roi d'Angleterre Edward, dit « Edouard le Confesseur », successeur du viking Knut, meurt en effet au début de l'année 1066 sans laisser d'enfants. Pendant son règne, il avait désigné Guillaume, duc de Normandie, comme son successeur mais se rétracte à sa mort et désigne son beau-frère Harold Godwinson. Fin septembre 1066, ce dernier bat le roi de Norvège Harald Hardrada, qui avait envahi le Sud de l'Angleterre, à la bataille de Stamford Bridge. Le duc de Normandie le suit de près – l'épopée est reproduite sur la célèbre Tapisserie de Bayeux – mais cette fois-ci, c'est

Harold qui est battu à Hastings le 14 octobre. Guillaume est alors sacré roi d'Angleterre à l'abbaye de Westminster le jour de Noël 1066. Pour mieux contrôler son royaume, le nouveau roi écarte l'aristocratie locale, confisque et redistribue les terres à ses fidèles, tout en maintenant en place l'essentiel des cadres anglo-saxons. Une nouvelle classe dominante, qui tient ses fiefs directement du roi et parle normand, supplante l'ancienne noblesse anglo-saxonne, contrainte pour partie à l'exil. C'est à ce moment-là que se forge la nation anglaise et qu'apparaît le régime féodal sur l'île, sur la base du modèle normand (fiefs, vassaux, service d'ost, loi salique...).

Le français et le latin sont les langues de l'élite sociale et cultivée. Les conquérants normands imposent en effet leur langue, donnant naissance à l'anglo-normand et évinçant l'anglo-saxon d'origine germanique dans les classes dirigeantes. C'est seulement au XIVe siècle que la langue nationale trouvera son équilibre dans l'anglais dit « moderne ». Guillaume est cependant confronté à de nombreuses rébellions de la noblesse anglaise pour la plupart fomentées par Edgard Atheling, à des tentatives d'invasion menées par le roi danois Estridsen et à des raids du roi d'Ecosse Malcolm III. Il en sort toujours vainqueur mais le pays est loin d'être pacifié au même titre que sa dynastie n'est pas stabilisée.

Selon Roland Marx, l'origine continentale des dynasties anglaises – les Plantagenêts d'origine française succèdent aux Normands en 1154 et règnent jusqu'en 1485 – explique en quoi « les souverains n'ont jamais vraiment renoncé à leurs droits ni à leurs domaines continentaux », notamment ceux approvisionnant le royaume. C'est ainsi qu'au cours des siècles, les Anglais défendront par les armes leurs possessions d'outre-Manche, notamment en France (Normandie, Anjou, Maine, Touraine, Aquitaine, soit la moitié de la France !) contre la volonté capétienne d'unir le royaume. Or, conservant leurs fiefs en Normandie, les souverains anglo-normands demeurent vassaux du roi de France et sont, en tant que rois d'Angleterre, son égal. Ils lui doivent fidélité comme ducs de Normandie mais pas comme rois d'Angleterre. Voulue par le roi de France Philippe Auguste, la confiscation (ou « commise », en 1204) de toutes les possessions normandes et angevines en France continentale, à l'exception de l'Aquitaine, ouvre dès lors et fatalement une crise qui mène à la Guerre de cent ans lorsque les monarques anglais tentent de recouvrer leurs possessions dynastiques en France. Cette longue guerre (1337-1453) sera ainsi « la dernière tentative des rois d'Angleterre pour consolider, étendre et affirmer les droits de leur couronne sur des terres du continent »[45] mais ils n'y parviendront pas.

Il est important de rappeler ces épisodes de l'histoire commune aux deux pays que sont le Royaume-Uni et la France pour mieux comprendre en quoi le fait d'avoir été chassés de « leurs » terres continentales peut avoir laissé une empreinte durable auprès des Anglais, voire un ressentiment continu et toujours vivace à l'égard de la France, sans en connaître toujours la raison qui s'est perdue au cours de l'histoire et que peu, de part et d'autre de la Manche, connaissent. Il s'agit là d'une des raisons pour laquelle les deux pays sont devenus des ennemis héréditaires et que les Français qualifient souvent Albion (ancien nom de la Grande-Bretagne) de « perfide »[46] : pour aller plus loin, étant donné les nombreux événements conflictuels qui eurent lieu ensuite, impliquant la France et le Royaume-Uni (rafle de Boscawen, blocus continental, exil et traitement humiliant de Napoléon Ier à Sainte-Hélène, affaire de Fachoda, négociations précédant le Traité de Versailles, frictions à Londres durant la Seconde Guerre

---

[45] Cf. *Histoire de la Grande-Bretagne*, *op. cit.*

[46] Bossuet (1627-1704) en serait l'auteur.

mondiale, double veto d'intégrer la CEE, *Brexit*…) sur lesquels nous reviendrons, on est en droit de penser que cette rivalité est même un invariant stratégique commun.

Aux XIVe et XVe siècles, l'Angleterre est confrontée à des guerres intérieures et extérieures : le coût des secondes pèse lourdement sur le niveau de vie des habitants qui se rebellent contre le pouvoir royal. Au début du XVIe siècle, « le déclin des industries flamandes a favorisé les initiatives nationales et une économie industrielle vient apporter à un commerce extérieur en plein développement les produits d'échange avec les pays du Nord et de la Méditerranée »[47]. C'est à ce moment-là que l'Angleterre abandonne ses prétentions continentales et développe son économie tournée vers le négoce qui, nécessairement, passe par le transport maritime : la vocation maritime anglaise est née et va petit à petit faire du pays une thalassocratie. Les Anglais ont intégré le fait que « la richesse et la puissance des nations venaient de l'échange » – concept plus tard optimisé par l'Amérique – et ont eu le génie de concevoir et d'entretenir, encore aujourd'hui, « la synergie entre la haute finance, la grande industrie et le grand négoce » en un mélange explosif pour dominer le monde[48].

L'Angleterre s'enrichit, prospère et jette dès le milieu du XVIe siècle les bases de l'essor industriel du XVIIIe. Celui-ci a pour point de départ l'industrie textile avec la transformation de la laine et du coton. Mais l'essor du secteur minier (cuivre, étain, plomb, charbon) ainsi que la production métallurgique (fonte) ne sont pas en reste. Cette production qui favorise le commerce maritime avec le continent, en concurrence avec les Hollandais des Provinces unies, se conjugue avec la politique exploratrice

---

[47] Cf. *Histoire de la Grande-Bretagne, op. cit.*

[48] Cf. *L'empire immobile ou le choc des mondes*, Alain Peyrefitte, Ed. Fayard, 1989.

des grandes Compagnies privées britanniques (Compagnie des Indes orientales, de Moscovie, de la Baltique, du Levant, du Maroc, de Sénégambie, de Gambie, de Sierra-Léone…) pour trouver de nouveaux débouchés et avec l'établissement d'un empire colonial sur la base de comptoirs (Bermudes, Antilles, Amérique du Nord, Inde…) choisis pour les ressources des territoires visités (tabac, café, canne à sucre, coton, épices, ivoire… et esclaves). À ce titre, la Compagnie des Indes orientales, fondée en 1600, constituera longtemps un véritable État dans l'État, tant et si bien qu'Edmund Burke avouera en 1783 que « dire que la Compagnie va mal, c'est dire que le pays va mal »[49] et Alain Peyrefitte d'ajouter deux siècles plus tard que « ce qui est bon pour la Compagnie est bon pour l'Angleterre »[50]. C'est d'ailleurs en cette même année 1783 que, selon ce dernier, « le Parlement, estimant impossible qu'une compagnie marchande pût gouverner souverainement un Empire aussi peuplé, avait placé les établissements anglais de l'Inde sous un contrôle plus étroit de la Couronne » : c'est dire si le négoce avait pris une importance démesurée dans le développement économique du pays !

Ce n'est pas par hasard que Napoléon qualifiait l'Angleterre de « nation de boutiquiers ». Comme nous le verrons plus loin, une des principales différences entre le Royaume-Uni et la France est qu'en France, pour reprendre les termes d'Alain Peyrefitte, « une affaire de commerce n'intéresse pas directement la nation », alors qu'en Angleterre, c'est l'inverse[51]. Nous sommes assurément aux

---

[49] Cf. *Parliamentary History*, 1782-1783, Edmund Burke, cité par Alain Peyrefitte dans *L'Empire immobile ou le choc des mondes*, *op. cit.*

[50] Cf. *L'Empire immobile ou le choc des mondes*, *op. cit.*

[51] Cette assertion est une analyse du discours tenu en 1817 par l'empereur déchu Napoléon Ier à Lord Amherst, de retour d'une ambassade britannique en Chine et en escale à Sainte-Hélène : « Cette ambassade n'était pas de nature à intéresser l'honneur du pays. On devait la considérer comme une affaire de commerce, plutôt que comme

prémices de la mondialisation qui verra au XXe siècle les grandes multinationales (re)prendre souvent le pas sur les États et nous commençons déjà à percevoir où l'Amérique puise ses racines mercantiles si puissantes.

L'essor du trafic maritime marchand a pour corollaire celui de la piraterie et, dès lors, de la marine de guerre anglaise pour protéger son commerce qui constitue l'essentiel de sa prospérité. Néanmoins, la rivalité avec la Hollande (un peu moins avec le Portugal) conduit à « trois guerres entre 1652 et 1665 qui assurent avant tout la suprématie maritime et marchande d'Albion »[52], voulue par des lois votées à partir de 1651, visant notamment à financer la construction d'une marine de guerre (*Navigation Acts*). Ayant renoncé à ses prétentions sur le continent, l'Angleterre s'en désintéresse pendant plus d'un siècle, ce qui s'apparente à de l'isolationnisme politique mais non commercial, concept que le président américain George Washington prodiguera pour son propre pays dans son testament politique de 1796 (voir chapitre suivant) : comme le dit l'expression populaire, un chien ne fait pas des chats.

À la fin du XVIIe siècle, l'Angleterre constitue la première puissance européenne grâce à son rayonnement intellectuel (Locke, Newton, Halley), à la vigueur de son commerce et de son économie, à sa production manufacturière, à la stabilité de son régime politique et à la place financière incontournable qu'occupe désormais Londres – c'est la « City » aujourd'hui – sur la scène

---

une affaire d'intérêt direct pour la nation » ; la source qu'Alain Peyrefitte cite est *Napoléon en exil ou la voix de Sainte-Hélène* (1822), récit des entretiens entre l'empereur et son médecin anglais, le Dr Barry Edward O'Meara. Et Alain Peyrefitte d'ajouter : « On ne place pas son honneur dans un échange de marchandises. Comme Napoléon est bien français ! ».

[52] Cf. *Histoire des États-Unis*, 4e édition, sous la direction de Bernard Vincent, Ed. Flammarion, 2016.

internationale. La révolution industrielle de la seconde moitié du XVIIIe siècle, qui « repose avant tout sur des navires » et pour laquelle « les Anglais avaient porté le négoce à un niveau jamais atteint »[53], conforte sa position dominante, lui permet d'exporter ses produits manufacturés dans le monde entier, la rend toutefois vulnérable puisque les matières premières proviennent du continent européen et l'autorise à investir massivement à l'étranger pour étendre son réseau commercial et augmenter le nombre de ses comptoirs, en concurrence directe avec les Français, les Hollandais et les Portugais. C'est dans cet esprit que Lord George Macartney est envoyé par le roi Georges III auprès de l'empereur de Chine Qianlong en 1793 afin d'ouvrir le marché chinois aux commerçants britanniques – l'ambassade connaîtra un échec cuisant en raison des différences culturelles gigantesques existant entre les deux civilisations, les deux mentalités, les deux ambitions.

L'arrivée de Napoléon Bonaparte au pouvoir en France et la constitution du Camp de Boulogne, où des dizaines de milliers de soldats s'apprêtent dès 1803 à traverser la Manche, terrifient les Anglais parce que si leur flotte peut s'enorgueillir de dominer les mers, leurs capacités militaires terrestres ne sont pas à cette époque, n'ont jamais été et ne le sont toujours pas d'ailleurs, une des forces de l'Empire britannique – il en sera de même quand Hitler aura la même idée un siècle et demi plus tard. Dès lors, la monarchie britannique a deux options :

- Compter sur sa flotte pour empêcher le passage des bateaux français qui seront forcément défendus par une marine de guerre certes moins nombreuse mais suffisante pour les accaparer pleinement en mer et

[53] Cf. *L'Empire immobile ou le choc des mondes*, *op.cit.*

permettre aux 60 000 hommes de la Grande Armée d'accéder aux côtes anglaises.

- Faire diversion pour occuper les troupes françaises destinées à l'invasion sur un autre théâtre qui serait nécessairement continental.

La menace d'invasion étant nettement affaiblie après sa victoire navale de Trafalgar en octobre 1805 – c'est d'ailleurs à cette date que le Camp de Boulogne est levé – Londres s'emploie alors à monter les puissances continentales contre Paris et à financer les coalitions jusqu'à participer à l'ultime bataille de Waterloo dont les militaires britanniques s'approprieront sans vergogne le succès alors qu'ils ne constituaient qu'un peu plus d'un tiers du total des coalisés mais en avaient la direction[54]. Mais avant d'en arriver là, la menace d'invasion étant écartée, une autre moins terrifiante mais tout aussi inquiétante aura des répercussions sur le commerce anglais : le blocus continental.

Ayant compris que la puissance britannique reposait sur le négoce, l'empereur Napoléon Ier décide de s'y attaquer en empêchant les Anglais de commercer avec le continent, ce qui doit avoir pour conséquence de ruiner Albion – on sut plus tard que ce fut en réalité une merveilleuse opportunité offerte aux Anglais d'aller voir ailleurs qu'en Europe et d'étendre leur empire commercial. L'idée n'est pas nouvelle car elle a déjà fait l'objet d'un précédent, en 1756, à l'occasion de la Guerre de Sept ans entre la France alliée à l'Autriche contre le Royaume-Uni et la Prusse (1756-1763) qui n'a pas donné de résultats significatifs mais a quand-même alerté les Britanniques. À Berlin, en novembre 1806, est donc décrété par Napoléon Ier un blocus

---

[54] À Waterloo, les 73 000 Français font face à 70 000 soldats dont 25 000 Anglais (35 %), 17 000 Néerlandais, 16 000 Hanovriens, 7 000 Brunswickois et 3 000 Nassoviens, plus tard renforcés par 30 000 Prussiens (cf. https://www.napoleon-empire.net/batailles/waterloo.php).

continental d'une tout autre envergure car il contraint l'Europe occupée ou alliée de la France à interdire l'importation des produits anglais et l'exportation des produits européens vers l'Angleterre.

Cette volonté d'asphyxier l'économie britannique est, parmi d'autres raisons, à l'origine des opérations militaires françaises menées contre la Russie, la Prusse, la Suède, le Portugal... menant *in fine* à l'écroulement de l'Empire français à Waterloo. Ce blocus de huit années, puisqu'il n'a plus cours dès avril 1814 après la première abdication de Napoléon, a une portée significative sur les échanges commerciaux avec l'Europe (- 30 %) mais n'étrangle pas l'économie anglaise qui trouve d'autres débouchés, notamment en Amérique et en Asie, et diversifie ainsi ses sources d'approvisionnement. Néanmoins, il constitue une nouvelle et sérieuse alerte et conduit les Britanniques à abandonner en 1840 leur politique mercantile teintée d'impérialisme et à lui préférer le libre-échange beaucoup plus souple et moins contraignant. Le *Brexit* pourrait être vu, deux siècles plus tard, comme une sorte de blocus à l'envers, cette fois-ci conséquence « légale » d'une volonté assumée de quitter l'Union européenne.

Le retour formel de l'Angleterre sur la scène diplomatique européenne se matérialise par son activisme lors du Congrès de Vienne en 1815 dont l'objectif, côté anglais, est de ne pas voir ressurgir une puissance européenne apte à menacer son intégrité territoriale et à contrarier son commerce avec l'Europe. Selon Roland Marx, « de plus en plus nettement est apparu le but majeur des gouvernements successifs : assurer l'équilibre européen et préserver la sécurité anglaise en limitant l'expansion vers le Nord-Ouest de la France ». C'est bien là que résident trois des invariants stratégiques britanniques : contrer l'émergence d'une nation hégémonique en Europe pour fermer la porte à une invasion et garantir sa sécurité grâce à un équilibre européen pérenne (principe du *balance of power*), protéger son empire colonial et, de manière assez liée, garantir la liberté des mers constituant la condition *sine qua non* de sa puissance commerciale – son « centre de gravité »[55] – qui répond au puissant appel du grand large auquel ils prêtent depuis maintenant cinq siècles une oreille attentive, dont le libre accès à la mer Méditerranée[56].

De 1832 à 1901, l'ère victorienne connaît une longue période de *leadership* économique et de paix en Europe qui est remise en cause à partir de 1890, l'un par la montée en puissance de l'économie américaine et l'autre par l'avènement du Reich allemand.

Pendant la Première Guerre mondiale, l'activité sous-marine allemande désorganise le trafic maritime britannique et étouffe leur ravitaillement. De même, le blocus des côtes allemandes effectué par la Royal Navy se révèle efficace pour générer une pénurie alimentaire en Allemagne et causer un manque de matières premières indispensables à l'effort de guerre du Reich. L'arrivée tardive des Américains sur le sol européen, sans être décisive, permet néanmoins de hâter la victoire des Alliés ; elle a pour conséquence gênante pour Londres de redorer le blason de la France qui, bien qu'affaiblie, en ressort plus influente et plus rayonnante que jamais. La vieille crainte d'une hégémonie continentale ressurgit et se remarque du

---

[55] Le centre de gravité d'un État, d'une armée, d'une force quelconque est la source principale de sa puissance : c'est un élément immatériel (ex : cohésion nationale, confiance en le chef…) ou matériel (ex : supériorité aérienne, arme de destruction massive…). Il est unique et facilement identifiable. S'attaquer au centre de gravité de l'adversaire permet de l'affaiblir significativement et de l'abattre à court ou moyen terme. En retour, il s'agit de protéger son propre centre de gravité pour éviter la défaite. Encore faut-il que les stratèges identifient correctement le centre de gravité adverse et le leur avant de mener une opération. Napoléon avait bien identifié celui de l'Angleterre.

[56] D'où l'importance de tenir Gibraltar.

côté des plénipotentiaires anglais lors des négociations devant mener au Traité de Versailles de 1919 : « Les attitudes de Lloyd George à la conférence de la paix choquent la délégation française : le Premier ministre refuse la formation d'un État rhénan indépendant, l'annexion de la Sarre du Sud à la France, celle de Dantzig par la Pologne et exige un plébiscite sur le sort de la Haute-Silésie »[57]. Quelles que soient les alliances, le pragmatisme se retrouve dans la protection des intérêts économiques britanniques qui constitue un invariant solide outre-Manche. On verra plus loin en quoi il s'avère commun avec les Américains.

La Première Guerre mondiale ouvre le marché européen aux entreprises américaines qui deviennent alors les pires concurrentes de leurs homologues anglaises. Plus tard, la grande Dépression issue de la crise de 1929 aux États-Unis ralentit le commerce mondial, lève d'énormes barrières protectionnistes, entraîne une chute considérable des exportations britanniques et fait le lit des mouvements nationalistes dont le régime nazi en Allemagne sera l'accomplissement le plus atroce.

Tout d'abord, l'instauration d'un nouveau Reich à Berlin en 1933 inquiète sans alerter – à l'exception d'un certain Winston Churchill – en raison de l'élan pacifiste béat qui traverse l'Europe en général et l'Angleterre en particulier, matérialisé notamment par le Pacte Briand-Kellog d'août 1928. L'utopie se poursuit à Munich où des accords de nature à éloigner la guerre sont signés entre l'Allemagne, l'Italie, la France et le Royaume-Uni le 30 septembre 1938. Le miroir aux alouettes rencontre les désillusions qu'on connaît quand la Wehrmacht envahit la Pologne le 1er septembre 1939, ce qui provoque l'entrée en guerre quasi simultanée du Royaume-Uni et de la France deux jours plus tard et précipite l'Europe dans un conflit qui

[57] Cf. *Histoire de la Grande-Bretagne, op.cit.*

redistribuera complètement les cartes de la puissance dans le monde.

Les fondements britanniques sont ébranlés quand la France dépose les armes le 22 juin 1940, cinq jours après la mise en place d'un blocus contre Londres par Berlin et la menace annoncée d'une nouvelle invasion. Les Anglais se retrouvent quasiment devant le même choix qu'en 1803, sauf qu'il n'existe pas d'État européen capable de rivaliser avec le Reich allemand : l'option de l'invasion par voie maritime est donc réouverte et terrifie la population, ce qui explique l'attaque de la flotte française à Mers-el-Kebir en juillet 1940. Churchill montre qu'il en est bien conscient dans son discours du 4 juin 1940 à la Chambre des Communes en tant que nouveau Premier ministre ; il commence à citer avec perspicacité l'ancienne menace constituée par le camp de Boulogne et la Grande armée de Napoléon avant de déclarer : « Nous défendrons notre île, (…) nous nous battrons sur les plages, nous nous battrons sur les terrains de débarquement, nous nous battrons dans les champs et dans les rues, nous nous battrons dans les collines; nous ne nous rendrons jamais ». Il envisage même l'invasion puisqu'il ajoute que « même si, bien que je n'y croie pas un seul instant, cette île ou une grande partie de cette île était asservie et affamée, alors notre Empire au-delà des mers, armé et gardé par la flotte britannique, continuera de lutter, jusqu'à ce que, quand Dieu le voudra, le Nouveau Monde, avec tout son pouvoir et sa puissance, vienne à la rescousse libérer l'Ancien »[58]. Cette invasion sera évitée de justesse par le gain de la bataille aérienne d'Angleterre et grâce à l'erreur stratégique d'Hitler du 15 septembre 1940 de bombarder les

---

[58] Cf. l'enregistrement audio phonique du discours du Premier ministre Winston Churchill du 4 juin 1940 (site de YouTube https://www.youtube.com/watch?v=MkTw3_PmKtc).

villes plutôt que les terrains d'aviation, dans le but de pratiquer un effet de terreur sur la population britannique.

Le salut anglais ne tient alors qu'à son insularité et au ravitaillement qu'elle reçoit. Toutefois, la guerre sous-marine à outrance menée une fois de plus par les U-Boot de la Kriegsmarine allemande met en péril le commerce maritime entièrement tourné vers l'effort de guerre et étrangle chaque jour un peu plus l'économie britannique, tandis que la sécurité du Royaume-Uni est gravement menacée dans la mesure où il se trouve à portée immédiate de l'aviation de bombardement allemande, puis des fusées V1 et V2 qui se moquent du bras de mer censé protéger le pays. Le progrès technologique fait ainsi de l'insularité anglaise un concept de plus en plus théorique.

Au cours du conflit, la politique extérieure de Churchill demeure aussi pragmatique que réaliste car la sauvegarde des intérêts de l'Empire transpire en permanence dans ses actions offensives militaires, aux dépends parfois des intérêts français, notamment au Levant, ce qui n'échappe pas au général de Gaulle. Avec certes une part de paranoïa, l'anticolonialisme affiché par Londres et soutenu par Washington est vu par le chef de la France libre comme un paravent pour cacher le remplacement de l'influence française par celle britannique. Ses effets post-conflit sont *in fine* contre-productifs sur la cohésion de l'Empire – qui se transforme en Commonwealth le 28 avril 1949, lui-même aspirant à davantage d'autonomie vis-à-vis de la monarchie britannique – et la subordination de l'Inde qui devient indépendante le 15 août 1947. À la fin de la guerre, le soutien anglais à la restauration de la France dans le concert des grandes puissances, en même temps que l'appui de Staline après la visite de De Gaulle à Moscou en 1944, ne se révèle en aucune façon une aide anglaise vis-à-vis de son allié français en conflit permanent avec la partie américaine, mais bien une décision très pragmatique allant dans le sens des intérêts britanniques, un retour vers cet invariant de recherche d'un équilibre des forces sur le continent, propice à la paix et à la stabilité.

Au sortir de la guerre, Londres est consciente de sa vulnérabilité que le caractère insulaire de l'île ne permet plus de contrer et noue désormais des alliances, en particulier avec la France et les pays du Benelux. L'alliance occidentale contre l'expansionnisme soviétique donne lieu à la signature du Traité de l'Atlantique Nord le 4 avril 1949 et à la naissance de l'OTAN. L'Angleterre soutient en 1950 la constitution de la Communauté européenne de défense (CED – conçue en 1950 par Maurice Schumann et Jean Monnet pour répondre à l'exigence du secrétaire d'État américain Dean Acheson d'un réarmement de l'Allemagne de l'Ouest, elle se présentait comme une entité diluant la puissance des nations continentales, chose que dénonce *a fortiori* énergiquement le général de Gaulle) mais tergiverse pour finalement ne pas en faire partie. Finalement repoussée par la France, cette CED se transforme plus tard en Union de l'Europe occidentale (UEO) à laquelle Londres adhère dans une logique ressemblant davantage à une coopération qu'à un engagement ferme.

Le Royaume-Uni demeure toujours dans sa logique de diviser pour régner. Selon Roland Marx, le goût traditionnel des Britanniques est « pour des organisations internationales faibles et sans pouvoirs » et les projets en discussion sont « une menace de constitution, à leur porte, d'une Europe occidentale fortement soudée », ce qui ne va pas « sans réveiller de vieilles suspicions » : cela confirme une fois de plus l'invariant qu'est celui d'éviter la constitution d'entités supranationales fortes de nature à entraver la liberté commerciale britannique, à unir le continent européen ou à faire ressurgir des nations puissantes en Europe. Le général de Gaulle disait à Alain Peyrefitte en avril 1962 : « Macmillan m'avait dit en 58 :

"C'est pour empêcher l'union des Européens que nous vous avons fait la guerre vingt-trois ans, pendant votre révolution et votre Empire" »[59]. David Eccles, ministre anglais du Commerce, disait déjà en 1957 que « le Royaume-Uni avait mené contre l'union du continent trop de guerres pour le tolérer en pleine paix ». C'est d'un cynisme effrayant mais d'un pragmatisme très *british* : nul besoin d'en rajouter car tout est dit.

C'est ainsi que le Royaume-Uni adhère à l'Organisation européenne de coopération économique (OECE, plus tard l'OCDE) créée en 1948 pour répartir les crédits accordés par le Plan Marshall entre les pays de l'Europe occidentale, mais n'adhère ni à la Communauté européenne du charbon et de l'acier (CECA) née en 1951 à la suite du Traité de Paris, ni à la Communauté européenne de l'énergie atomique (Euratom) et à la Communauté économique européenne (CEE ou « Marché commun ») issues du Traité de Rome de 1957. Dans l'esprit des Anglais, population et gouvernement, le tropisme britannique est encore atlantique – lire « américain » – avant d'être européen. Le 4 juin 1944, à la veille du déclenchement du débarquement de Normandie, Winston Churchill ne disait-il pas déjà au Général de Gaulle : « Quand nous aurons à choisir entre le continent et le grand large, nous choisirons toujours le grand large ! »[60] ? Est-ce parce, pour certains généalogistes, le Premier ministre anglais descend d'un certain John Howland qui atteint la côte américaine en 1620 à bord du célèbre Mayflower et constitue dès lors un des fondateurs des États-Unis ?[61] On peut le penser mais c'est surtout le

---

[59] Cf. *C'était de Gaulle* (tome 1), *op. cit.*

[60] Cf. *C'était de Gaulle* (tome 2), Alain Peyrefitte, Ed. Fayard, 1997.

[61] Cf. l'article de l'International Churchill Society « Mayflower Ancestry: The Case For and Against » (https://winstonchurchill.org/resources/genealogy/mayflower-ancestry-the-case-for-and-against/).

reflet d'une politique désormais ancrée dans l'esprit de tout un peuple.

Devant le succès du Marché commun et sans doute pour contrôler un minimum la politique communautaire annonçant de belles perspectives en matière de développement économique, les Britanniques tentent par deux fois d'adhérer à la CEE sans y parvenir : la première fois en 1961 et la seconde en 1967. Le général de Gaulle évoque alors une « menace de dilution », en raison notamment du poids des cinquante-deux autres membres du Commonwealth et du favoritisme exercé par Londres envers eux, pour apposer son veto par deux fois à l'adhésion britannique. Éric Branca estime en effet que « la conception britannique [du Marché commun] est plus que jamais celle d'une simple zone de libre-échange ouverte aux quatre vents (Commonwealth et liens transatlantiques obligent), non celle d'un marché libre, homogène, fonctionnant à l'abri d'un cordon douanier »[62]. À Alain Peyrefitte, le fondateur de la Ve République disait en avril 1962 : « Pour les Anglais, le Marché commun, c'est comme le blocus continental ! (...) Je les ai empêchés à la fin de 58 de l'étouffer de l'extérieur en le noyant dans une grande zone de libre-échange. Maintenant, ils essaient de la faire sauter de l'intérieur, par Hollandais et Belges interposés. S'ils n'y arrivent pas par ce moyen, ils tâcheront de le paralyser eux-mêmes, après s'y être fait admettre »[63]. C'est bien le risque que craignait le Général : laisser le loup entrer dans la bergerie.

Mais il n'y avait pas que la seule menace britannique, il y avait aussi celle des Américains en embuscade ; le Général l'avait bien compris quand, en janvier 1963, il s'indignait d'une telle servilité : « Comment accepterions-

[62] Cf. *L'ami américain*, *op. cit.*
[63] Cf. *C'était de Gaulle* (tome 1), *op. cit.*

nous de laisser entrer dans l'Europe un pays qui fait à ce point allégeance aux Américains ? (…) Quand on pense que jusqu'à la Seconde Guerre mondiale, les Anglais étaient les aînés et l'Amérique la cadette ! »[64]. Ce n'est qu'en 1973, grâce à l'accord de Georges Pompidou devenu président de la République française, que le Royaume-Uni rejoint la CEE – à noter que les leaders du parti travailliste d'opposition critiquent alors « tout particulièrement la politique commerciale commune à laquelle doit se plier le Royaume-Uni »[65] et que c'est paradoxalement un conservateur qui est à l'origine du *Brexit*, quarante-trois ans plus tard… Comme quoi les partis politiques agissent parfois comme des girouettes mais les intérêts nationaux demeurent.

Les négociations d'adhésion à la CEE portent surtout sur la participation financière britannique au budget de la Communauté – elle devient l'Union européenne en 1993 – mais aussi sur les droits de douane et le rôle de la livre sterling et du Commonwealth. Les suites du premier choc pétrolier de 1973 et de la crise qui s'en suit permettent à la très nationaliste Margaret Thatcher de parvenir au pouvoir en 1979 et d'y rester onze années sans interruption. Elle cherche en permanence à utiliser la CEE pour servir les intérêts britanniques, en tentant notamment de contrer la politique agricole commune (PAC), jusqu'à exiger en 1979, au sommet européen de Dublin, un juste retour sur la participation anglaise aux dépenses communes par le célèbre « *I want my money back !* »[66]. En 1984, au Sommet de Fontainebleau, suite au harcèlement de Madame

[64] *Ibid.*
[65] Cf. « Avant le "Brexit", trente ans d'histoire tumultueuse entre le Royaume-Uni et l'UE », Mathilde Damgé, juin 2016 (https://www.lemonde.fr/les-decodeurs/article/2016/06/24/avant-le-Brexit-30-ans-d-histoire-tumultueuse-entre-le-royaume-uni-et-l-ue_4957208_4355770.html).
[66] « Qu'on me rende mon argent ! ».

Thatcher, la CEE montre sa faiblesse en finissant par accepter un rabais particulièrement significatif de cette participation : selon le site internet Toute l'Europe, « le Royaume-Uni se voit rembourser 66 % de son solde budgétaire », ce qui « lui permet au final de verser moins d'argent à l'UE que ces voisins de taille similaire comme la France ». *In fine*, l'accord français de 1973 revient onze ans plus tard à ce que la France « paie le plus pour ce rabais britannique, à hauteur de 1,6 milliard d'euros en 2014 »[67]… Vu du côté anglais, le célèbre pragmatisme national a du bon ! Vu du côté continental, la faiblesse a un coût.

L'axe franco-allemand, que la réunification allemande ne remet pas en question, ne fait pas vraiment peur aux Britanniques mais il est synonyme d'une augmentation de puissance relative dans le cadre du déclin économique que connaît le Royaume-Uni jusqu'aux années 1990. Margaret Thatcher affiche même une germanophobie parfois délirante : Kevin O'Rourke écrit que « lors d'une réunion du Conseil européen de décembre 1989, en présence du chancelier allemand Helmut Kohl, elle annonce très diplomatiquement : "Nous avons battu les Allemands deux fois et ils sont de retour" »[68] ! Sous son impulsion, l'euroscepticisme croît outre-Manche et le fort redressement économique britannique post 1990 n'est pas, aux yeux des Anglais, la conséquence de la politique rigoureuse européenne considérée comme surtout favorable

[67] Cf. « Budget européen : qu'est-ce que le rabais britannique ? », mai 2016 (https://www.touteleurope.eu/actualite/budget-europeen-qu-est-ce-que-le-rabais-britannique.html).
[68] Cf. *Une brève histoire du Brexit*, Kevin O'Rourke, Ed. Odile Jacob, 2018.

aux États continentaux[69] mais bien celle des décisions parfois brutales de Mme Thatcher.

Le Royaume-Uni aujourd'hui

Sur le plan extérieur, les liens spéciaux tissés avec les États-Unis demeurent forts, jusqu'à se transformer parfois en un véritable alignement des vues britanniques sur celles des Américains, sans doute parce que Londres ne dispose pas de son indépendance militaire, à cause du système de double-clé de son arsenal nucléaire d'origine américaine, et donc de son indépendance politique pleine et entière. Le Royaume-Uni bénéficie néanmoins du droit de veto au Conseil de sécurité des Nations unies et l'a déjà utilisé unilatéralement à sept reprises contre des résolutions concernant la Rhodésie. Washington entraîne ainsi Londres dans des opérations fort coûteuses (Afghanistan, Serbie), en particulier au moment de la deuxième Guerre du Golfe de 2003 en Irak qui consacre le déclin prononcé de la capacité militaire classique du pays, né de la baisse drastique des budgets consacrés à la défense outre-Manche. Aussi, les Britanniques minent-ils toutes les initiatives menées en faveur d'une défense européenne, car considérée comme allant à l'encontre de l'OTAN et donc de l'Amérique, et adhèrent « à la vision quasi messianique des pays anglo-saxons à œuvrer en faveur de la paix et de la démocratie dans le monde »[70] – on reviendra sur cette idée dans le chapitre consacré aux États-Unis.

Vis-à-vis de l'Europe, la politique britannique vogue entre attentisme, vigilance, rentabilité, prudence et scepticisme, même si des avancées spectaculaires

[69] C'est d'ailleurs le dossier européen qui fera tomber la Dame de fer au sein de son propre parti et par conséquent de son poste de Premier ministre, en novembre 1990.

[70] Cf. *Histoire de la Grande-Bretagne*, *op.cit.*

(signature de la Charte sociale de Maastricht, intégration de la Convention européenne des droits de l'homme au droit anglais) montrent que le choix du grand large au détriment du continent n'est pas irrémédiable. La non adhésion à l'Europe monétaire et le faible intérêt démontré par la population aux questions européennes font du Royaume-Uni un État qui profite en réalité du système – en langage diplomatiquement correct, on parle de « statut privilégié » et de manière plus triviale, il s'agit d'avoir le beurre et l'argent du beurre – quand il agit dans le sens de ses intérêts et s'en départit dans le cas contraire. Le pragmatisme anglais n'est décidément pas un vain mot. Il est intimement lié à la parfaite conscience qu'ont ces iliens de leurs vulnérabilités : c'est donc par la politique qu'ils cherchent à détourner l'attention, à diviser l'Europe pour y régner si possible ou tout au moins pour en arbitrer les conflits[71]. On retrouve en effet dans la mentalité d'un peuple ces invariants stratégiques nés de la géographie d'un pays et de l'histoire d'une nation.

Petite histoire du *Brexit*

Pour Kevin O'Rourke, « la Grande-Bretagne essaya d'abord de saboter l'intégration européenne ; puis, quand le gouvernement décida que c'était dans l'intérêt bien compris du Royaume-Uni, celui-ci y entra mais avec pour le moins des réserves »[72]. Celles-ci demeurèrent tout au long de la vie européenne des Britanniques, dépassant les logiques de partis et divisant la classe politique anglaise, selon exactement la même logique

[71] Le Royaume-Uni vota toujours en faveur de l'élargissement de l'Union européenne, ce qui ne pouvait qu'engendrer une dilution du pouvoir relatif des « grands » comme la France et l'Allemagne.
[72] Cf. *Une brève histoire du Brexit*, *op. cit.*

constatée aux États-Unis entre isolationnisme et interventionnisme.

Le cadeau de départ de David Cameron du 10 Downing Street à son successeur, en juillet 2016, est de gérer la sortie du Royaume-Uni de l'Union européenne. Le *Brexit* (de « *Britain exit* ») est le processus de sortie de l'UE issu du référendum du 23 juin 2016 ayant vu la victoire du oui à une faible majorité (51,9 %). Ce référendum est le résultat d'une promesse annoncée par le chef du parti conservateur britannique David Cameron, alors dans l'opposition, et tenue pendant son mandat de Premier ministre six ans plus tard. À la suite de l'approbation du traité de Lisbonne par la majorité travailliste au Parlement en 2009, M. Cameron avait en effet indiqué « qu'il ne sera plus jamais possible pour un gouvernement britannique de transférer davantage de pouvoirs à l'Union européenne sans que le peuple britannique ait son mot à dire par la voie d'un référendum ». Dès lors, il surfe sur ce « thème de la "trahison" des travaillistes [qui] émaille la campagne victorieuse qui le porte au pouvoir, le 11 mai 2010 », selon Maxime Vaudano du *Monde*[73]. Or, le parti conservateur est essentiellement eurosceptique alors que le nouveau gouvernement souhaite le maintien dans l'Union. Le Premier ministre Cameron est alors contraint par son propre camp – notamment après que quatre-vingt-un députés conservateurs ont voté en faveur d'un référendum sur l'appartenance à l'Union européenne – et par l'opinion publique britannique de promettre, dans un interview datant d'octobre 2013, l'organisation d'un référendum s'il est réélu en mai 2015 – ce qui sera le cas.

[73] Cf. « "Brexit" : comment Cameron s'est laissé prendre à son propre piège », Maxime Vaudano, juin 2016 (https://www.lemonde.fr/les-decodeurs/article/2016/06/24/Brexit-comment-david-cameron-s-est-laisse-prendre-a-son-propre-piege_4957423_4355770.html).

Il pensait vraisemblablement réussir ce que son prédécesseur Harold Wilson avait fait en 1971, c'est-à-dire retourner l'opinion en faveur du oui à l'Europe. Le vote est fixé au 23 juin 2016 mais, avant cette échéance, David Cameron négocie avec Bruxelles un nouveau statut d'exception, encore plus favorable que celui dont le Royaume-Uni bénéficie : « David Cameron n'a guère obtenu que l'assurance que le Royaume-Uni pourra rester à l'écart de toutes les prochaines réformes du fonctionnement de l'Union »[74]. Il part en campagne pour le « non » au *Brexit*, bien que cinq ministres de son gouvernement s'activent à plaider pour le « oui » – dont l'ex maire de Londres Boris Johnson qui deviendra plus tard Premier ministre à la suite de Theresa May – sur la base de cet accord de principe mais perd son pari et démissionne le 13 juillet 2016, laissant le soin à Theresa May de négocier avec Bruxelles. Celle-ci cherche à obtenir de l'UE tous les avantages possibles sans pour autant y parvenir auprès de Michel Barnier, négociateur français pour l'Union, ni convoiter un *no-deal* annoncé comme possiblement désastreux pour l'économie britannique. Les tergiversations des Communes à l'occasion de plusieurs votes négatifs sur les textes présentés par Downing Street ont raison de la patience de Theresa May et portent au pouvoir un « *Brexiter* » intransigeant qui fait face lui aussi à l'opposition des députés britanniques et même à la perte de sa majorité parlementaire. Il a alors l'idée de provoquer des élections législatives anticipées en décembre 2019 qui ressemblent à s'y méprendre à un nouveau référendum pour ou contre le *Brexit*. Boris Johnson les gagne haut la main en remportant 43,5 % des suffrages et ainsi une très large majorité aux Communes. Le *Brexit* est alors inéluctable puisque les parlementaires votent enfin, le 9 janvier 2020,

[74] *Ibid.*

en faveur du texte négocié avec Michel Barnier mi-octobre précédent pour un divorce au 31 janvier suivant, la période de transition finissant le 1er juillet. La reine Elisabeth II promulgue la loi de sortie de l'Union européenne le 23 janvier, l'accord est signé avec la Commission de Bruxelles le lendemain et ce dernier est ratifié par le Parlement européen le 29.

Dans quelle galère David Cameron a-t-il mis son pays ? Avec un regard pragmatique cher aux Anglais, on se demande si la sortie du Royaume-Uni de l'Union et les conséquences inouïes qui en sont attendues seront le résultat d'une simple promesse électorale d'un homme et d'un parti qui voulaient simplement accéder au pouvoir. L'Angleterre et le Pays de Galles ont voté pour le *leave*, entraînant *de facto* l'Écosse et l'Irlande du Nord pourtant majoritairement europhiles vers la sortie de l'Union. Qui sait comment elles réagiront dans un avenir proche ? La perspective d'une éventuelle indépendance écossaise pourrait faire craindre à la « portugalisation » du Royaume-Uni, privé de deux de ses quatre nations. Nous évoquerons cette possibilité plus loin, après avoir rappelé ce truisme si lucide du général de Gaulle : « Les Anglais ne sont pas des Européens ; précisément, ce sont des Anglais »[75].

Après la première tentative (pourtant réussie) de David Cameron d'obtenir un statut spécial encore plus avantageux pour son pays auprès de Bruxelles, les conditions demandées par Londres d'une sortie de l'Union européenne

[75] Compte-rendu inédit du chancelier allemand Konrad Adenauer après sa rencontre avec le général de Gaulle du 14 septembre 1958 à Colombey-les-Deux-Églises, cité par Éric Roussel dans *Charles de Gaulle*, Ed. Gallimard, 2002.

avec accord ne sont en réalité qu'une nouvelle réminiscence de la volonté anglaise de profiter de toute faille du système, la suite logique d'un égocentrisme ancestral et d'une méfiance naturelle envers tout ce qui vient du continent. Nonobstant l'éventualité que les nombreux votes négatifs du Parlement anglais en 2018 et 2019 puissent résulter d'une duplicité organisée avec le gouvernement de Theresa May pour faire fléchir Bruxelles – le pragmatisme britannique pourrait-il aller jusque-là ? – la cohésion européenne est le plus puissant ennemi de Londres quand il s'agit de lui opposer une fin de non-recevoir par la voix de Michel Barnier : une fois de plus et dans la même logique que celle qui prévaut depuis des siècles, Londres voit dans cette cohésion l'obstacle majeur à ses intérêts, quitte à quitter l'Union sans accord et donc sans payer un sou des sommes dues à ses anciens partenaires au titre de ses engagements précédents – les estimations britanniques de la dette fluctuent entre 40 et 55 Md€ alors que celles de Bruxelles évoquent une somme pouvant aller jusqu'à 100 Md€[76] : l'ordre de grandeur n'est tout de même pas anodin et la différence entre les estimations peu surprenante !

Assurément, les invariants stratégiques britanniques agissent encore puissamment, tout en s'adaptant au temps présent : absence d'axe fort en Europe et méfiance envers la France et l'Allemagne pour garantir sa sécurité militaire et maintenir sa puissance économique. En ce qui concerne la mentalité britannique, on pourrait y ajouter un complexe de supériorité très ancien qui faisait dire à Lord Macartney en 1793 : « Y a-t-il un pays au monde que les Anglais visitent et où ils n'affichent point ce mépris des autres que

---

[76] Cf. « Brexit : Londres assure qu'il paiera sa dette à l'UE », *Le Figaro* avec AFP, 16 juillet 2017 (http://www.lefigaro.fr/flash-eco/2017/07/16/97002-20170716FILWWW00076-Brexit-londres-assure-qu-il-paiera-sa-dette-a-l-ue.php).

la conscience de leur supériorité leur inspire ? »[77], et se concrétise encore aujourd'hui par les efforts de l'atypique Premier ministre Boris Johnson de quitter l'Union la tête haute.

De Gaulle disait à Georges Pompidou en septembre 1948 que « l'Angleterre est d'instinct contre la France, partout, mais jusqu'à une certaine limite »[78]. En juin 1962, il disait encore mais cette fois-ci à Alain Peyrefitte : « Notre plus grand ennemi héréditaire, ce n'était pas l'Allemagne, c'était l'Angleterre. Depuis la guerre de Cent-ans jusqu'à Fachoda, elle n'a cessé de lutter contre nous »[79]. Comme cela a déjà été dit, cette hérédité de l'antagonisme franco-britannique peut être rangée parmi les invariants stratégiques anglais… comme français d'ailleurs : il se sent encore dans les réunions bilatérales, les programmes d'armement, les projets industriels, les desseins européens en matière de défense, souvent bloqués ou entravés par Londres[80]… et le fait d'avoir confié à un Français (Michel Barnier) la charge de négocier le *Brexit* avec Bruxelles n'est certainement pas innocent. Rares sont les occasions où chacun se dévoile, la naïveté française ayant disparu au profit d'une réelle vigilance, l'attentisme anglais confortant un pragmatisme efficace, chacun se demandant en

---

[77] Cf. *L'empire immobile ou le choc des mondes*, *op.cit.*

[78] Cf. *Pour rétablir une vérité*, Georges Pompidou, Ed. Flammarion, 1982.

[79] Cf. *C'était de Gaulle* (tome 1), *op. cit.*

[80] « Il faut bien reconnaître que, très concrètement et à très court terme [le *Brexit*] a levé un certain nombre d'hypothèques sur des projets en matière de défense qui étaient bloqués par la vision idéologique, souvent de mauvaise foi, britannique de s'opposer à tout en matière de politique de sécurité et de défense », Arnaud Danjean, député européen et président du comité de rédaction de la *Revue stratégique de défense et de sécurité nationale 2017* (cf. le reportage d'Arte France « L'Europe de la défense – Le choix des armes », 28 avril 2020, sur https://www.arte.tv/fr/videos/087436-000-A/l-europe-et-sa-defense-le-choix-des-armes/).

permanence quel est le taux de sincérité de l'autre et se posant la question de savoir où est le piège ?

En conclusion

L'Angleterre a connu l'invasion jusqu'au XIe siècle puis son caractère insulaire l'a protégée jusqu'à aujourd'hui. Dans l'inconscient collectif anglais existe une crainte ancestrale d'être envahie en raison de la proximité du continent européen qui a longtemps constitué sa principale source d'inquiétude, les menaces napoléoniennes puis hitlériennes ayant continué à fortement marquer les esprits outre-Manche. Ainsi, les Britanniques ont-ils toujours eu à cœur de disposer d'une marine de guerre puissante et de diviser l'Europe pour ne pas avoir à affronter un ennemi capable de l'envahir. Elle présente deux vulnérabilités : sa faiblesse sur terre et sa dépendance au commerce maritime. Qu'on attaque l'une ou l'autre et le pays peut s'écrouler comme un château de cartes : c'est d'ailleurs ce à quoi s'était préparée la population en 1940. On ne ravitaille et ne commerce pas avec une île comme avec un État continental : c'est pourquoi la liberté des mers demeure une condition *sine qua non* de la préservation des intérêts économiques britanniques. Force sera de constater, plus loin, que cette réalité imprègne également les Américains.

Au Général Edward Spears, le général de Gaulle disait en juin 1941 : « Vous êtes tous les mêmes, uniquement attachés à vos propres intérêts, sans aucun égard pour les besoins des autres »[81]. Le pragmatisme égocentrique est aussi un invariant du côté de la « perfide » Albion qui n'a jamais hésité à être cynique voire diabolique pour se protéger, quitte parfois à tomber dans une paranoïa assez

---

[81] Cf. *Fulfilment of a Mission*, Général Edward Spears, Ed. Leo Cooper, 1977.

surprenante. Mais on peut la comprendre car elle a matière à se méfier de l'esprit français, ce que dénonçait Wellington par ces mots : « L'esprit d'ambition et de conquête est en France un sentiment naturel »[82]. Dans cette logique, le général de Gaulle disait au gendre de Winston Churchill, Duncan Sandys, en février 1947, en souhaitant une alliance avec la Grande-Bretagne pour construire l'Europe : « L'Angleterre aurait à renoncer à cette politique hostile qui est depuis cent cinquante ans la sienne à l'égard de la France, il lui faudrait renoncer à jouer au plus fin avec nous »[83]. C'est bien accuser le Royaume-Uni de vouloir, depuis des lustres, mettre en pratique le fameux précepte « diviser pour régner ». Le *Brexit* écarte cette éventualité et consacre, nous le verrons plus loin dans le chapitre dédié à la France, le lien séculaire avec l'Allemagne pour construire l'Europe.

Même si le destin des Britanniques « a été déterminé par ses relations avec le reste de l'Europe bien davantage qu'avec le reste du monde », si l'on en croit l'historien de la politique étrangère européenne Brendan Simms[84], ce destin se pose en réalité en miroir déformant et s'inscrit en une sorte de négatif. En effet, et c'est un Irlandais qui l'écrit, il s'est agi pendant plusieurs siècles de « regarder vers l'Europe puisque c'est d'Europe que venaient les menaces »[85] et aujourd'hui de se ranger sagement derrière le cousin du « grand large » dont il va être question bientôt.

---

[82] Cité par Laurent Theis dans *Les grandes décisions de l'histoire de France, op. cit.*, chapitre « La galère algérienne. 1830 et 1834 ».

[83] Cf. *Aimer de Gaulle*, Claude Mauriac, Ed. Grasset, 1978.

[84] Cité par Kevin O'Rourke dans *Une brève histoire du Brexit, op. cit.*

[85] Cf. *Une brève histoire du Brexit, op. cit.*

Qu'en déduire pour l'avenir ?

Les invariants stratégiques britanniques étant désormais connus, posons-nous la question de savoir quels sont les points de vigilance anglais ? À quoi le monde en général et l'Europe en particulier peuvent-ils s'attendre ?

L'historien français Louis de Carné écrivait en 1847 que « l'empire britannique est plus que jamais divisé contre lui-même, et l'Irlande demeurera toujours pour l'Angleterre une plaie, une expiation et un opprobre »[86]. Certes, l'Irlande a longtemps été un caillou dans la chaussure britannique et ce n'est pas fini. En effet, une des forces du Royaume-Uni est tout simplement d'être relativement uni et la famille royale constitue le plus important ciment de l'union des quatre nations – c'est sans doute la raison pour laquelle le peuple britannique accepte encore de payer 90 M€ par an en impôts pour son entretien et celui de ses châteaux[87]. Mais en 2020, celle-ci peut-elle aller contre la volonté des peuples ? Les Irlandais ne vont-ils pas saisir l'opportunité du *Brexit* pour s'émanciper enfin de la tutelle britannique ? Rien n'est moins sûr.

Réfugiés sur leur île, les Britanniques risquent de connaître la désunion parce que les indépendantistes écossais – ils ont très largement remporté les élections de décembre 2019 parmi les électeurs écossais – disposent désormais d'un argument de poids qui pourrait faire pencher le vote lors d'un référendum probable sur l'indépendance du pays – le 18 septembre 2014, elle a été rejetée par 55,3 % des Écossais. Mais aussi parce que les

---

[86] Cf. l'article « La Constitution de l'unité nationale en France », Louis de Carné, *Revue des Deux Mondes* (tome 20), 1847.

[87] Cf. « Combien coûte la famille royale britannique ? Revenus des propriétés royales et coûts de la dotation aux contribuables », Nicolas Fontaine, 25 juin 2019 (https://histoiresroyales.fr/cout-famille-royale-britannique-fortune-revenus-proprietes-dotation-royale/).

Irlandais du Nord qui ont vécu pendant des lustres sous la férule, légitime certes, des mêmes Anglais risquent de se voir plus irlandais que britanniques, plus européens qu'émancipés, et par conséquent portés à se rapprocher de leurs voisins indépendants irlandais (du Sud) avec lesquels ils partagent tout sauf le drapeau – et encore, la région d'Ulster couvre des territoires des deux pays et elle dispose de son propre drapeau (la « Main rouge »). Et ce qui rapproche les deux provinces possiblement sécessionnistes dans le même courant de l'histoire qui se déroule sous nos yeux est qu'il n'existe pas de prince d'Écosse ou de duc d'Irlande du Nord dans la famille Windsor ; il y a donc moins d'attachement affectif de l'Écosse et de l'Irlande du Nord à la couronne britannique. Les Gallois qui ne sont même pas représentés sur l'Union Flag – ils sont néanmoins les sujets de Charles, fils d'Élisabeth II – et ont majoritairement voté contre le *Brexit* – notamment pour les travaillistes aux élections de décembre 2019 à 41 % contre 36 % pour les conservateurs de Johnson – suivront-ils et dans combien de temps ?

Cela signifie qu'il existe une probabilité raisonnable qu'à moyen terme, c'est-à-dire à l'horizon d'une dizaine d'années, le Royaume-Uni se résume à la portion congrue de la seule Angleterre (avec ou sans le Pays de Galles), sans ressources pétrolières souveraines et avec 12 % de sa population en moins, sans compter les "expatriés" écossais et nord-irlandais, ce qui pourrait porter la réduction à 30 % voire à 40 % si les Gallois décident de quitter le giron anglais. Ce nouveau royaume pourrait donc bien avoir, par le vote en faveur du *Brexit*, entamé une lente descente aux enfers s'apparentant que d'aucuns auraient beau jeu de qualifier de portugalisation annoncée du pays et, de manière induite, de dépendance accrue à l'égard des États-Unis.

Le démembrement qui se profile ne changera sans doute pas les invariants anglais mais le poids du royaume désuni serait significativement plus faible et l'équilibre des puissances en Europe serait sensiblement modifié. Dans ce cas, est-ce qu'alors Albion serait moins perfide car négligeable ? Ayant créé *de facto* un nouvel équilibre en faveur des nations continentales en quittant l'Union européenne, les Britanniques chercheront-ils à créer et à entretenir une rivalité entre Français et Allemands ? Maintenant délivrés de leurs voisins européens, abandonneront-ils totalement leur destin dans les mains des Américains, en particulier pour respecter cet invariant de la défense du commerce maritime ? Ces derniers seront-ils ingrats envers un allié ayant perdu son rôle d'élément avancé – lire « Cheval de Troie » – dans un continent qui n'est plus leur préoccupation première depuis une dizaine d'années ? L'histoire le dira mais il est bien possible que, pour pouvoir pérenniser son influence, Londres sera vraisemblablement amenée à prêter davantage allégeance à Washington et à confirmer cette tendance lourde, initiée en 1942 lors de la Seconde Guerre mondiale après l'entrée en guerre des États-Unis, du *leadership* américain sur le monde anglo-saxon, créant de ce fait un nouvel invariant stratégique anglais… déjà vérifié depuis près de quatre-vingts ans donc candidat au titre.

Les signaux faibles montrant la vraisemblance de cet avenir sombre outre-Manche seront vraisemblablement quelques soubresauts d'orgueil national contre son futur tuteur, avant de définitivement abandonner la partie, comme un vieux Lord laisse sa jeune nurse lui dicter sa conduite.

Il est opportun de se poser la question du rôle des invariants stratégiques britanniques dans cette lente évolution : il est très vraisemblable que l'alignement de Londres sur Washington devra comporter des contreparties comme l'assurance de la liberté des mers et celle de la non résurgence d'un État fort en Europe pour conforter sa diplomatie multiséculaire d'équilibre des puissances. Les États-Unis pourraient alors devenir de plus en plus agressifs vis-à-vis de la France et de l'Allemagne, tout en divisant le continent et en contrant plus vigoureusement les tentatives de la Commission européenne de défendre le Marché unique et l'euro, et en augmentant leur pression déjà forte à l'encontre de toute initiative en matière d'Europe de la défense. C'est donc, par effet de dominos, de l'affaiblissement anglais que pourrait naître un renversement d'alliances en Europe que le général de Gaulle, nous le verrons plus loin, avait envisagé dès les années 1960.

CHAPITRE II – LES INVARIANTS AMÉRICAINS

« *Celui qui commande la mer commande le commerce,*
celui qui commande le commerce
commande la richesse du monde, donc le monde ».

Sir Walter Raleigh (1552-1618)
History of the world, 1614

Débuter un chapitre dédié aux États-Unis d'Amérique par une citation anglaise pourrait faire grincer bien des dents outre-Atlantique, d'autant qu'il y existe moult auteurs de renom qui mériteraient tout à fait leur place ici. Mais pour entrer dans le vif du sujet, force est de constater que ce qu'ont réalisé les Britanniques au XIXe siècle, c'est-à-dire modeler le monde, les Américains l'ont repris à leur compte au XXe et maintiennent aujourd'hui le cap.

La sphère anglo-saxonne domine en effet la planète Terre depuis le début de la révolution industrielle britannique, c'est-à-dire depuis deux siècles et demi environ. Nous allons voir que les Américains sont des Britanniques décomplexés et débridés qui, eux, ont les moyens de leur politique et n'ont pas (encore ?) besoin de diviser pour régner – cela ne date pas d'hier puisque le général de Gaulle disait déjà en 1966 que « les Américains sont des Anglais qui ont voulu vivre leur vie quand ils sont devenus grands. Mais ils restent frères »[88]. Pour s'en convaincre, il suffit d'évoquer l'existence d'une société quasi secrète, la Pilgrims Society, née en 1902, qui est un des nombreux liens forts existant entre les deux pays dont le but avoué est de « promouvoir la paix éternelle et l'entraide entre les États-Unis et le Royaume-Uni »[89] … « en favorisant l'intégration des économies nationales et en obtenant des États qu'ils transfèrent leur souveraineté à des

---

[88] Cf. *C'était de Gaulle* (tome 1), *op. cit.*

[89] Cf. « La manipulation de l'opinion publique selon son inventeur », Romaric Thomas, 10 octobre 2014 (http://www.elcorreo.eu.org/La-manipulation-de-l-opinion-publique-selon-son-inventeur). Cette volonté d'exercer l'influence américaine se retrouve également en France à travers la French American Foundation qui déploie un programme (*Young Leaders*) prosélyte permettant aux dirigeants français ayant du potentiel dans le domaine politique, financier, diplomatique ou médiatique de s'acculturer au « modèle américain » et par conséquent d'en faire de futurs relais d'influence.

organismes exécutifs supranationaux soustraits aux soubresauts inhérents à la démocratie »[90].

La « relation spéciale » qu'entretient la Pilgrims entre les deux États est en réalité une relation prosélyte à sens unique qui contraint les Britanniques, et si possible les Européens, à adhérer au dessein américain de mise sous contrôle du monde occidental selon des normes édictées et imposées outre Atlantique. Nous allons voir en effet en quoi le cousinage qui unit Anglais et Américains est loin d'être approximatif et en quoi il constitue dès lors un des premiers invariants de ces derniers.

Abrégé de géographie et de géopolitique américaine

Les États-Unis sont constitués de cinquante États disposant de leur propre gouvernement, fédérés autour d'une administration centrale installée à Washington qui change en quasi-totalité quand arrive un nouveau Président élu pour quatre ans et rééligible une seule fois – il a notamment la main sur la diplomatie et la défense de l'Union. Les États-Unis disposent d'une constitution depuis 1787 qui a été amendée à vingt-sept reprises, le dernier amendement datant de 1992. Le régime politique est présidentiel mais le pouvoir de contrôle du Congrès (Chambre des représentants et Sénat) est fort : il a le pouvoir de destituer le Président et l'a déjà mis en œuvre à quatre reprises, mais sans succès, la dernière tentative étant celle contre Donald Trump interrompue par le Sénat.

Les États-Unis occupent 40,5 % de la superficie de l'Amérique du Nord, avec 9,83 millions de km², ce qui en fait le 3e pays le plus vaste du monde derrière la Russie (17,09 millions de km²) et le Canada (9,98), devant la Chine (9,56) et le Brésil (8,51). Ils sont voisins du Canada, du

---

[90] Cf. *L'ami américain, op. cit.*

Mexique, du Danemark (Groenland) et de la Russie. Comptant 333 millions d'habitants, ils regroupent deux tiers de la population totale du sous-continent et constituent le 3e pays le plus peuplé du monde après la Chine (1 408 millions) et l'Inde (1 386 millions) et devant l'Indonésie (272 millions). Mais ce qui caractérise le plus les États-Unis est qu'ils sont la 1ère puissance mondiale sur nombre de critères dont les plus importants sont l'industrie, l'agriculture, les finances, les forces armées, les zones exclusives économiques maritimes et la production culturelle. Leur modèle se veut universel et prosélyte mais, sur tous les plans, leur suprématie est de plus en plus remise en cause, en particulier par la Chine, l'Union européenne et la Russie.

Les États-Unis sont un État continent et une île en même temps, ouverte sur l'océan Atlantique à l'Est et l'océan Pacifique à l'Ouest. Même si les descendants des colons britanniques ne représentent que 8 % de la population totale américaine, il n'en demeure pas moins qu'ils contrôlent les leviers du pouvoir depuis longtemps. Leur culture ilienne est dominante même si l'importance de la terre est bien plus prégnante qu'en Grande-Bretagne, leur fort tropisme maritime donnant tous les jours raison à Sir Walter Raleigh, cité plus haut.

Abrégé d'histoire américaine

L'Amérique est un continent vide et inexploré, dit-on, quand Christophe Colomb, navigateur envoyé par l'Espagne pour trouver une voie maritime occidentale conduisant aux Indes – d'où le terme « d'Indiens » donné aux autochtones, devenus *Native Americans* aujourd'hui – la « découvre » accidentellement en octobre 1492. Le mot « découvre » se comprend au sens occidental, c'est-à-dire européen du terme, comme si les 50 millions d'Amérindiens, aujourd'hui réduits à moins de 5 millions, ne comptaient pas alors qu'ils y étaient installés depuis des centaines voire des milliers d'années. Le Génois n'est pas le premier Européen à fouler cette nouvelle terre car on sait aujourd'hui que Leif Erikson, fils du grand chef viking Erik le Rouge qui avait fondé une colonie au Groenland, a débarqué dès le XIe siècle au Labrador (Canada). D'autres Vikings étaient même descendus à Terre-Neuve puis en Nouvelle-Ecosse et avaient colonisé ces contrées jusqu'au XVe siècle, à hauteur de quelques centaines d'individus cependant. Le « Nouveau » monde n'a donc rien de nouveau mais l'expression est restée.

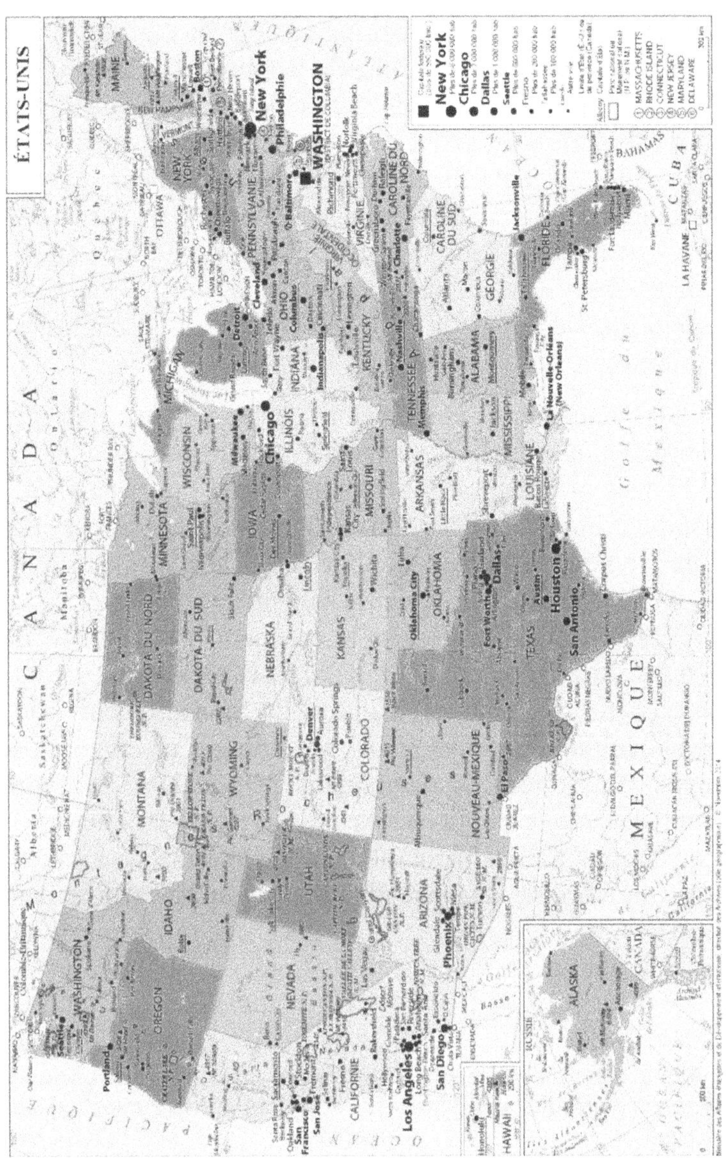

Ce n'est qu'à son quatrième voyage, en 1498, que Colomb atteignit le continent, n'ayant visité que les îles des Antilles et des Caraïbes auparavant. Contrairement à lui, le florentin Amerigo Vespucci, navigateur au service du roi du Portugal et ami de Colomb, comprend l'ampleur de l'événement selon lequel c'est un « nouveau monde » qui a été découvert, notamment après l'un de ses propres voyages en 1499[91]. C'est d'ailleurs en son honneur que le cartographe allemand Martin Waldseemüller attribue le nom « America » dans son planisphère mis à jour en 1507 à cette occasion – aujourd'hui, on peut voir l'*Universalis cosmographia*[92] à la bibliothèque du Congrès à Washington.

Les Espagnols poursuivent le train des voyages transatlantiques et débarquent les premiers en Floride en 1513 sans trouver l'or qu'ils y cherchent ; toutefois, ils s'y installent en nombre à partir de 1565. Encore sous l'effet d'une rumeur selon laquelle il existe un territoire où l'or se trouve en abondance, ils parviennent en Californie[93] en 1539 après avoir contourné le continent par le Nord du Canada. Les Français, les Hollandais et même les Suédois (en 1638) pêchent et s'installent précairement dans l'embouchure du fleuve *Hudson*, du nom d'un explorateur anglais au service de la Compagnie néerlandaise des Indes orientales qui s'établit sur la presqu'île de Manhattan – appellation tirée des Indiens manattes à qui elle a été achetée – et est à l'origine de la création de la Nouvelle Amsterdam en 1614, qui deviendra New York en 1667 quand les Britanniques en auront pris le contrôle.

---

[91] Il en fit part dans un rapport de voyage intitulé *Mundus Novus* adressé à Laurent de Médicis et publié en 1503 ; cf. l'article « Vers des horizons inconnus », Mireille Pastoureau (http://expositions.bnf.fr/marine/arret/02-7.htm).

[92] Cf. le site de la Bibliothèque nationale de France https://data.bnf.fr/fr/16602522/martin_waldseemuller_universalis_cosmographia/.

[93] L'origine du mot pourrait provenir du fait que les Espagnols trouvèrent les lieux chauds (*cali*) comme un four (*fornia*) mais cette version étymologique n'est pas la seule plausible.

La France s'intéresse aussi au Nouveau Monde puisque le roi François Ier envoie dès 1524 le florentin Giovanni da Verrazano explorer la côte Est pour trouver un passage vers l'océan Pacifique. Jacques Cartier explore le fleuve *Saint-Laurent* dix ans plus tard et crée à son embouchure la première colonie française, appelée « Nouvelle-France » en 1541. Puis se crée l'Acadie en 1604 et Champlain établit la ville de Québec quatre ans plus tard. Il y eut même une Floride française entre 1562 et 1565 ! La très vaste Louisiane – baptisée ainsi en l'honneur de Louis XIV – est française entre 1698, quand la région du fleuve *Mississipi* est explorée pour la première fois, et 1803, date de sa vente aux États-Unis par Napoléon Ier. Il est ainsi intéressant de rappeler que la Louisiane française couvrait plus du tiers de la superficie actuelle des États-Unis (au moins 24 États) et ce pendant plus d'un siècle.

La colonisation britannique est lancée par la reine Élisabeth Ière qui envoie Walter Raleigh s'établir en Virginie en 1584. La ville de Jamestown y est créée en 1607 par des marchands au service de la Compagnie londonienne Virginia et la colonie devient « colonie royale » en 1624. Quatre ans plus tôt, les « Pères pèlerins » ont débarqué du *Mayflower* (voir l'encadré plus loin) – il s'agit de religieux anglais et d'Européens fuyant l'intolérance religieuse et cherchant de nouvelles contrées pour pratiquer leur religion librement – et se sont établis dans une presqu'île au Sud-Est de ce qui deviendra plus tard Boston (Massachusetts). Petit à petit, les Anglais chassent les Hollandais établis bien avant eux sur le continent dans l'embouchure de l'*Hudson* ainsi que les Suédois installés quant à eux au Sud de Philadelphie (Delaware). Au début du XVIIIe siècle, ils contrôlent les territoires côtiers d'une ligne qui va *grosso modo* de Boston à Savannah aujourd'hui, longue d'environ 2 000 km.

Les treize colonies américaines sont créées entre 1607 et 1732[94]. Selon l'historienne Isabelle Bernier, elles connaissent « une croissance démographique fulgurante au cours du XVIIIe siècle : de 250 000 vers 1700, la population totale atteint 2,5 millions d'habitants en 1775 »[95], à l'aube de la déclaration d'indépendance. Les guerres que doit mener l'Angleterre au milieu du XVIIe siècle font chuter l'immigration anglaise qui se trouve alors en partie remplacée par celle, forcée, des esclaves africains qui représentent seulement 5 % de la population en 1650 mais 22 % en 1776. Arrivent, à partir de 1680, des millions d'Européens non britanniques : Nord-Irlandais échappant à la famine, de loin le plus fort contingent, Allemands profitant de l'assouplissement des lois relatives à l'émigration, Huguenots français apeurés par la révocation de l'Édit de Nantes par Louis XIV, mais aussi Hollandais fuyant également les persécutions religieuses, Italiens de religion catholique… Avec de tels explorateurs puis de tels migrants, on comprend en quoi les États-Unis constituent une telle mosaïque de spécificités culturelles différentes, regroupées autour du projet commun de tout quitter et de refaire sa vie sur de nouvelles bases. Pour sauter le pas, traverser l'océan et fouiller le continent, il fallait qu'ils aient un courage et une détermination solides. Cet état d'esprit pionnier et résolu est encore ancré dans la mentalité de l'Américain aujourd'hui.

---

[94] Du Nord au Sud : Massachusetts (1620), New Hampshire (1623), New York (1664), Rhode Island (1636), Connecticut (1635), Pennsylvanie (1681), New Jersey (1664), Delaware (1664), Maryland (1632), Virginie (1607), Caroline du Nord (1653), Caroline du Sud (1663), Géorgie (1732).

[95] Cf. l'article « Histoire : les 13 colonies anglaises d'Amérique du Nord », Isabelle Bernier (https://www.futura-sciences.com/sciences/questions-reponses/sciences-histoire-13-colonies-anglaises-amerique-nord-10724/).

On l'a vu, s'ils parviennent à imposer leur système au Nouveau Monde, les Anglais ne sont pas les premiers à s'être intéressés à l'Amérique du Nord puisque les Espagnols et les Français les ont précédés. Toutefois, la puissance de leur flotte et l'activisme de leurs Compagnies dans la recherche de nouveaux débouchés commerciaux et de nouvelles ressources en matières premières se sont conjugués pour permettre une implantation durable dès 1607 (site de Jamestown en Virginie), jusqu'à se faire chasser par les colons eux-mêmes, cent soixante-quinze ans plus tard, à l'issue de la Guerre d'indépendance, non sans l'appui zélé du roi de France Louis XVI et la participation décisive du marquis de La Fayette à la victoire de Yorktown (1781). Paris accueillera d'ailleurs les négociateurs anglais et américains pour signer le traité de divorce entre les treize colonies et Londres. La France est décidément une partie prenante essentielle de la création des États-Unis d'Amérique.

Vingt ans plus tôt, la guerre en Amérique du Nord entre l'Angleterre et la France, perdue par cette dernière, a eu pour conséquences d'une part la prise de conscience par les colons de la possibilité de s'affranchir de la tutelle imposée par les États et d'autre part la vigoureuse reprise en main des colonies par Londres pour contrer leur désir d'autonomie. Avec un tel cocktail, leur velléité de liberté s'accroît. L'épisode du *Boston Tea Party* de 1773 constitue à ce titre une réaction emblématique de colons voulant se défaire de l'emprise du Royaume-Uni car n'étant pas représentés au Parlement anglais qui voulait les taxer davantage, de manière injuste notamment en ce qui concerne le thé. Cet événement, au demeurant ponctuel et symbolique, préfigure la guerre d'indépendance qui débute deux ans plus tard et se termine en 1783 après huit années de conflit. La rupture est alors consommée avec la vieille Europe et les États-Unis indépendants sont nés.

Revenons à ce qui forgea la mentalité américaine à cette époque précursive. Très vite, les négociants britanniques importèrent dans leurs colonies le sens du commerce et des affaires (*business*) ainsi que, bénéficiant d'une charte coloniale corporative accordée à des *Charter colonies* privées (Virginie, Rhode Island, Connecticut, Massachusetts), l'esprit « de libre entreprise, si cher aux Américains et si essentiel à leur histoire »[96]. Autrement dit, les premiers colons de langue anglaise furent des individus agissant pour le compte d'entreprises privées – rappelons-nous qu'à l'époque, les Compagnies étaient des États dans l'État au Royaume-Uni et faisaient donc la pluie et le beau temps sur toutes les mers du globe – ce qui explique en partie pourquoi le secteur privé est si important, si prospère et si protégé aux États-Unis aujourd'hui, et les États disposent d'ailleurs de modèles socio-économiques qui mettent leurs entreprises à l'abri de l'ingérence de l'État centralisé. Ceci est le premier invariant de la culture américaine : l'économie privée dicte la politique des gouvernements successifs à Washington, dans la mesure où, on le verra plus loin, l'État fédéral est, très vite dans l'histoire et encore aujourd'hui, au service des affaires et donc des entreprises américaines, au même titre que les forces armées américaines ne servent pas à défendre le territoire – il n'a jamais été militairement attaqué – mais sont utilisées comme outil de puissance à but essentiellement économique. Les Américains ont donc une culture fortement ancrée du *business*, ce en quoi ils sont les dignes héritiers des Anglais. Ils peuvent en effet se payer le luxe de faire selon leur bon vouloir et d'inverser les priorités entre l'économie et la politique, ce que De Gaulle critiquait déjà en 1961 : « Le pouvoir aux États-Unis est trop largement dominé par les forces économiques et la banque. Ces forces ne pensent qu'échéance. Et l'échéance,

---

[96] Cf. *Histoire des États-Unis*, *op. cit.*

c'est un mois ou un an. En politique, il s'agit d'autre chose »[97].

Les colonies anglaises en Amérique au milieu du XVIIe siècle comptaient deux grandes classes : celle des négociants, des armateurs et des planteurs qui avaient investi, et celle bien plus nombreuse des serviteurs sous contrat (*indentured servants*), constituée de migrants pauvres convaincus par le gouvernement anglais de tenter leur chance outre Atlantique et qui s'étaient engagés à travailler gratuitement pendant un laps de temps déterminé (jusqu'à sept ans) pour un propriétaire qui avait financé leur traversée. Leur première ambition était donc de terminer leur contrat pour recouvrer leur entière liberté, construire une vie meilleure et s'enrichir. Ces quasi esclaves volontaires constituaient plus de la moitié des migrants entre 1600 et 1776. Libérés de toute contrainte contractuelle, ces derniers devinrent les pionniers et les premiers conquérants de l'Ouest, érigeant l'esprit d'entreprendre au rang de priorité nationale.

Au cours du XIXe siècle, l'immigration se poursuit – 743 000 personnes débarquent entre 1819 et 1840[98] – avec encore une forte proportion d'Irlandais, en particulier à l'occasion de la ruée vers l'or de 1848 en Californie. Entre 1840 et 1860, ce sont plus de quatre millions d'Européens qui rejoignent le Nouveau Monde, les trois-quarts étant irlandais ou allemands. Débutée réellement vers 1820 mais encouragée par la loi de propriété fermière de 1862 (*Homestead Act*) permettant la distribution des terres, la conquête de l'Ouest favorise encore l'immigration et le pays connaît une forte croissance démographique : 31 millions d'habitants en 1860, le double en 1890, 75 millions

---

[97] Cf. *Le Général indivis*, Edgar Pisani, Ed. Albin Michel, 1974.
[98] Cf. le site https://fr.wikipedia.org/wiki/Immigration_aux_États-Unis.

en 1900 et 105 millions en 1920[99]. La notion de propriété privée acquise après cinq années d'occupation d'un terrain et grâce à un dur labeur pour faire produire la terre s'enracine alors dans la mentalité américaine.

L'indépendance acquise, il s'agit maintenant de conquérir un continent et de bâtir une nation. Accaparé par cette tâche, le nouvel État coupe le cordon ombilical avec l'Europe qu'il souhaite voir s'occuper de ses affaires internes. En effet, après la signature de l'Acte de neutralité en 1793[100] et à l'occasion de son discours d'adieu au peuple américain à la fin de son mandat, le 19 septembre 1796, le président George Washington déclare que « la grande règle de conduite pour nous, vis-à-vis des pays étrangers, consiste à élargir nos relations commerciales et à établir avec eux le moins de liens politiques possible ». Cela reflète une dualité entre un prosélytisme affiché en matière commerciale et un repli sur soi pragmatique qui ressemble à s'y méprendre à celle caractérisant la mentalité britannique. Nous verrons plus loin en quoi on peut croire que l'isolationnisme est un invariant stratégique américain, au même titre que ce qui semble *a priori* son contraire, l'interventionnisme.

Vingt-sept ans après le discours de Washington, le Président James Monroe enfonce le clou et va plus loin en indiquant que l'Amérique tout entière – au sens continental du terme, c'est-à-dire de l'ensemble du Nouveau Monde, Amérique centrale et Amérique du Sud comprises – n'est plus ouverte à la colonisation européenne, qu'une intervention des puissances européennes sera considérée comme une agression et qu'en retour, les Américains afficheront leur neutralité vis-à-vis des affaires

[99] *Ibid.*

[100] L'Acte de neutralité est un document datant du 22 avril 1793 stipulant que les États-Unis resteront neutres dans le conflit opposant la France et le Royaume-Uni.

européennes. La doctrine Monroe, résumée par la célèbre formule « l'Amérique aux Américains » et explicitement exprimée le 2 décembre 1823, avait déjà été mise en œuvre plus tôt à l'occasion de la « quasi guerre » menée dans les Antilles contre la France entre 1798 et 1800, puis lors de combats navals contre les corsaires français agissant dans les Caraïbes entre 1806 et 1810, et enfin pendant la guerre anglo-américaine de 1812 au sujet des possessions britanniques au Canada. Les États-Unis sont en conformité avec leur vision « pré-carré » du continent et leur volonté de protéger leur sphère d'influence en n'intervenant pour des raisons politiques qu'en Amérique centrale – la guerre de Cuba de 1898 en a constitué un tournant important – et en Amérique du Sud, considérées comme leur arrière-cour, jusqu'en 1917. Ils y mènent à cet égard une politique néo-colonialiste : depuis le milieu du XIXe siècle, leur interventionnisme dans cette partie du monde ne cesse pas et la crise de Cuba de 1962 montre l'extrême sensibilité américaine quand il s'agit, pour un État étranger, qui plus est communiste, de jouer dans leur cour et si près de leurs côtes. Le continent américain tout entier demeure ainsi un espace réservé pour Washington qui n'hésite pas à y intervenir en force, sans vergogne… ni mandat international.

La doctrine Monroe constitue la base de la politique étrangère américaine pendant près de cent vingt ans. C'est elle qui prévaut lors de la campagne présidentielle pour la réélection de Woodrow Wilson en 1916 avec le fameux slogan « il nous a tenu à l'écart de la guerre »[101] mais qui ne l'empêche pas d'entrer en guerre l'année suivante aux côtés des Français et des Britanniques – nous verrons plus loin pourquoi. De même, c'est cette même doctrine qui est à l'origine des lois sur la neutralité de 1935, 1936, 1937 et

---

[101] « *He kept us out of war* », voir l'article sur https://www.woodrowwilsonhouse.org/1916-election.

1939 (non intervention dans les conflits étrangers en raison du coût de celle de 1917 en France) et tient les Américains éloignés du second conflit mondial jusqu'au 7 décembre 1941, date à laquelle les Japonais attaquent Pearl Harbor et mettent *de facto* les États-Unis en état de guerre contre l'Axe germano-nippon. On notera cependant que les Américains n'hésiteront pas à fréquemment recourir à la force dans des contrées très éloignées de leur continent pour protéger leurs intérêts commerciaux et imposer le libéralisme économique : conflits barbaresques de 1801-1805 et de 1815, expéditions de Sumatra de 1832 et 1838, expédition Perry au Japon en 1853, seconde guerre de l'opium en Chine en 1859, expéditions en Angola en 1860, à Taiwan en 1867, en Corée en 1871, en Égypte en 1882, etc., préfigurant ainsi leur approche active, pour ne pas dire agressive, des relations économiques entre les États, cause du rejet de l'adhésion à la Société des nations en 1919. C'est ainsi que la doctrine de la « porte ouverte » caractérisant initialement (en 1899) la politique étrangère américaine vis-à-vis de la Chine, est très vite étendue aux autres États « clients » de manière à limiter leur souveraineté économique. À ce titre, Éric Branca indique qu'en 1940, Washington avait conclu un arrangement avec le tout nouveau Gouvernement français (collaborationniste) de Vichy – le *business* l'emporte sur l'éthique – selon lequel il lui accordait « une aide financière substantielle en échange de facilités commerciales », en particulier dans ses colonies : il s'agissait encore de « mettre en œuvre les principes de la "porte ouverte" proclamé par les États-Unis dès 1899 dans le but d'exporter leurs marchandises sans droits de douane dans les empires coloniaux et d'y investir librement leurs capitaux »[102]. La constance et la prédictibilité américaines sont extraordinaires !

---

[102] Cf. *L'ami américain*, *op. cit.*

Pour en revenir à la construction du pays, l'expansion américaine s'est faite de manière relativement brutale, ce en quoi on ne peut que constater une certaine analogie avec celle des empires centraux européens dont les Américains critiquaient les méthodes, entre 1783, date de l'indépendance des treize colonies, et 1959, date de l'entrée d'Hawaï dans l'Union. En particulier, les guerres indiennes menées de 1778 à 1890, périodes de massacres peu louables, et le conflit avec le Mexique entre 1846 et 1848, conduisant à l'annexion de la moitié du territoire mexicain (Texas et Californie), constituent une face de la réputation d'agressivité du pays, certes pondérée par une recherche de conciliation lors d'achats de régions entières comme la Louisiane à la France (1803), la Floride à l'Espagne (1821) et l'Alaska à la Russie (1867). Cette extension sur le continent et en particulier la fameuse conquête de l'Ouest, menée par un peuple en cours de formation et d'agrégation qui a su triompher de conditions de vie très dures pendant de nombreuses années, sont à l'origine de la liberté pour tout citoyen américain d'être armé pour se défendre : elle perdure aujourd'hui dans la culture nationale depuis le vote du 2e amendement en 1791. La violence, l'audace et le mérite font ainsi partie de la mentalité américaine : ces traits de caractère se retrouvent dans les affaires et le cynisme qui les accompagne souvent.

Un autre volet essentiel de la colonisation est la dimension religieuse prise lors du départ des premiers bateaux de migrants qui avaient prêté serment à la foi chrétienne et juré de la pérenniser une fois établis. Attribuée aux Pères pèlerins qui voulaient voir dans le Nouveau Monde une terre promise, la pratique religieuse, sous ses formes les plus diverses car initialement anglicane puis devenue plus tard évangélique, baptiste, unitariste, adventiste, méthodiste, pentecôtiste…, est une caractéristique commune des colonies établies dans le

Nouveau Monde dont les fidèles, fuyant souvent l'intolérance religieuse en Europe, créèrent de nombreuses Églises aux rites proches mais néanmoins différenciés. Le projet américain des premiers colons débarqués du *May Flower* s'inscrivait en rupture du modèle européen, considéré comme porteur de conflits et décadent, et se caractérisait par un idéalisme singulier dans la construction d'une société démocratique nouvelle, tournée vers la paix et la justice, exempte de conflits identitaires et confessionnels mais respectueuse du travail et de la propriété, aux bases religieuses et morales solides dont le puritanisme actuel est l'héritier.

Il existe aujourd'hui plus de cent confessions réformées différentes aux États-Unis prêchant pour la plupart le même idéal, c'est-à-dire la conversion des âmes au profit du même Christ. Tous les analystes de l'histoire et de la politique américaine s'accordent en effet sur le fait que les États-Unis d'Amérique se sont construits sur cette base religieuse et idéaliste en opposition au modèle européen. La connotation religieuse du projet américain est effectivement essentielle et explique l'importance encore forte du puritanisme outre-Atlantique aujourd'hui.

Le puritanisme américain

Selon Michel Duchein, inspecteur général honoraire des Archives de France, le puritanisme américain est né de l'émigration fortement encouragée de dissidents opposés à l'anglicanisme des rois d'Angleterre Jacques Ier et Charles Ier. Il explique ainsi que « la date la plus symbolique est celle du 21 décembre 1620, lorsqu'aborda au Cap Cod, par 40° de latitude Nord, dans ce qui est aujourd'hui l'État du Massachusetts, un groupe d'une centaine de puritains anglais, connu plus tard sous le nom de *Pilgrim Fathers*, les « Pères pèlerins », qui avaient voyagé à bord du *Mayflower*, vaisseau marchand qui partit en juillet précédent de Plymouth, en Angleterre, pour rejoindre la colonie américaine éponyme. Pendant les onze semaines de la traversée, les « pèlerins » s'étaient liés par contrat, le *Mayflower Compact* signé le 11 novembre 1620, qui allait devenir la constitution de la nouvelle colonie : stricte observance de la foi et du culte calviniste, vie communautaire intense, discipline sociale et morale sans faille »[103]. Pour l'historien François David, « l'impératif moral » américain est basé sur « la pureté des pères pèlerins du *Mayflower* contre l'Europe jugée vicieuse et tortueuse », l'Amérique s'étant « construite en anti-modèle européen et en successeur authentique du vieux continent, selon une forme de *translatio imperii*[104] bien particulière »[105].

Le puritanisme s'installe aux États-Unis sous des formes diverses comme, par exemple le quakerisme de William Penn. Les États qui se créent petit à petit ne se proclament certes pas religieux mais l'esprit religieux règle néanmoins le comportement quotidien des colons. Parmi les communautés revendiquant un puritanisme zélé se trouvent notamment les méthodistes, les baptistes, les Mormons et, de manière emblématique, les célèbres Hamish qui vivent entre eux et refusent le progrès. Et Michel Duchein d'ajouter que « dès l'origine, et avec des nuances, le protestantisme teinté de puritanisme est à la

[103] Cf. l'article « Le puritanisme aux États-Unis, du Mayflower aux télévangélistes », Michel Duchein, décembre 2002 (https://www.clio.fr/BIBLIOTHEQUE/le_puritanisme_aux_États_unis_du_mayflower_aux_televangelistes.asp).

[104] Transfert de puissance.

[105] Cf. l'article « Les États-Unis : un impérialisme sans empire ? », François David, février 2017 (https://www.geostrategia.fr/les-États-unis-un-imperialisme-sans-empire-de-la-destinee-manifeste-a-la-puissance-globale).

source de la démocratie américaine ; phénomène reconnu par tous les observateurs européens, dont Tocqueville et l'historien K. H. Tawney : "La révolution que les puritains ont opérée dans les esprits et dans les relations de l'individu avec la société trouve son reflet dans l'organisation de la démocratie américaine telle que l'ont conçue les pères de la Constitution" ».

Aujourd'hui, le puritanisme est certes moins fort qu'au XIXe siècle mais il constitue cependant la source du « politiquement correct » d'outre-Atlantique. Quand la seule pilote de bombardier *B52* est renvoyée de l'armée en 1997 pour avoir eu des relations sexuelles avec un civil[106], quand un Général, sérieux candidat au poste de chef d'état-major des armées américaines, est contraint de renoncer à cause d'une ancienne relation adultère[107], quand Bill Clinton s'excuse en public après avoir eu une relation pourtant consentie en 1998 avec une stagiaire de la Maison Blanche[108], quand John Edwards est écarté du poste de vice-président de Barack Obama pour les élections présidentielles de 2008 car il a trompé son épouse avec sa biographe[109], quand Eliot Spitzer doit

[106] Cf. l'article de *La Croix* « Silhouette », Gwénola Posseme-Rageau, mai 1997 (https://www.la-croix.com/Archives/1997-05-24/Silhouette-_NP_-1997-05-24-428736).

[107] Cf. l'article « États-Unis : le général adultère jette l'éponge », source AFP, sur lorientlejour.com, 10 juin 1997 (https://www.lorientlejour.com/article/231188/États-Unis_%253A_le_general_adultere_jette_leponge.html).

[108] Cf. l'article de *Libération* « Après la confession télévisée du président américain Clinton "regrette", l'affaire Lewinsky continue. Le procureur Ken Starr poursuit son enquête malgré les aveux du chef de l'État sur sa liaison avec l'ex-stagiaire de la Maison Blanche », Luc Lamprière, 19 août 1998 (https://www.liberation.fr/evenement/1998/08/19/apres-la-confession-televisee-du-president-americain-clinton-regrette-l-affaire-lewinsky-continue-le_243976).

[109] Cf. l'article du *Figaro* « Le scandale qui grille le démocrate John Edwards », Jean-Louis Turlin, 11 août 2008

démissionner de son poste de gouverneur de l'État de New York en 2011 car, selon lui, il a « agi en violation des obligations qui le lient à sa famille et de son sens du bien et du mal »[110] et enfin quand on sait que l'adultère est et demeure un crime selon le code d'honneur militaire américain, ce qui a valu au Général David Petraeus, ex commandant de la Force internationale d'assistance et de sécurité en Afghanistan (ISAF) de 2010 à 2011 et directeur de la CIA de 2011 à 2012, une condamnation de deux ans de prison avec sursis[111], il n'est pas illégitime de considérer que le puritanisme joue à plein ! Michel Duchein le dit autrement : « Le spectacle de la foule new-yorkaise après l'attentat meurtrier du World Trade Center, le 11 septembre 2001, était éloquent : tous, jeunes, vieux, blancs, noirs, ouvriers, employés, s'exprimaient spontanément en termes religieux, sans parler évidemment du Président (…). Il est indéniable que l'esprit puritain, même s'il n'est plus aussi exclusivement lié à telle ou telle confession particulière qu'au XVIIe siècle, reste un des éléments constitutifs de la mentalité de l'*homo americanus* et de la société où il vit. »

Aujourd'hui, les références à la Bible et à Dieu sont très fréquentes aux États-Unis, même si la religion est en général souvent considérée comme civile plutôt que

(http://www.lefigaro.fr/elections-americaines-2008/2008/08/11/01017-20080811ARTFIG00188-le-scandale-qui-grille-le-democrate-john-edwards-.php).

[110] Cf. l'article de *La Vie* « Sexe, politique et puritanisme : l'obsession américaine », Claire Derville, 18 mai 2011 (http://www.lavie.fr/actualite/monde/sexe-politique-et-puritanisme-l-obsession-americaine-17-05-2011-16937_5.php).

[111] Cf. l'article du *Figaro* « L'adultère, un crime selon le code militaire américain », 14 novembre 2012 (http://www.lefigaro.fr/international/2012/11/14/01003-20121114ARTFIG00660-l-adultere-un-crime-selon-le-code-militaire-americain.php).

chrétienne[112]. Ces références se trouvent dans certains actes officiels : le Président prête serment sur la *Bible* en terminant par « Que Dieu me vienne en aide » ; la mention « Une nation unie sous l'autorité de Dieu » fait partie du serment d'allégeance au drapeau que font notamment les militaires américains ; et la devise « En Dieu est notre confiance » est inscrite sur les billets et les pièces de monnaie.

L'Amérique d'aujourd'hui

La conséquence de l'idéalisme américain est le messianisme du modèle national qu'Yves Lacoste appelle « rôle que Dieu aurait manifestement confié à l'Amérique de développer les valeurs de liberté, de justice et de progrès, de les étendre le plus possible et de les défendre contre toute tyrannie »[113] – force est de constater que cet attachement aux valeurs fait souvent l'objet de concessions parfois peu glorieuses quand il s'agit de défendre les intérêts américains : par exemple, les Américains ayant débarqué en Afrique du Nord en novembre 1942 n'ont pas demandé aux autorités françaises de Vichy d'abolir les lois raciales anti-juives, ce que fera De Gaulle dès qu'il aura les mains libres à la tête du CFLN (Comité français de libération nationale) d'Alger en novembre 1943.

---

[112] En 2015, 70,6 % des Américains sont chrétiens contre 78,4 % en 2007, cf. l'article « America's Changing Religious Landscape », Pew Research Center, 12 mai 2015 (https://www.pewforum.org /2015/05/12/americas-changing-religious-landscape/).

[113] Cf. l'article « Les États-Unis et le reste du monde », Yves Lacoste, revue *Hérodote* n°109 de 2003 (https://www.cairn.info/revue-herodote-2003-2-page-3.htm).

La « destinée manifeste »

Selon Céline Pajon, chercheur à l'Institut français des relations internationales (IFRI), « les États-Unis ont développé une croyance en leur degré de perfection, ce qui les a amenés à concevoir l'idée d'une "destinée manifeste", c'est à dire d'une mission civilisatrice universelle qui leur est dévolue par Dieu pour propager leur modèle sur leur continent et au-delà sous la forme d'un expansionnisme messianique »[114]. L'aspect religieux marquant fortement la naissance de la nation américaine, celle-ci croit en une œuvre divine, donc parfaite et infaillible, empêchant toute contestation et autorisant le rôle de donneur de leçons. Avec l'idée préconçue de faire partie d'une nation vertueuse exceptionnellement dotée par la Providence, toute intervention se voit justifiée si elle poursuit des objectifs moraux et salutaires, selon les seuls critères américains bien entendu, ce qui ouvre la voie à un interventionnisme tous azimuts et sans frein.

Soutenus par le Ciel, les Américains n'ont pas de raison d'avoir des scrupules. Dès lors, le messianisme américain imprègne les décisions des autorités politiques de Washington qui utilisent en permanence des références religieuses dans leur discours. Les mots « d'empire du mal » lors du discours sur le lancement de l'Initiative de défense stratégique (« Guerre des étoiles ») par Ronald Reagan en mars 1983 puis ceux de « croisade » et « d'axe du mal » dans la bouche de George W. Bush avant le déclenchement de la 2e guerre du Golfe en 2003 n'ont rien de fortuit car ils sont porteurs de sens pour le peuple américain. Le facteur religieux est donc une constante de l'état d'esprit outre-Atlantique.

---

[114] Cf. le dossier « Politique étrangère américaine : histoire, origines, évolutions », Céline Pajon, 2004 (http://www.thucydide.com/realisations/comprendre/usa/usa1.htm).

La « destinée manifeste » autorise aussi le peuple américain de croire en son destin de répandre son régime démocratique, ses valeurs morales, ses références sociales et son modèle économique dans le monde entier. Le concept est né en 1845 sous la plume du journaliste John O'Sullivan qui considérait que l'annexion de la République du Texas – devenu le 28e État de l'Union la même année – était justifiée par une sorte de droit divin. Cette mission civilisatrice universelle introduisit au milieu du XIXe siècle aux États-Unis l'idée d'un salutaire interventionnisme actif qui s'opposa inévitablement au dogme isolationniste pourtant issu des mêmes rangs : ce paradoxe créa et crée encore des ambiguïtés qui caractérisent la politique étrangère américaine, selon qu'ils se parent d'un voile pudique isolationniste ou d'un glaive pour secourir la veuve et l'orphelin. Se sentant investies depuis cette époque, les autorités américaines se considèrent souvent en mission et sont persuadées que le droit et la raison sont de leur côté. Le Bien américain est le Bien tout court et il mérite d'être exporté.

Cette « destinée manifeste » se traduit enfin par un patriotisme hors normes qui cimente le pays quand il se sent agressé en mettant en avant ce qui touche au sacré : l'hymne, l'armée et le drapeau national. Le patriotisme est enseigné à l'école dès le plus jeune âge : personne n'oserait siffler quand l'hymne retentit et tout citoyen américain met la main sur le cœur au son de *Star-Spangled Banner* ou de la marche patriotique *Stars & Stripes Forever* ; le soldat en uniforme est magnifié et le retour au bercail d'un militaire parti de longs mois en opération extérieure donne lieu à des cérémonies ou à des réjouissances médiatisées ; enfin, toutes les familles américaines disposent du drapeau national et il est très fréquent de le voir flotter en haut d'un mât ou sur les balcons. Nulle part ailleurs dans le monde, une telle vénération de la patrie de la part d'une nation pourtant très plurielle est aussi forte.

La culture américaine est prosélyte et se considère comme supérieure aux autres. Cette vérité se décline dans toutes les sphères de l'influence : diplomatie, stratégie, économie, mode de vie, etc. Le terme de *pax americana* utilisé après la fin du deuxième conflit mondial n'est pas usurpé : il coïncide avec l'hégémonie américaine sur l'économie mondiale, sur les grands traités, sur les affaires militaires en tant que « gendarme de la planète », ces dernières ayant conduit à l'effondrement de l'URSS en 1990 et à la fin de l'équilibre de la terreur. Les Européens ne peuvent certainement pas nier une telle délivrance et le silence ingrat des contempteurs de Washington à ce sujet est souvent assourdissant. Si cette paix à la sauce américaine a connu quelques accrocs dans les années 2000, la présidence Trump l'a remise sur le devant de la scène. Les Américains se comportent ainsi comme des grands frères, des éducateurs – leur geste s'apparente souvent à « faites ce que je dis, pas ce que je fais » – et leur loi est imposée au groupe de leurs amis, jusqu'à ce que certains s'en démarquent comme l'a fait la France en 2003 au moment de la 2e guerre du Golfe en Irak. Peu osent le faire et personne n'a remis en cause, par exemple, la raison d'être de l'OTAN, organisme de défense collective, à la disparition en 1991 de la menace soviétique qui l'avait vu naître et le rendait *a priori* caduc. On est donc allié ou adversaire de l'Amérique, la voie médiane (neutralité et indépendance) n'entrant pas dans la logique américaine des relations internationales.

Alors, isolationnisme ou interventionnisme ?

Le général de Gaulle disait en mars 1949 que « l'Amérique est un pays essentiellement isolationniste pour cette simple raison qu'elle est une île. Elle ne s'est jamais sentie rendue solidaire de l'Europe »[115]. Pour Denis Tillinac, « De Gaulle avait bien perçu ce paradoxe : le peuple le plus puissant de la terre enrôle des obligés à géométrie variable dans des croisades hasardeuses alors que le taraude toujours une tentation isolationniste »[116]. Le fondateur de la Ve République savait de quoi il parlait quand il évoquait l'état d'esprit outre-Atlantique : le Président Richard Nixon disait en effet de lui qu'il « comprenait mieux la politique américaine que beaucoup d'hommes politiques américains »[117]. Pour Céline Pajon, « les dirigeants américains ont développé au fil des décennies une tendance d'isolement (isolationnisme) afin de protéger / préserver leur modèle des interférences et "pollutions" de la politique internationale »[118]. Cet isolationnisme transpire clairement dans le discours de George Washington de 1796 et est « révélé » par Monroe en 1823. L'isolationnisme est la principale caractéristique du projet américain des Pères pèlerins et se révèle constitutif de l'État fédéral américain. Cet isolationnisme originel continue de marquer durablement les esprits au sein des cercles de pouvoir américains et dispose de nombreux relais d'influence pesant sur les décisions des différentes administrations, notamment au regard des récentes interventions militaires très coûteuses qui ont pour la plupart échoué. Ainsi, les épisodes dramatiques en termes de vies humaines perdues, de matériels détruits, de budgets colossaux engloutis et d'image nettement dégradée lors des conflits « bourbiers » au Vietnam, en Somalie, en Afghanistan et en Irak – pour ce qui concerne le second de 2003 – ont entraîné une forte

---

[115] Cf. *Aimer de Gaulle*, Claude Mauriac, *op. cit.*

[116] Cf. *Dictionnaire amoureux du Général*, *op. cit.*

[117] Entretien avec Jean Béliard lors du colloque « De Gaulle et son siècle » organisé à l'occasion du centenaire de la naissance du Général de Gaulle, en 1991, par la Fondation Charles de Gaulle.

[118] Cf. le dossier « Politique étrangère américaine : histoire, origines, évolutions », *op. cit.*

méfiance de la population vis-à-vis de l'interventionnisme et une sympathie renouvelée pour l'isolationnisme traditionnel. Ces expériences tendent à montrer que l'isolationnisme protège les GIs et donc l'Amérique.

L'isolationnisme est une politique qui ne connaît pas les frontières des partis au Congrès américain, lui-même sous la pression des lobbies anti bellicistes (favorables) et des industriels de l'armement (opposés). Elle se retrouve du côté démocrate pour des raisons de pacifisme très typique de ce parti, comme du côté républicain pour le respect intransigeant des valeurs des Pères pèlerins portées notamment par l'élite ultra conservatrice WASP[119]. L'isolationnisme est donc une politique clivante aux États-Unis. Les rapports de force entre le Congrès américain et l'administration en place ne sont pas toujours en faveur de cette dernière quand il s'agit d'engager les forces américaines dans une opération militaire, même ponctuelle et sans empreinte au sol. Le président Barack Obama l'a amèrement vérifié quand il a constaté l'opposition du Congrès pour une intervention en Syrie après le bombardement de la Goutha de 2013 avec des armes chimiques par les forces du président Bachar el-Assad – le *Massachusetts Institute of Technology* (MIT) a cependant publié une étude mettant en cause la responsabilité de l'État syrien[120].

---

[119] Les *White Anglo-Saxon Protestants* américains dictent ou influencent tout au moins beaucoup la politique de Washington quand ils rappellent les origines religieuses protestantes, puritaines, donneuses de leçons et messianiques de la nation américaine, et ils diffusent l'idée selon laquelle seul leur modèle culturel, social et politique détient la vérité.

[120] Cf. l'article du *Point* « Attaque chimique en Syrie : le rapport qui dérange », Armin Arefi, 19 février 2014 (https://www.lepoint.fr/monde/attaque-chimique-en-syrie-le-rapport-qui-derange-19-02-2014-1793755_24.php).

Imprégnés d'isolationnisme dès l'école quand il s'agit d'enseigner le mythe des Pères fondateurs de leur nation, les Américains apprennent également le prosélytisme du projet de société porté par ces mêmes Pères qui tend à faire intervenir les États-Unis dans les affaires économiques du monde. Avec un antécédent étonnant, au travers de l'ouverture forcée et contre nature du Japon et de la Chine au commerce mondial (expédition de Perry en 1853, guerre de l'opium en Chine en 1856), le Plan Marshall de 1947 est un acte d'interventionnisme économique en Europe plus réfléchi et de plus grande ampleur qui entérine le suicide politique et économique du continent entre 1914 et 1918, confirmé par le sabordage créé par la guerre de 1939-1945, les ravages des deux conflits offrant *in fine* l'Europe sur un plateau aux Américains. Le Plan avait pour double intérêt de permettre aux usines américaines de continuer à produire après l'énorme effort dû à la guerre et de générer des dépendances normatives et commerciales en Europe, sous couvert d'une aide d'urgence philanthropique aux États européens, ce qui n'était néanmoins pas en contradiction avec leurs besoins du moment. Les États-Unis ont alors en quelque sorte économiquement néo-colonisé et assujetti leurs anciens maîtres qui se sont battus entre eux, de manière tout au moins à les contrôler ensuite. Au sujet du plan Marshall, De Gaulle disait en octobre 1947 à Jean-Raymond Tournoux : « Que ce soit, pour les Américains, un moyen de se mêler de nos affaires, c'est-à-dire de ce qui ne les regarde pas, c'est bien certain »[121]. Pour Éric Branca, « c'est en prêtant massivement aux Européens que les États-Unis les acculturеront à l'*American way of life*, condition nécessaire à leur rôle de futurs consommateurs de produits… américains ! »[122]. Le réalisme américain vint en quelque sorte bousculer les fondements européens, ce que

[121] Cf. *Jamais dit*, Jean-Raymond Tournoux, Ed. Plon, 1961.
[122] Cf. *L'ami américain, op. cit.*

dénonce Denis Tillinac quand il écrit que « le matérialisme de l'*American way of life* paraissait [au général de Gaulle] incompatible avec les fondamentaux de la Vieille Europe » et « le culte naïf de la réussite matérielle évalué en dollars, exclusivement. Aux appétits sans limites de ce "nouveau riche" de l'Histoire, le Général opposait une sagesse acquise de longue date des pays européens »[123]. On constate aujourd'hui en quoi il avait amèrement raison puisqu'en France le consumérisme passe désormais avant les valeurs, le loisir avant le travail, le confort avant le mérite, les intérêts particuliers avant l'intérêt général.

Si la stratégie américaine est de laisser les autres nations se débrouiller entre elles, il n'est cependant pas question de rester les bras croisés quand les intérêts américains sont en danger. C'est là que Washington peut faire preuve d'un interventionnisme à outrance. Les États-Unis intervinrent ainsi nombre de fois entre 1850 et 1917 en dehors de leur sphère d'influence d'Amérique du Nord et du Sud : Japon en 1854, 1864 et 1868, Chine en 1856, 1859 et 1900, Corée en 1871. Leur concours tardif à la Première Guerre mondiale les (re)plonge dans le bain européen en 1917 et leur participation au milieu de la Seconde Guerre mondiale en fait le héraut du camp occidental à partir de 1945[124]. Puis, sur la base de la résolution Vandenberg adoptée en 1948 les autorisant à nouer des alliances militaires en temps de paix et sur celle de la doctrine Eisenhower de janvier 1957 consistant à limiter la pénétration communiste au Moyen-Orient, leur action se présente souvent sous forme directe (Corée en 1950, Liban en 1958, Vietnam en 1961, Cambodge en 1969, Libye en 1986, Irak en 1991 et 2003, Somalie en 1992 et 2006, Bosnie en 1995, Soudan en 1998,

---

[123] Cf. *Dictionnaire amoureux du Général*, *op. cit.*

[124] À noter que l'armée américaine a été équipée par l'armée française en 1917 et que ce fut le contraire en 1944. De même pour le commandement allié et la doctrine d'emploi des forces.

Kosovo en 1999, Afghanistan en 2001, Philippines en 2002, Pakistan en 2004, Libye et Pakistan en 2011, Irak et Syrie depuis 2014) mais beaucoup aussi par procuration sous la forme d'aide en matière de logistique et d'armement (souvent clandestinement *via* la CIA) pendant la Guerre froide dans les régions où des conflits permettent de contrer l'influence de l'URSS ou de la Chine communiste ou le terrorisme islamique (Brésil et Congo en 1964, Israël en 1973, Angola en 1975, Afghanistan en 1979, Irak en 1980, Philippines en 1989 et 2017, Timor oriental en 1999, Yémen depuis 2010, Somalie en 2010, Mali depuis 2013). Ainsi, les Américains interviennent aujourd'hui souvent pour modeler le monde à leur image et ce dans tous les domaines pour non plus répandre mais désormais imposer leur exemple et leurs valeurs.

Les interventions de Washington sont plus ou moins agressives et prennent de multiples formes, selon qu'elles sont légitimées par des considérations politiques, économiques ou culturelles, l'objectif demeurant de favoriser les échanges économiques avec le monde en général et de contrôler en particulier ceux avec ses alliés (lire « satellites »). Dès 2005, le général Jean Pichot-Duclos, précurseur du concept d'intelligence économique en France, rappelait que « l'un des plus puissants conseillers du président Carter disait sans ambages que les Américains doivent maintenir leurs vassaux en état de dépendance et en outre qu'ils doivent cultiver la docilité de leurs vassaux »[125]. Difficile d'être plus clair.

Les Américains interviennent également pour imposer leurs normes, ce que dénonce Mme Florence Parly, ministre

---

[125] Cf. l'article « Entretien avec le général Pichot-Duclos, à propos de la main invisible des puissances », École de guerre économique, 2005 (https://infoguerre.fr/2005/08/entretien-avec-le-general-pichot-duclos-a-propos-de-la-main-invisible-des-puiss/).

française des Armées, quand elle évoque en mars 2019 la clause de solidarité de l'OTAN qui « est l'article 5, pas l'article F-35 »[126]. Il est difficile de distinguer les limites des Américains entre sagesse et arrogance. Par ailleurs, le caractère infaillible du projet américain, vu de Washington, autorise indifféremment d'intervenir avec ou sans l'assentiment de la communauté internationale. À côté des opérations autorisées par les Nations unies au Koweït en 1991, en Somalie en 1992, en Bosnie en 1995, en Afghanistan et aux Philippines en 2001, et en Libye en 2011, les Américains interviennent sans mandat au Kosovo en 1999, en Irak en 2003 et en Syrie en 2018. L'aspect imprévisible des opérations américaines ne peut que troubler l'ordonnancement et la stabilité internationale dont ils continuent néanmoins à être perçus comme les garants, notamment quand Washington oppose son veto, en tant que membre permanent du Conseil de sécurité des Nations unies, à toute résolution contre Israël. L'aplomb qu'ils présentent ne connaît souvent pas de mesure.

---

[126] Discours du 18 mars 2019 de Mme Florence Parly devant le groupe de réflexion Atlantic Council, spécialisé dans les relations internationales : « Cet engagement américain sera-t-il éternel ? Devrions-nous supposer que cela va continuer comme ce fut le cas au cours des soixante-dix dernières années ? (…) L'alliance devrait être inconditionnelle, sinon ce n'est pas une alliance. La clause de solidarité de l'OTAN est l'article 5, pas l'article F-35 ». À savoir que le Lockheed Martin F-35 *Lightning 2* est un avion de chasse de nouvelle génération dont les modes de communication avec son environnement génèrent une norme à laquelle seuls les États équipés du même avion peuvent accéder, ce qui oblige ceux qui souhaitent rester partenaires des opérations militaires américaines à les acquérir. C'est une manière habile de générer un marché captif, piège dans lequel sont déjà tombés sept États européens (Belgique, Danemark, Italie, Norvège, Pays-Bas, Pologne et Royaume-Uni) – cf. l'article des *Échos*, « Avions de chasse : l'envol du F-35 », Anne Bauer, 31 décembre 2019 (https://www.lesechos.fr/industrie-services/air-defense/avions-de-chasse-lenvol-du-f-35-1159720).

Enfin, Washington exporte sa culture et son mode de vie dans le monde entier au travers de sa musique, son cinéma, ses séries télévisuelles – si souvent teintées de cette violence consubstantielle à la culture américaine – et son alimentation. Il ne s'agit certainement pas d'interventions agressives mais d'effet de masse ; l'administration américaine s'est ainsi fortement opposée à la France quand cette dernière a voulu exclure le secteur audiovisuel des négociations sur l'accord de libre-échange entre l'Union européenne et les États-Unis en 2013, en faisant état d'une « exception culturelle ». Le facteur économique est toujours présent quand il s'agit de favoriser une industrie nationale et, régulièrement, la France dit non.

Chaque fois que l'intervention des États-Unis n'est plus nécessaire, le retour à l'isolationnisme est effectif, comme ce fut le cas jusqu'en 1945 – le Président Lyndon Johnson parlera en 1966 de cette politique comme d'une « grande erreur révolue »[127]. Ainsi, ils ne rentrèrent dans le premier conflit mondial en 1917 en Europe qu'en raison de l'entrave des Allemands à la liberté des mers – l'épisode du torpillage du paquebot *Lusitania* en 1915 fut le plus emblématique – et de la volonté de Berlin de monter le Mexique contre eux – cela fut découvert par l'affaire du télégramme de Zimmermann en janvier 1917. Il en fut de même pour le second conflit mondial quand le Japon attaqua la base navale Pearl Harbor en décembre 1941, pour des raisons économiques d'ailleurs puisque Washington avait décrété un embargo contre le fer et le pétrole à l'encontre du Japon quelques mois plus tôt – il est trop rarement rappelé que cet embargo fut considéré comme un *casus belli* du côté nippon. Rappelons-le, l'économie est toujours un facteur décisif des décisions américaines.

---

[127] Cf. *Mémoires de guerre – L'unité – 1942-1944*, Charles de Gaulle, Ed. Plon, 1956.

Le louvoiement stratégique

En réalité, les Américains jouent depuis 1945 sur les deux tableaux (isolationnisme et interventionnisme) pour préserver leurs intérêts économiques et c'est là le seul vrai invariant américain dont M. Donald Trump est le champion car il manie aussi bien l'un que l'autre ; la seule vraie différence qu'il a avec ses prédécesseurs, c'est qu'il le dit haut et fort, et sans modération. Car si la complexité du monde actuel empêche aujourd'hui les États-Unis d'adopter une voie totalement isolationniste ou interventionniste, la politique américaine louvoie entre les deux avec, en arrière-fond, le même dénominateur commun qu'est la défense des intérêts économiques du pays, invariant stratégique supérieur inchangé depuis George Washington. Pourquoi sont-ils obligés de louvoyer ainsi ? Parce que l'isolationnisme en général et celui « version américaine » en particulier ne sont plus possibles dans un monde globalisé, caractérisé par l'interconnexion des économies où celle de Washington dispose encore d'une place prépondérante.

Avec l'avènement de la mondialisation et de la liberté des échanges, l'isolationnisme se mue parfois en ostracisme et apporte plus d'inconvénients que d'avantages. Il gêne fortement le développement économique et la hausse du niveau de vie des populations, comme le montre le cas de la Corée du Nord dont le régime ne pourrait tenir sans l'aide la Chine qui la tient sous perfusion. Les Américains sont conscients des limites imposées par le libre-échange qu'ils ont eux-mêmes appelé de leurs vœux. C'est ainsi que l'isolationnisme politique américain s'est petit à petit transformé en protectionnisme économique. Les États-Unis isolent leur économie des contraintes internationales, par exemple en dénonçant l'accord de Paris sur le climat ou en quittant le Conseil des droits de l'homme de l'ONU, et recourent à des mesures protectionnistes pour la défendre, en imposant par exemple des taxes douanières à la Chine, au Canada et à l'Union européenne. Sous un autre aspect, l'isolationnisme américain s'est adapté à la nouvelle donne mondiale.

L'interventionnisme autre qu'économique est aujourd'hui une politique difficilement tenable en raison des répercussions internationales des conflits menés unilatéralement et de la place qu'a (re)prise la communauté internationale depuis la chute de l'URSS – peut-on y voir la raison des hésitations américaines face à l'Iran fin 2019 ? Les suites de la 2e guerre du Golfe de 2003 sur la montée du terrorisme radical et la naissance de l'État islamique montrent que les interventions militaires préventives peuvent avoir des conséquences graves sur la stabilité du monde. Le fait du prince est peut-être révolu à Washington, à voir le désengagement américain en Syrie et en Afghanistan et le non recours à la violence contre la Corée du Nord et l'Iran. L'impérialisme des Américains a en effet connu des soubresauts porteurs de leçons qu'ils commencent à tirer. Aussi, la communauté internationale et les médias du monde entier sont aujourd'hui beaucoup plus regardants sur les interventions militaires, en doutant notamment sur les fausses raisons morales évoquées pour combattre « l'axe du mal ». Dès lors, les Américains limitent désormais fortement leur participation dans les conflits qui ne les intéressent pas, comme cela a été le cas en Libye en 2013. « Simple » mais ô combien puissant instrument de politique économique globale, l'armée américaine intervient de manière plus raisonnée.

Enfin, la première puissance économique mondiale joue un rôle majeur dans l'équilibre des échanges ainsi que dans leur contrôle, à travers l'extraterritorialité du droit américain grâce au dollar dont Washington use et abuse en infligeant des amendes – que certains assimilent à du

« racket »[128] – aux entreprises concurrentes de leurs « alliés » de plusieurs milliards de dollars (BNP, Alstom, Crédit Agricole, Total, HSBC, Volkswagen…). La politique de puissance menée par Washington se matérialise par une agressivité commerciale qui constitue la principale facette de l'interventionnisme américain actuel. La guerre économique porte bien son nom et les Américains interviennent différemment, passant du *hard power* au *soft power*, pour reprendre leurs concepts – ce dernier n'est en réalité pas une avancée mais un retour en arrière car il reprend les caractéristiques de la « porte ouverte » de 1899, indiquant peut-être implicitement que l'usage de la force ne fonctionne plus aussi bien au XXIe siècle qu'à la fin du XIXe et donnant ainsi un argument aux tenants du déclin américain, ce que nous aborderons plus loin.

Les Américains ont la culture du *business* et pensent *business* en premier lieu et en permanence, ce en quoi ils sont les dignes héritiers des Anglais… mais ceux-ci ont une expérience bien plus ancienne et des capacités bien moindres qui leur permettent d'éviter les décisions trop hâtives. L'arrivée de Donald Trump à la Maison Blanche en 2017 donne la primauté au fait économique sur les autres considérations, ce qui, en réalité, a toujours été et demeure la principale préoccupation des Américains, sans qu'elle ait été si ouvertement affichée. Ce que fait M. Trump n'a rien de nouveau. Le fait économique apparaît en effet déjà aux premiers temps des États-Unis, notamment dans le testament politique de George Washington qui place l'élargissement du commerce avant tout. L'esprit d'entreprise et la recherche du profit constituant deux

[128] Cf. l'article de *L'Express* « Le racket géant des amendes économiques infligées par les États-Unis », Julie de la Brosse, 10 novembre 2016 (https://lexpansion.lexpress.fr/actualite-economique/le-racket-geant-des-amendes-economiques-infligees-par-les-etats-unis_1848745.html).

caractéristiques majeures de l'*homo americanus*, le fait d'avoir placé un *business man* à la tête du pays n'augure pas d'un apaisement sur la scène économique mondiale, d'autant qu'il existe une continuité Obama/Trump dans le basculement de la priorité de Washington vers l'Asie.

Une sorte de pouvoir culturel et économique, notamment en matière de gestion des données, est aujourd'hui aux mains des multinationales américaines et celui des GAFAM[129] croît de jour en jour. Élu en 2016 sur un programme isolationniste et populiste, Donald Trump l'applique certes brutalement mais renoue en réalité avec une ligne déjà suivie par nombre d'administrations avant lui qui allie pragmatisme et cynisme, notamment grâce aux réseaux de surveillance et d'écoute de la NSA, pour soutenir les entreprises nationales dans la compétition mondiale. Rappelons-le, l'appareil d'État américain est au service de ses entreprises. Le président Donald Trump parvient dès lors habilement à manier simultanément l'isolationnisme protectionniste et l'interventionnisme nationaliste, par exemple quand il profite de la dénonciation de l'accord sur le nucléaire iranien pour empêcher les Européens de faire des affaires avec Téhéran, sous peine de sanctions (amendes). Pour Maya Kandel, « sur le plan des moyens, le slogan *America First* a promu l'unilatéralisme et le nationalisme comme principes directeurs » de la politique du président Trump[130]. L'impérialisme économique et juridique américain, sans oublier le cynisme

---

[129] Google, Apple, Facebook, Amazon et Microsoft détiennent cinq des six premières places dans le classement des plus grandes entreprises mondiales.

[130] Cf. l'article « La politique étrangère de l'administration Trump », Maya Kandel, 19 mai 2020 (https://vie-publique.fr/parole-dexpert/273699-la-politique-etrangere-de-ladministration-trump-par-maya-kandel).

égocentrique qui le caractérise, est le pire ennemi des entreprises européennes.

Le testament politique de George Washington de 1796 préconisait de ne pas s'allier avec quiconque et en parallèle « d'élargir les relations commerciales » : aujourd'hui, c'est bien cette 2e partie de phrase, cette doctrine « mère » qui guide toute politique « fille » américaine, qu'elle soit économique, financière, juridique, militaire ou culturelle. Pour garantir et pérenniser leur hégémonie, il est à craindre, que les Américains tombent dans le piège de Thucydide en faisant la guerre aux nations qui veulent la concurrencer[131].

N'oublions pas que, si l'on s'inspire des théories de Fernand Braudel sur les puissances maritimes, les États-Unis seraient une thalassocratie qui baserait sa puissance sur le commerce transitant par la mer, au même titre que le Royaume-Uni d'ailleurs ; or, l'histoire montre que les thalassocraties s'opposent aux États continentaux que sont, par exemple, la Russie, la Chine, l'Allemagne et la France. Nous verrons dans le chapitre consacré à ce dernier pays en quoi tout est possible : le général de Gaulle l'a lui-même évoqué quand, au moment de la montée en puissance de la dissuasion nucléaire française, il expliqua à Edgar Pisani en octobre 1961 « qu'un jour ou l'autre, il peut se produire des événements fabuleux, des retournements incroyables. Il s'en est produit tellement dans l'histoire ! L'Amérique peut exploser du fait du terrorisme, du racisme, que sais-je, et devenir une menace pour la paix. (...) Personne ne peut dire d'avance où se situera le danger ». Et comme le Général a

---

[131] Le stratégiste et stratège Thucydide analysa la guerre du Péloponnèse (431 à 404 avant JC) comme le résultat de la crainte de Sparte face au rapide développement d'Athènes. Le piège de Thucydide est ainsi une situation des relations internationales dans laquelle un État en position hégémonique est petit à petit amené à entrer en guerre avec un État émergent en raison de la peur suscitée par la remise en question de son hégémonie.

émis nombre de prophéties qui se sont révélées exactes[132], il ne serait pas insensé de penser à un renversement d'alliances, à un terme à définir, ce que certains appellent déjà de leurs vœux, comme le général (R) Jean-Bernard Pinatel dans son ouvrage *Russie, alliance vitale* de 2011[133]. Nous verrons dans le chapitre dédié à l'Allemagne en quoi les notions de puissance continentale et de puissance maritime peuvent intervenir dans la notion d'invariant stratégique national, quand il sera question de s'intéresser à la théorie du géopoliticien américain Halford Mackinder sur le Heartland.

En conclusion

L'invariant global des États-Unis qui se décline en défense de ses intérêts économiques avant tout, c'est la vision nombriliste qu'ils ont du monde, la vision du seul prisme américain qui soit acceptable, ce que confirme Kim Darroch, ambassadeur du Royaume-Uni à Washington en 2019, quand il critique l'administration Trump : « C'est

---

[132] De Gaulle a prédit l'avènement de la Seconde Guerre mondiale de 1939-1945 (annoncée en 1917), l'*Anschluss* de 1938 (annoncé en 1928), l'entrée en guerre de l'Italie en 1940 (annoncée en 1936), la politique américaine après la guerre (annoncée en 1942), la décolonisation des années 1960 (annoncée en 1944), la crise de Cuba de 1962 (annoncée en 1947), la guerre d'Algérie de 1954-1962 (annoncée en 1952), la réunification de l'Allemagne de 1990 (annoncée en 1962), mais aussi l'attaque japonaise de Pearl Harbor, les guerres israélo-arabes, les vagues migratoires, l'élection de Nixon, la perte d'influence américaine aux Nations unies, la désagrégation de l'ex-Yougoslavie, la défaite américaine au Vietnam, l'avènement de la Chine, le terrorisme islamique, la fin du communisme soviétique, l'élargissement de l'Europe à l'Est, la crise et la perte de valeurs de la société française actuelle, etc.

[133] Cf. *Russie, alliance vitale*, Jean-Bernard Pinatel, Ed. Choiseul, 2011.

toujours le pays de l'Amérique d'abord »[134]. Ce slogan a effectivement été utilisé lors des campagnes présidentielles américaines de Woodrow Wilson en 1916 et de Donald Trump cent ans plus tard. Pour François David, « depuis 1917, deux projets se concurrencent : l'isolationnisme (agressif) et le wilsonisme (l'indépendance des États en interdépendance). L'Amérique est impériale et altruiste dès le départ, associant le real-cynisme à l'idéalisme, à partir des trois piliers traditionnels de la puissance : l'armée, l'université et l'économie »[135]. Dans l'esprit des Américains, il n'existe en effet d'indépendance que dans l'interdépendance avec leurs propres intérêts, c'est-à-dire sous leur contrôle : l'Amérique n'a d'alliés que les États dont elle a fait des vassaux dociles. Dans cette optique, elle place l'économie du pays (intérêts privés) avant le pouvoir politique (intérêts publics), et c'est bien elle qui détermine les orientations prises par Washington. Le général Eisenhower, héros de la Seconde Guerre mondiale devenu président des États-Unis en 1953, ne disait-il pas dans son discours d'adieu en parlant de l'industrie d'armement : « Dans les assemblées du gouvernement, nous devons donc nous garder de toute influence injustifiée, qu'elle ait ou non été sollicitée, exercée par le complexe militaro-industriel. Le risque potentiel d'une désastreuse ascension d'un pouvoir illégitime existe et persistera. Nous ne devons jamais laisser le poids de cette combinaison mettre en danger nos libertés et nos processus démocratiques » ?[136]

---

[134] Cf. l'article du *Point* « L'administration Trump qualifiée "d'inepte" par l'ambassadeur britannique », source AFP citant le *Mail on Sunday*, 7 juillet 2019 (https://www.lepoint.fr/monde/l-administration-trump-qualifiee-d-inepte-par-l-ambassadeur-britannique-07-07-2019-2323093_24.php).

[135] Cf. l'article « Les États-Unis : un impérialisme sans empire ? », *op. cit.*

[136] Cf. le discours du président américain Dwight Eisenhower sur le complexe militaro-industriel devant le Congrès du 17 janvier 1961 (site

Qu'en déduire pour l'avenir ?

Certains évoquent une décadence programmée de la puissance américaine en raison de l'émergence de la Chine, du début (enfin !) de réaction défensive de l'Union européenne face aux coups de boutoir de Washington sur l'économie mondiale et de la désagrégation lente du tissu social américain. Dès 1987, l'historien britannique Paul Kennedy prévoyait le déclin relatif de l'empire américain[137]. Le prospectiviste Emmanuel Todd a publié en 2004 un essai remarqué sur la décomposition du système américain[138]. Dans une livraison du magazine britannique *NewStatesman*, on trouve ainsi un article de Simon Heffer évoquant « la chute d'une grande nation » et indiquant en quoi « l'ascension de Donald Trump dans la course à la présidence américaine est un symptôme de décadence dans un pays aussi vaste qu'exceptionnellement malheureux » en raison « d'une dépression nerveuse collective qui semble envahir le pays »[139]. De même, dans *Le Journal de Montréal*, le Canadien Leo-Paul Lauzon estime en 2016 que « ça va sauter d'ici vingt ans »[140]. L'association Entelekheia produit un article de l'universitaire russe Artyom Lukin mi 2020 indiquant que « la désintégration

---

Perspective monde de l'École de politique appliquée de Québec http://perspective.usherbrooke.ca/bilan/servlet/BMDictionnaire?iddictionnaire=1846).

[137] Cf. *Naissance et déclin des grandes puissances* (*The Rise and Fall of the Great Powers*, 1987), Paul Kennedy, Petite bibliothèque Payot, 2004.

[138] Cf. *Après l'empire – Essai sur la décomposition du système américain*, Emmanuel Todd, Ed. Gallimard, 2004.

[139] Cf. l'article de *NewStatesman* « American Psycho – Donald Trump and the downfall of a great nation », Simon Heffer, 11-17 mars 2016 (https://www.newstatesman.com/politics/staggers/2016/03/weeks-magazine-american-psycho).

[140] Cf. l'article du *Journal de Montréal* « Trump et la décadence des États-Unis », Léo-Paul Lauzon, novembre 2016 (https://www.journaldemontreal.com/2016/11/14/trump-et-la-decadence-des-etats-unis).

des USA n'est plus de la science-fiction »[141]. Est-ce lié à une peur partisane et conjoncturelle engendrée par l'arrivée de Donald Trump à la Maison Blanche, devant un inconnu qu'ils estiment dangereux, ou est-ce un mouvement de fond ? Pourtant, trois ans après son investiture, on trouve encore des analystes politiques pour s'interroger sérieusement sur l'état de santé des États-Unis aujourd'hui. C'est ainsi que certains, comme l'écrivain franco-canadien Laurent Sagalovitsch, pensent « qu'un beau matin, l'Amérique se réveillera cul nu », se demandant « jusqu'à quand cet immense pays qui nous a donné Melville et Faulkner va-t-il se comporter comme une petite colonie mafieuse qui sombre peu à peu dans un immense foutoir sans foi ni loi ? »[142]. L'ex ambassadeur de France à Washington, Gérard Araud, pense-t-il à une implosion quand il parle de « rapport de force le plus brutal entre deux Amérique hostiles qui n'ont plus rien à se dire et s'affrontent dans une guerre civile virtuelle »[143] ? Si la « méthode Trump », faite d'exagérations et de manques de discernement, est critiquable et surtout clivante, elle est populaire et fait de plus en plus d'émules, en particulier chez les Républicains, parfois même chez certains Démocrates. Il y a donc un fond de zizanie qui fait bouger les lignes outre-Atlantique et pourrait bien conduire à des

---

[141] Cf. l'article « La désintégration des USA n'est plus de la science-fiction, mais attention aux conséquences », Artyom Lukin, association Entelekheia, 26 juin 2020. Traduction de l'article « America's disintegration no longer sounds like a crazy prediction, but no one will like the consequences », paru chez RT (http://www.entelekheia.fr/2020/06/16/la-desintegration-des-usa-nest-plus-de-la-science-fiction-mais-attention-aux-consequences/ et https://www.rt.com/op-ed/491871-america-disintegration-us-collapse/).

[142] Cf. l'article « Un beau matin, l'Amérique se réveillera cul nu », Laurent Sagalovitsch, 14 mai 2018 (http://www.slate.fr/story/161620/etats-unis-amerique-decadence).

[143] Cf. l'article « Trump, l'homme qu'il fallait prendre au sérieux », *op. cit.*

heurts violents entre populations – on voit périodiquement des émeutes d'origine raciale comme celles de juin 2020 après la mort de George Floyd – entre États ou entre des États et l'État fédéral. On ajoutera que si l'idée de décadence n'est pas unanime, la perte d'influence est quant à elle fréquemment affirmée et s'avère nettement plus plausible, si tant est qu'elle n'a pas déjà commencé avant 2017 : l'ancien ambassadeur de France en Syrie, Michel Duclos, estime déjà que « les États-Unis ne seront plus jamais les gendarmes du monde » puisque « certains choix américains paraissent désormais irréversibles »[144]. Il est vrai que la montée en puissance de la Chine, le retour en force réussi de la Russie et les timides mesures de défense économique prises par l'Union européenne diminuent *de facto* l'influence relative de Washington, ce qui n'est pas forcément facteur de déclin mais peut en constituer les prémices. Enfin, les États-Unis figurent toujours parmi les États les plus détestés au monde (le second après la Corée du Nord en 2018, selon le site américain The Top Tens[145]) : ce n'est pas pour conforter l'idée que les Américains sont les bienvenus partout et pendant encore longtemps.

A contrario, pour d'autres, l'Amérique va bien et est même en phase d'expansion. Parmi ces derniers, François David estime que l'empire américain est encore en cours de formation : « Depuis presque 250 ans, le pays ne cesse de se développer en élargissant sa domination territoriale et en agrandissant son aire d'influence. Conjuguant idéalisme international et *Realpolitik*, le *leadership* des États-Unis

---

[144] Cf. l'article des *Échos* « Michel Duclos : "Les États-Unis ne seront plus jamais les gendarmes du monde" », Nicolas Barré, Yves Bourdillon et Lucie Robequain, 17 janvier 2020 (https://www.lesechos.fr/monde/enjeux-internationaux/michel-duclos-les-etats-unis-ne-seront-plus-jamais-les-gendarmes-du-monde-1163804).

[145] Cf. https://www.thetoptens.com/most-hated-countries/.

d'Amérique ne serait qu'à l'aube de son empire »[146]. De son côté, Mohamed El-Erian, conseiller économique en chef d'Allianz, considère que « la croissance à laquelle nous assistons aujourd'hui aux États-Unis a commencé mi-2009, après la crise financière de 2008 et la "Grande Récession". Soutenue par des interventions budgétaires exceptionnelles, des politiques monétaires auparavant inconcevables et une vague de déréglementations, elle a permis le retour de la confiance »[147].

Les avis divergent donc sur la chose et chacun peut se forger sa propre opinion. Les efforts de Donald Trump contre la Chine sont-ils des signaux faibles, d'ultimes soubresauts à l'heure où l'Amérique peut encore dicter ses règles ou l'affirmation d'une puissance qui a encore et toujours confiance en elle ?

Quoi qu'il en soit, l'invariant stratégique global américain qu'est la défense des intérêts économiques avant tout étant bien identifié, il est possible de mieux comprendre l'état d'esprit outre Atlantique et d'anticiper les actions américaines sur la scène internationale. Quels sont les points de vigilance, vus de Washington et à quoi le monde doit-il s'attendre ?

En premier lieu, rappelons que les États-Unis sont devenus autonomes en matière énergétique grâce au gaz de schiste. Cela les rend beaucoup moins sensibles que les Européens aux questions d'approvisionnement énergétique mais ne signifie pas qu'ils ne le soient pas sur les menaces portant sur les grandes voies maritimes – il faut néanmoins

---

[146] Cf. l'article « Les États-Unis : un impérialisme sans empire ? », *op. cit.*

[147] Cf. l'article des *Échos* « Les raisons de l'interminable expansion américaine », Mohamed El-Erian, 4 juillet 2019 (https://www.lesechos.fr/idees-debats/editos-analyses/les-raisons-de-linterminable-expansion-americaine-1035496.

garder la liberté de navigation pour assurer les échanges économiques. Cet état de fait, conjugué à la baisse de leur influence sur la scène internationale, peut favoriser un retour à l'isolationnisme.

En second lieu, les USA risquent à terme de ne se faire que des ennemis comme Rome l'a fait en son temps, dans la mesure où ils ne respectent pas le principe gaullien universel selon lequel un allié ne vaut que par la liberté que lui reconnaît son partenaire. Washington se comportant davantage comme suzerain que comme partenaire, il accumule les bourdes, les indélicatesses et les rancœurs. Or, Rome a chuté parce que son système de « protectorats » a implosé sous le désir d'indépendance des peuples conquis. Que va devenir le « système » américain dont l'OTAN est le bras armé ? L'OTAN étant en état de « mort cérébrale », selon Emmanuel Macron[148], son immobilisme est-il le prélude d'une prise de conscience du clan occidental – après que des pays européens auront compris que les États-Unis s'opposent peut-être à toute défense européenne pour assurer notamment leurs exportations d'armement et donc pérenniser leur dépendance – que l'avenir peut se jouer ailleurs ?

Par ailleurs, la politique de cavalier seul de la Turquie qui joue parfois avec le feu vis-à-vis de ses alliés en Syrie et en Libye montre en quoi la cohésion de l'Alliance est sujette à caution. C'est même d'une certaine duplicité dont ce pays est accusé, l'Élysée allant jusqu'à affirmer que « les Turcs se comportent de manière inacceptable en instrumentalisant l'OTAN »[149] et l'entourage de la ministre

---

[148] Cf. l'article de *The Economist* « Emmanuel Macron warns Europe: NATO is becoming brain-dead », 7 novembre 2019 (https://www.economist.com/europe/2019/11/07/emmanuel-macron-warns-europe-nato-is-becoming-brain-dead).

[149] Cf. le post « La France dénonce l'intervention "inacceptable" de la Turquie en Libye et l'instrumentalisation de l'Otan », Laurent Lagneau,

française des Armées indiquant « qu'on ne peut pas prétendre qu'il n'y a pas un problème turc actuellement à l'OTAN »[150]. La problématique terroriste au Sahel pourrait s'avérer une nouvelle chance pour l'Organisation avant un éclatement qui semble possible à courte ou moyenne échéance. Cet éclatement pourrait alors signifier la fin de l'hégémonie américaine et alors le monde en serait fortement bouleversé.

La question se pose alors de savoir lequel des deux invariants stratégiques choisiront les États-Unis pour éviter le piège de Thucydide, isolationnisme teinté de fatalisme ou fuite en avant interventionniste, ou s'ils poursuivront leur politique de louvoiement qui leur réussit plutôt bien depuis près de soixante-quinze ans ? Il n'est pas sûr du tout que les lecteurs de cet ouvrage trouvent en 2020 une réponse à cette question, contentons-nous de la poser pour leurs enfants.

En conclusion, nous citerons en premier lieu un Anglo-saxon, le président de la République fédérale d'Allemagne, Frank-Walter Steinmeier, s'adressant à un autre Anglo-saxon, le Président Donald Trump, à l'occasion des commémorations de la chute du mur de Berlin, le 9 novembre 2019 : « Nous, les Allemands, nous devons beaucoup à cette Amérique. À cette Amérique en tant que partenaire dans le respect mutuel, en tant que partenaire pour la démocratie et la liberté, contre l'égoïsme national.

---

blog opex.360, 15 juin 2020 (http://www.opex360.com/2020/06/15/la-france-denonce-lintervention-inacceptable-de-la-turquie-en-libye-et-linstrumentalisation-de-lotan/).

[150] Cf. l'article des *Échos* « La France blâme le comportement inamical de la Turquie à l'Otan », Anne Bauer, 17 juin 2020 (https://www.lesechos.fr/monde/enjeux-internationaux/la-france-blame-le-comportement-inamical-de-la-turquie-a-lotan-1215910#utm_source=newsletter&utm_medium=email&utm_campaign=nl_lec_18h-20200617).

C'est ce que j'espère aussi à l'avenir »[151]. Les Américains sont-ils capables, demain, de jouer le jeu commun et non pas toujours leur jeu ?

Nous citerons en second lieu le Président français François Mitterrand, ancien américanophile convaincu, disant en 1994 après quatorze années passées au pouvoir à chausser les bottes du général de Gaulle après l'avoir combattu toute sa vie, « qu'ils sont très durs les Américains, ils sont voraces, ils veulent un pouvoir sans partage sur le monde »[152] et allant dans le sens de son homologue américain George Bush (père) qui affirmait quatre ans plus tôt « qu'il n'existe pas de substitut au *leadership* américain »[153]. Cet état de fait est-il durable et pour combien de temps ? Autre question dont la réponse parviendra peut-être à nos enfants. Quoi qu'il en soit, l'Amérique n'est pas près d'abandonner un pan de son hégémonie car les autorités américaines n'ont pas un seul instant intégré cette possibilité – ce serait un suicide politique vis-à-vis de la population qui croit toujours que son pays est le plus puissant du monde sur tous les plans – et il y a fort à parier qu'elle interviendra encore durablement d'une manière ou d'une autre sur les affaires du monde s'il ne tourne pas dans le sens voulu à Washington.

---

[151] Cf. l'article « L'Allemagne critique "l'égoïsme national" américain le jour anniversaire du Mur de Berlin », lexpress.fr avec AFP, 9 novembre 2019 (https://www.lexpress.fr/actualite/monde/europe/l-allemagne-critique-l-egoisme-national-americain-le-jour-anniversaire-du-mur-de-berlin_2106446.html).

[152] Cf. *Le dernier Mitterrand*, Georges-Marc Benamou, Ed. Plon, 2011.

[153] Cf. le discours du président américain George Bush devant le Congrès du 11 septembre 1990 (site de Perspective monde de l'École de politique appliquée de Québec http://perspective.usherbrooke.ca/bilan/servlet/BMDictionnaire?iddictionnaire=1453).

Chapitre III – Les invariants russes

« Il tombe sous le sens que la nonchalance
des Russes à l'égard du temps est en rapport
avec la sauvage immensité de leur pays.

Où il y a beaucoup d'espace, il y a beaucoup de temps ;
ne dit-on pas qu'ils sont le peuple qui "a le temps"
et qui peut attendre ? »

Thomas Mann (1875-1955)
La montagne magique, 1931

La Russie est un monde par lui-même, un monde à part, de par l'immensité de son territoire, la diversité de ses cultures et les paradoxes qui la caractérisent.

Abrégé de géographie et de géopolitique russe

La Russie est de très loin le plus grand pays du monde, presque deux fois plus vaste que celui qui le suit, le Canada. De l'enclave russe de Kaliningrad jusqu'à Anadyr, dans l'okroug de Tchouktches[154], le pays s'étend d'Ouest en Est sur plus de 9 000 km et du Nord au Sud sur plus de 3 000 km. Quand il est 8 h 00 à Saint-Pétersbourg, au fond du golfe de Finlande, il est 17 h 00 à Providenya, à l'extrême Nord-Est du pays. Sa superficie de 17,09 millions de km² couvre 11,4 % de la surface terrestre émergée. Faisant le lien entre l'Occident et l'Orient, l'État est à cheval sur l'Europe (25 % de sa superficie) et l'Asie (75 %). Avec aujourd'hui une population stabilisée à 147 millions d'habitants, la densité de peuplement russe est inférieure à 9 habitants au km² – près de mille fois moins que Singapour – donc cet État-continent est quasiment vide. Paradoxalement, le rapport de population est inverse à sa superficie puisque 75 % des Russes habitent en Europe et 25 % en Asie, ce qui justifie géographiquement et démographiquement l'expression gaullienne d'une Europe qui s'étend de l'Atlantique à l'Oural. Elle réussit néanmoins le mélange entre le mode de vie industrialisé européen et l'archaïsme rural asiatique.

Les Russes, en tant que nationalité, sont de loin les plus nombreux puisqu'ils représentent 80 % de la population, les minorités les plus importantes étant les Tatars (4 %) et les Ukrainiens (2 %). On trouve 176 nationalités différentes

[154] Un okroug (*округ*) est une subdivision administrative.

constitutives de la Russie[155] : Turcophones musulmans (Tatars, Bachkirs, Tchouvaches…), peuples d'origine mongole (Bouriates, Kalmouks), Sibériens (Yakoutes, Khakasses, Altéens…), habitants du Caucase (Circassiens, Tchétchènes, Ingouches, Kabardes, Adigues…), finno-ougriens (Finnois, Caréliens, Mordves, Mansis)… La Russie est donc une mosaïque de peuples, ou plutôt de groupes ethniques dont certains ne se comptent que par centaines (Ingriens, Oroks, Aléoutes…), au passé et aux caractéristiques très dissemblables.

Le pays doit surveiller vingt frontières réparties sur plus de 20 000 km. Il a comme frontières naturelles les océans Arctique au Nord (avec ses mers de Barents, de Kara et de Sibérie orientale) et Pacifique à l'Est, ainsi que l'Himalaya dans sa partie Sud-Est, sans oublier cette barrière Nord-Sud interne constituée par la chaîne montagneuse de l'Oural et considérée comme la borne de l'Europe. Aussi, 33 % de son territoire se trouve au Nord du cercle polaire et le sol de près de 60 % du territoire est gelé en permanence.

Les ressources naturelles russes, en particulier énergétiques, sont à l'échelle de sa superficie et font de la Fédération de Russie le n°1 mondial en réserves de gaz, le n°2 en réserves de charbon et le n°8 en réserves de pétrole. Elle est le 2e producteur et exportateur mondial en pétrole et en gaz. Le sous-sol russe est également très riche en ressources minérales (or, nickel, cuivre, cobalt, uranium, platine…) et 25 % des réserves de bois de la planète se trouvent en Russie dont elle est le 1er producteur et exportateur mondial. Bien que le secteur industriel se soit effondré en même temps que l'URSS – il se redresse cependant – la Russie possède en 2018 la 11e économie

155 Cf. « Données démolinguistiques en Russie », accessibles sur le site http://www.axl.cefan.ulaval.ca/europe/russie-2demo.htm.

mondiale après le Canada et avant la Corée du Sud[156]. On ne peut pas comprendre le fait russe si l'on ne prend pas en compte l'ensemble de ces données hors normes.

La Russie d'aujourd'hui est une fédération non pas d'États quasi-indépendants comme aux États-Unis mais de 85 « sujets de la Fédération » regroupés en 47 régions (*oblasts*), 22 républiques, 9 territoires (*kraïs*), 4 districts autonomes (*okrougs*) et 3 villes fédérales (Moscou, Saint-Pétersbourg et Sébastopol), le « sujet » le plus important étant l'oblast de Moscou avec ses 7,6 millions d'habitants. La Fédération est une république présidentielle avec une Assemblée nationale (Douma) apte à faire chuter le gouvernement et un Conseil ressemblant au Sénat français puisqu'il représente les intérêts des entités constituant la Fédération. Le Président dispose de pouvoirs forts qui sont issus de l'habitude du peuple russe d'être dirigé par des autocrates (tsars, bolcheviks, secrétaires du parti communiste) ayant pérennisé le peuplement forcé de la Sibérie au cours des siècles.

Héritière pour l'essentiel (population, industrie, ambassades, potentiel militaire, droit de veto au Conseil de sécurité des Nations unies…) de l'ex-Union des républiques socialistes soviétiques (URSS) qui a disparu en 1991, la Russie garde d'importants stigmates d'une hyperpuissance passée qui revient cependant depuis plusieurs années sur le devant de la scène internationale avec une nouvelle forme d'impérialisme relativement agressif, ce qui inquiète le monde, en tout cas celui qui ne la connaît et ne la comprend pas.

---

[156] Classement par produit intérieur brut (PIB) établi en 2018 par le Fonds monétaire international et la Banque mondiale.

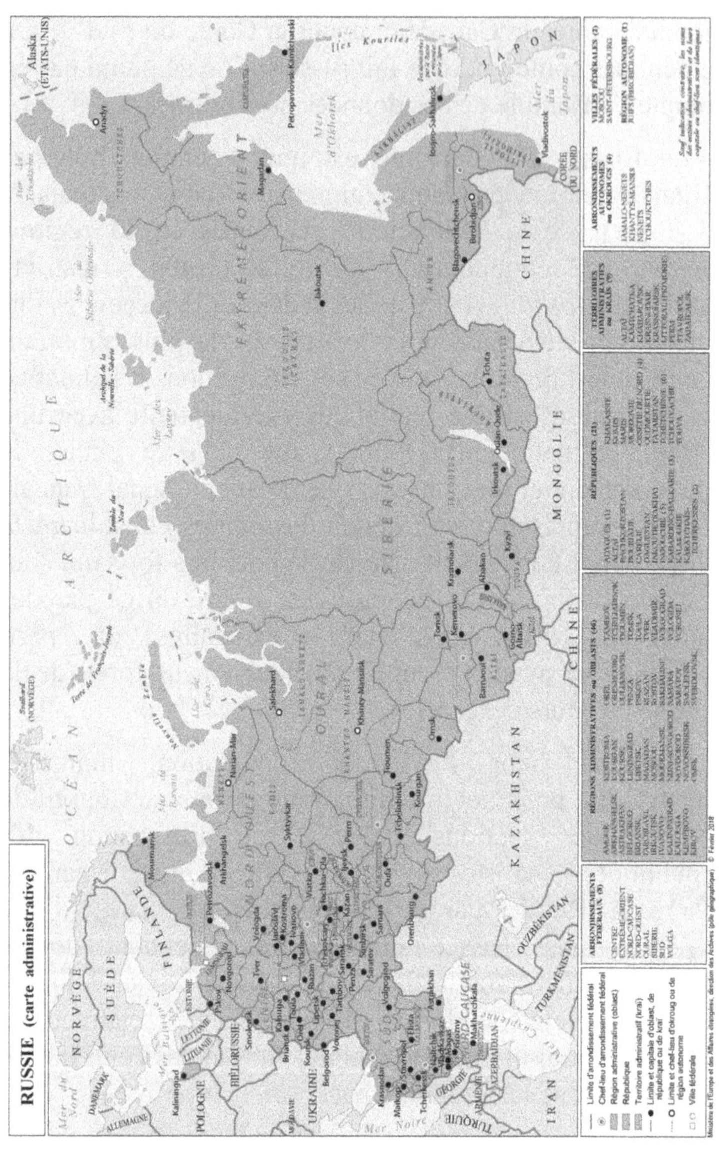

La géographie de la Russie montre donc une immensité qu'aucun État constitué sur Terre, depuis que des empires existent, ne pourra jamais contrôler convenablement. Elle se double d'un climat particulièrement rude qui fait la part belle à la saison hivernale, que d'aucuns appellent le Général Hiver, qui a plusieurs fois sauvé le pays de ses envahisseurs. Ces deux facteurs que sont une immensité incontrôlable et la rudesse du climat sont à la source de deux des trois invariants stratégiques russes que sont la peur de l'invasion et l'accès aux mers chaudes.

Tournons-nous maintenant vers l'histoire de la Russie pour en comprendre les tenants et les aboutissants. Nous devrons évoquer la Russie dans son acception globale et non pas politique, sans pour autant oublier la souveraineté actuelle de l'Ukraine, du Kazakhstan, de l'Ouzbékistan, de la Kirghizie, du Turkménistan et du Tadjikistan, ainsi que de la Biélorussie, de la Géorgie et de l'Azerbaïdjan. Dans l'étude historique du fait russe réalisée ici, ces États font partie d'un tout appelé ici volontairement « Russie », sans considération politique ou culturelle faisant écho à une quelconque soumission.

Abrégé d'histoire russe

La première civilisation découverte en Russie est celle des Kourganes dont on remonte l'activité en Sibérie occidentale vers 4000 avant Jésus-Christ. Ils ont précédé les Cimmériens, les Scythes puis les Sarmates, peuplades indo-européennes installées également en Sibérie entre 2000 et 200 avant JC. Vers 400 après JC, l'Ouest du pays est envahi une première fois par les Goths qui quittent l'Allemagne actuelle pour s'établir en Ukraine. Plus tôt, à l'Est, les Huns, peuple de nomades turcophones venus vraisemblablement de Chine, envahissent la Sibérie centrale et poursuivent leur route vers l'Europe en chassant les Alains et les Ostrogoths vers 374 de notre ère. Arrivent ensuite : les Avars venus de Mongolie qui arrêtent leur progression à l'Ouest de la Mer Noire puis disparaissent au VIIe siècle ; les Khazars, peuple turcophone en place dans le Caucase jusqu'au XIIIe siècle ; les guerriers turco-mongols de Tamerlan (dit « le Boiteux », 1336-1405) installés dans toute la Perse ; les Petchenègues et enfin les Coumans, autres Turcophones venus de la frontière chinoise et établis dans une immense région dont le centre se situe au Nord de la mer Caspienne et qui étendent leur influence jusqu'au milieu du XIIIe siècle. Plus à l'Ouest, les Slaves[157] – ou plutôt les « proto-Slaves » pour les différencier du terme actuel, et dont les ancêtres seraient les Vénèthes que Tacite avait étudiés au Ier siècle après Jésus-Christ – occupent l'Ukraine septentrionale puis remontent vers la Biélorussie et les Pays baltes. La Russie ne se distingue assurément pas des États européens par le nombre de peuplades archaïques qui l'ont envahie, traversée, puis occupée.

Ce n'est qu'au IXe siècle que le premier État constitué digne de ce nom se met en place dans le pays : la Principauté de Kiev (ou « Rus' de Kiev » ou « Russinie ») est fondée par les Varègues, peuple scandinave qui occupe une région allant de la Biélorussie à l'Ukraine et est en conflit récurrent avec l'Empire byzantin, mais aussi par les Khazars et les Petchenègues. Son chef, le grand-duc Igor Ier de Kiev (878-945), petit-fils de Rurik, prince de Novgorod et fondateur de la dynastie des Rurikides, est une des premières grandes figures de l'histoire russe, au même titre que l'un de ses successeurs Vladimir Ier, dit Vladimir le Grand (958-1015), premier artisan de l'unité nationale russe en raison de sa conversion au christianisme qu'il fait

---

[157] Les Slaves ont suivi les invasions asiatiques vers l'Occident, en particulier l'Europe centrale et orientale. Selon l'encyclopédie Imago Mundi, « le nom de Slaves, lui-même, n'apparaît qu'au VIe siècle et ne leur sera appliqué qu'au IXe ». Ils ont occupé Berlin et Vienne, les bords du *Danube*, les Carpates, les côtes de la Baltique, et se sont également installés en Crète et dans les Balkans (cf. « les Slaves » sur http://www.cosmovisions.com/ChronoSlaves.htm).

religion d'État. Un de ses descendants, Iziaslav 1er, choisira la religion orthodoxe lors du schisme de 1054 entre l'Église d'Orient et l'Église d'Occident, d'où le fait que la majorité des Russes partage cette confession aujourd'hui. Tous les Slaves ne font pas ce choix et c'est pourquoi les Polonais, par exemple, suivent le rite catholique romain et de nombreux Tchèques sont protestants.

À cause du système successoral mis en place par Iaroslav le sage (1019-1054), la Russinie se divise au cours du XIIIe siècle en de nombreuses principautés (Novgorod, Vladimir-Souzdal, Polotsk, Galicie-Volhynie, Smolensk, Riazan…) qui se font régulièrement la guerre et son déclin est accéléré par l'invasion mongole menée en 1237 par Batou, petit-fils de Gengis Kahn et héritier de la partie occidentale du royaume (Kiptchak), et par ses alliés turcophones tatars. Les envahisseurs s'établissent dans la région de la mer Caspienne, de la mer Noire (khanat de Crimée) et jusqu'aux sources de la *Volga*, puis la tiennent sous leur joug jusqu'au milieu du XVe siècle. Ce déclin de Kiev permet l'émergence en 1276 du grand-duché de Moscou (ou « Moscovie ») qui grandit en importance jusqu'à absorber les autres principautés et constituer, en l'espace de trois siècles la Russie. L'invasion des Timourides (dynastie de Tamerlan) qui prennent Moscou en 1382 vient toutefois remettre en cause les tentatives d'unité russe. Celle-ci est enfin effective au XVIe siècle, après que les Russes se sont libérés des Mongols grâce à Ivan III (1440-1505) – Yves Lacoste dit que « la Russie prend la place de l'empire mongol »[158]. Pour montrer en quoi la Russie tangue désormais entre deux mondes, Alexandre Dumas (père) explique que « la Russie, tournée sous les descendants de Rurik vers l'Orient, se retourne vers l'Occident » dans la

[158] Cf. « "Le pivot géographique de l'histoire" : une lecture critique », Yves Lacoste, revue *Hérodote* de 2012 (https://www.cairn.info/revue-herodote-2012-3-page-139.htm).

mesure où Ivan III prend « pour armes l'aigle à deux têtes. L'une de ces têtes regarde l'Asie, l'autre l'Europe »[159]. L'inversion est d'importance car elle va changer irrémédiablement la politique russe pour les siècles suivants.

Ivan IV (dit « le Terrible », 1530-1584, petit-fils d'Ivan III) chasse les Tatars de quelques-uns de leurs khanats (royaumes), parachève l'unification de la Russie et se fait proclamer « tsar[160] de toutes les Russies » en 1547, premier du nom. Parvenant à obtenir un débouché sur la Caspienne grâce au contrôle de la *Volga*, il ne parvient toutefois à accéder ni à la mer Noire à cause de la puissance du khanat de Crimée – les Tatars de Crimée remontent jusqu'à Moscou et l'incendient en 1571 et leur royaume perdurera jusqu'en 1783, sous le protectorat ottoman, avec paiement d'un tribut par les Russes jusqu'en 1689 – ni à la Baltique à cause d'une guerre perdue, dite « de Livonie » (1558-1583), contre le Danemark, la Lituanie, la Pologne et la Suède.

La Russie est encore envahie en 1605, cette fois-ci par l'Ouest : les Polonais, alliés au grand-duché de Lituanie dans ce qu'on appelle « la République des Deux nations », profitent de la guerre civile entre principautés (le « Temps des troubles ») pour occuper Moscou en 1610 et s'emparer de la couronne avec le soutien aléatoire du royaume de Suède qui participe régulièrement aux conflits qui se succèdent, dans un camp ou dans l'autre. Les Polonais sont définitivement chassés en 1618 par Mikhaïl Romanov (1596-1645), tsar élu en 1613 sous le nom de Michel Ier et dont la dynastie perdurera jusqu'à la révolution de 1917. Il s'occupe également de l'extension de l'empire vers l'Est en

---

[159] Cf. *Voyage en Russie*, *op. cit.*

[160] « Tsar » vient du mot « césar » qui a aussi donné « kaiser ».

occupant la Sibérie, fondant Irkoutsk au bord du lac Baïkal en 1632 puis atteignant l'océan Pacifique en 1640.

En 1687 et 1689, la régente Sophia Alexeïevna Romanova (1657-1704) mène contre les Tatars de Crimée deux campagnes militaires afin d'accéder à la mer chaude d'Azov (partie Nord-Est de la mer Noire) mais n'y parvient pas et est écartée du pouvoir au profit de son demi-frère, le tsarévitch Pierre Ier (dit « Pierre le Grand », 1672-1725). Ce dernier affiche ouvertement une politique de rapprochement avec l'Europe, réussit à accéder à la mer d'Azov en chassant les Ottomans de quatre grandes provinces, transfère la capitale de l'empire à Saint-Pétersbourg en 1712, y « établit la plus brillante cour d'Europe » selon Voltaire[161], regagne un accès à la mer Baltique en annexant les provinces baltiques en 1719 après avoir battu les troupes de son rival suédois Charles XII au cours de la « Grande guerre du Nord », et s'auto-proclame « empereur de toutes les Russies » en 1721. Il poursuit la politique d'extension vers l'Est en explorant la région du détroit de Béring et l'Alaska dans les années 1740.

Selon l'historien français et ex ministre Alfred Rambaud (1842-1905) et le géographe Paul Lemosof (1856-1912), Pierre le Grand a « ouvert à la Russie des communications régulières avec l'Europe en lui donnant l'accès de la mer. Elle ne l'avait jusqu'à lui que sur la mer Blanche, et son premier soin, dès qu'il fut le maître, fut de courir à Arkhangelsk pour voir cette mer par laquelle on allait en Europe »[162]. Cette course à la mer, la Baltique pour des raisons politiques et économiques et les mers chaudes pour

---

[161] Cf. *Histoire de l'empire de Russie sous Pierre le Grand* (1759), Voltaire, Ed. Garnier, 1878 (https://fr.wikisource.org/wiki/Histoire_de_l%E2%80%99empire_de_Russie_sous_Pierre_le_Grand/%C3%89dition_Garnier/Pr%C3%A9face).

[162] Cf. « La Russie au XVIIIe siècle », site de l'encyclopédie Imago Mundi (http://www.cosmovisions.com/ChronoRussie1801.htm).

des raisons économiques et stratégiques, ne date pas d'hier et demeure encore aujourd'hui un invariant de la politique russe : le retour de la Crimée sous pouvoir du Kremlin en 2014 n'en est qu'une nouvelle manifestation.

Le règne réformateur de Catherine II de Russie (dite la « Grande Catherine », 1729-1796) voit les frontières de la Russie s'agrandir vers l'Ouest avec l'annexion de l'Ukraine (la « Petite Russie »), de la Biélorussie (la « Russie blanche ») et de provinces entières de la Pologne. Elle poursuit également la même politique d'accès à la mer Noire face à l'Empire ottoman et au khanat de Crimée : en gagnant la sixième guerre russo-turque (1768-1774), elle obtient notamment les ports d'Azov (mer d'Azov) et de Kinbourn (mer Noire). De même, la population croît significativement et « en 1796, l'Empire russe compte 36 millions d'habitants (dont 1,5 million seulement à l'Est de l'Oural), ce qui en fait alors l'État le plus peuplé d'Europe ; la France ne compte, en 1789, que 26 millions d'habitants. En 1900, l'Empire russe compte 67 millions d'habitants »[163].

La Russie de la fin du XVIIIe siècle s'intéresse de plus en plus aux affaires européennes. Le fils de Catherine II, Paul Ier (1754-1801), s'inquiète des conséquences de la révolution française et s'allie à l'Autriche, au Royaume-Uni et à l'Empire ottoman pour former la « 2e coalition » (1798-1802) contre la France du Directoire puis celle du Consulat. La Russie sera ensuite de toutes les guerres napoléoniennes, hormis celles de la 5e coalition de 1809. Alexandre Ier, qui a succédé à son père Paul Ier en 1801, s'allie en effet à la France après la défaite de Friedland de 1807 et l'entrevue de Tilsit qui s'ensuit ; il annexe la Finlande et étend son

[163] Cf. « "Le pivot géographique de l'histoire" : une lecture critique », *op. cit.*

empire dans le Caucase contre la Sublime Porte (Empire ottoman) et à l'Est contre l'Empire perse.

Refusant de poursuivre le blocus continental imposé par la France contre le Royaume-Uni, la Russie est une nouvelle fois envahie, cette fois-ci par la Grande armée de l'empereur Napoléon Ier en 1812, ce qui donne lieu à « la guerre patriotique » (*Otetchestvennaïa Voïna*), un des épisodes de la 6e coalition antinapoléonienne, et se termine par la retraite des envahisseurs français. Ensuite, la Russie s'engage à côté de la Prusse et du Royaume-Uni dans la campagne d'Allemagne (1813) puis dans la campagne de France (1814) qui conduit à la première abdication de Napoléon Ier. En 1814, pour la première fois, des troupes russes campent dans Paris. C'est la Russie du tsar Alexandre Ier qui mène les pourparlers de paix avec la France de Louis XVIII : « Arrivé en France avec la ferme intention de liquider le régime napoléonien pour instaurer une république, il souhaite que la France puisse se redresser suffisamment vite pour reprendre sa place dans le concert européen. L'Hexagone étant traditionnellement allié de la Russie[164], cette dernière ne peut se permettre de perdre un partenaire de choix face à l'Angleterre, opposée aux ambitions russes dans les mers chaudes »[165]. C'est dire si la Russie est devenue partie prenante de la stabilité européenne, désormais soucieuse de maintenir la porte ouverte vers la Méditerranée.

Viennent ensuite des périodes de conflits plus ou moins vifs en rapport avec l'autonomie de la Pologne (soulèvements de 1830 et 1863), l'annexion des terres kazakhs (1847), celle des Bouches du *Danube* sur la mer

---

[164] L'industrialisation de la Russie sera en partie financée par la France au travers des « emprunts russes » lancés de 1888 à 1914 et qui ne seront jamais remboursés.

[165] Cf. Wikipédia (https://fr.wikipedia.org/wiki/Occupation_de_la_France_%C3%A0_la_fin_du_Premier_Empire).

Noire (guerre de Crimée de 1856 perdue mais guerre russo-turque de 1878 gagnée, toujours dans l'optique stratégique d'accéder aux mers chaudes), la conquête des khanats d'Ouzbékistan (1865), l'adjonction des îles Sakhaline (1875), et enfin l'accès permanent à l'océan Pacifique (même objectif stratégique) et l'annexion de la Mandchourie et de la Corée (guerre russo-japonaise de 1904-1905).

En 1905 a lieu une première révolution contre le régime de servage qui est sévèrement réprimée par le tsar Nicolas II, monté sur le trône en 1894 (massacre du « Dimanche rouge » du 22 janvier 1905). Neuf ans plus tard, par le jeu des alliances alors en place en Europe en 1914, la Russie entre en guerre contre l'Allemagne et l'Autriche-Hongrie et est malmenée en Pologne. La seconde révolution (de 1917) parvient cette fois-ci à ses fins, obligeant Nicolas II à abdiquer, mettant définitivement fin au régime tsariste et contraignant la Russie de céder à l'Allemagne la Biélorussie, la Finlande, la Pologne, l'Ukraine et les Pays baltes (traité de Brest-Litovsk de mars 1918).

La longue guerre civile qui s'en suit, opposant essentiellement les Russes blancs aux Bolcheviks, vire à l'avantage de ces derniers qui créent l'URSS (Union des républiques socialistes soviétiques[166]) en 1922 ; ils récupèrent notamment les Pays baltes, l'Ukraine et la Biélorussie ; la Russie (République socialiste fédérative soviétique de Russie) n'est alors qu'une des quinze entités constituantes de l'URSS. L'ensemble couvre alors 22,4 millions de km², soit 30 % de plus que la Russie actuelle. L'extension territoriale prend cependant fin au

[166] Républiques socialistes soviétiques : Arménie, Azerbaïdjan, Biélorussie, Estonie, Géorgie, Kazakhstan, Kirghizistan, Lettonie, Lituanie, Moldavie, Ouzbékistan, Russie, Tadjikistan, Turkménistan et Ukraine.

bénéfice d'une politique intérieure de mise en place du régime communiste.

En juin 1941 a lieu une nouvelle invasion du territoire russe, cette fois-ci par les troupes allemandes de la Wehrmacht commandées en chef par Adolph Hitler (opération *Barbarossa*). Les Russes reprennent alors la dénomination de l'invasion de 1812 en appelant cette guerre la « Grande guerre patriotique ». Elle plonge le pays, dirigé de main de fer par Staline au pouvoir depuis 1924, dans le désarroi le plus complet. Toutefois, Moscou n'est pas occupé, mais peu s'en faut, et les Allemands sont stoppés devant Stalingrad en août 1942, ville où la formidable capacité du peuple russe d'absorber la peine et la souffrance sera encore mise en évidence, après des siècles de servage sous le joug des tsars.

La lutte germano-russe se fait alors sur le front le plus étendu que l'humanité ait jamais engendré et fera au moins vingt millions de morts côté russe – les estimations sont régulièrement revues à la hausse mais le chiffre réel est inconnu : on trouve parfois celui de vingt-sept millions. La reconquête durera encore trois années jusqu'à ce que l'Armée rouge parvienne à Berlin en avril 1945. Les conférences de Téhéran en décembre 1943, de Yalta en février 1945 et de Potsdam en juillet 1945 redessinent les frontières des États est-européens, selon l'avancée des troupes de chaque côté du front (Américains, Anglais et Français à l'Ouest, Russes à l'Est). Elles permettent à l'URSS de mettre notamment la main sur quelques provinces en bordure de son territoire (Ruthénie subcarpathique et Bessarabie en Roumanie, région de Petchenga en Finlande, Bucovine et région d'Hertsa en Ukraine). Staline installe également des gouvernements communistes à sa solde pour servir d'États tampons face aux régimes démocratiques et capitalistes occidentaux, connus sous le nom de « glacis soviétique » (Allemagne de l'Est, États baltes, Pologne, Hongrie, Roumanie, Tchécoslovaquie, Bulgarie et Albanie), la Yougoslavie de Tito faisant bande à part. Éric Branca écrit en parlant de Staline que « rassembler les Slaves, écraser les Germaniques, s'étendre en Asie, accéder aux mers libres étaient les rêves de la patrie, ce furent les buts du despote »[167] : on retrouve dans ces mots explicitement un des invariants russes (accès aux mers chaudes) et implicitement un autre (peur de l'invasion).

La Guerre froide contre l'Ouest fait alors s'opposer deux blocs aux idéologies antagonistes, représentés militairement par le Pacte de Varsovie du côté communiste et par l'Organisation du traité de l'Atlantique Nord (OTAN) du côté occidental. Il s'en suit une guerre par procuration, chaque camp armant ou finançant les oppositions aux États sous influence de l'autre ou soutenant les régimes amis en crise, surtout dans le Tiers-Monde (Cuba, Angola, Congo, Afghanistan…), jusqu'à une période de détente initiée par Léonid Brejnev à partir de 1964.

Le lancement de l'initiative de défense stratégique (« Guerre des étoiles ») par le président américain Ronald Reagan en 1983 pousse l'URSS dans une course aux armements qui lui est fatale sur le long terme. D'autres événements majeurs, comme le retrait des troupes soviétiques d'Afghanistan en 1988, la chute du mur de Berlin l'année suivante et la réunification allemande en 1990, affaiblissent également le régime qui, sous la présidence progressiste de Mikhaïl Gorbatchev arrivé au pouvoir en 1985, mène l'URSS à sa fin en 1991.

L'idéologie communiste cède alors sous le poids des sentiments nationaux qui s'étaient déjà exprimés hors URSS lors des soulèvements de Prague (1948), de Budapest

---

[167] Cf. *De Gaulle et les grands*, *op. cit.*

(1956) et de l'état de siège à Varsovie (1981). Chaque république proclame son indépendance quand, le jour de Noël, le président Gorbatchev démissionne et Boris Eltsine, président de la République de Russie, annonce la dissolution de l'Union soviétique et l'indépendance de son pays. Dès lors, par son poids géographique, démographique et politique, la Russie se trouve naturellement en position de recueillir l'héritage de l'URSS : « La Russie, qui en constitue le noyau historique, reprend de l'ancienne grande puissance mondiale les trois quarts de son territoire, plus de la moitié de sa population, les deux tiers de son industrie et la moitié de sa production agricole. Principale héritière de l'URSS, elle occupe désormais sa place dans les institutions internationales, dont le siège permanent au Conseil de sécurité des Nations unies, mais assume également le passif financier de l'ancienne URSS »[168]. La Russie devient la « Fédération de Russie » et regroupe quatre-vingt-cinq « sujets » de natures différentes représentant la mosaïque de cultures et de peuples issus d'Europe, d'Asie centrale et d'Extrême Orient composant le pays.

Pour essayer de sauvegarder les liens historiques existant entre chaque ex-république soviétique, une dernière tentative de communauté d'intérêts proposée par Boris Eltsine, sous la forme d'une Communauté des États indépendants (CEI), est créée mais ne parvient pas à enrayer le désir d'indépendance commun et les mouvements de population internes.

À la lueur des deux invariants stratégiques russes, il est légitime de penser que les soixante-quatorze ans de communisme en Russie ne constituent qu'une page de l'histoire du pays, une page certes dramatique pour les millions de personnes qui ont été assassinées ou déportées dans les goulags de Sibérie, une page particulièrement

---

[168] Cf. Wikipédia, *op. cit.*

dangereuse quand on sait que l'URSS et les États-Unis ont failli se faire la guerre et plonger l'humanité dans le chaos nucléaire, mais une page quand même au regard de l'épopée russe. C'est ce qu'avait en tête le général de Gaulle qui refusait de voir dans l'URSS autre chose « qu'un avatar temporaire de la Russie éternelle et dans son gouvernement une forme modernisée d'une fatale autocratie »[169]. C'est une manière explicite de dire que la Russie est une nation qui a toujours été sous la botte d'un pouvoir fort, reflétant ainsi une réelle continuité au Kremlin qui n'est pas sans rappeler ce qui s'y passe aujourd'hui, notamment après le succès du référendum permettant à M. Poutine de rester au pouvoir jusqu'en 2036[170].

La Russie aujourd'hui

Le départ de Boris Eltsine permet à son dauphin désigné, Vladimir Poutine, de prendre les rênes de la Fédération de Russie en 2000. Depuis, il mène une politique de puissance sur tous les fronts (diplomatique, économique, militaire) qui rétablit la Russie sur le devant la scène internationale qu'elle avait quittée pendant dix années faites de désordre politique et de difficultés économiques. Les commentateurs écrivent que la Russie est de retour mais est-elle jamais partie ? La notion de rapports de puissance entre États, en particulier avec la Russie, a-t-elle jamais disparu ? L'idée de nation russe, malgré ses nombreuses composantes, n'est pas que conceptuelle, elle est fédératrice, unificatrice, constitutive. Le président russe actuel n'est-il pas, comme

---

[169] Cf. *Le Monde selon de Gaulle*, François Kersaudy, Ed. Tallandier, 2018.

[170] Cf. l'article du *Monde* « Vladimir Poutine peut rester à la tête de la Russie jusqu'en 2036 », Benoît Vitkine, 2 juillet 2020 (https://www.lemonde.fr/international/article/2020/07/01/le-president-russe-vladimir-poutine-remporte-son-referendum_6044875_3210.html).

ses prédécesseurs à la tête de l'URSS et la longue lignée de princes interrompue en 1917, un tsar « nouvelle génération » ? Le général de Gaulle disait à l'américain John Foster Dulles, en 1958 : « Vous dîtes qu'il y a un gouvernement soviétique et un parti communiste. Je crois qu'il y a surtout le tsar. Et quand les Russes disent "le Parti", c'est un peu comme vous quand vous dîtes "le Congrès" »[171]. En 1969, il confirmait en disant que « la Russie avait besoin d'un tsar. Elle en a toujours eu besoin et en a encore besoin, qu'elle soit Russie ou URSS »[172]. La mainmise de Vladimir Poutine sur la Russie est en effet souvent analysée comme celle du nouveau tsar, personnalisant la conception séculaire d'un pouvoir fort au Kremlin et donnant ainsi et une fois de plus raison à De Gaulle, cinquante ans plus tard. Le « coup de force constitutionnel » du 10 mars 2020, selon *Le Monde* qui parle aussi de putsch, donnant à M. Poutine la possibilité de prétendre à deux nouveaux mandats jusqu'en 2036 en constitue une démonstration significative, s'il en était besoin[173].

La reconstitution de la sphère d'influence russe, ressemblant parfois à s'y méprendre à celle de l'Union soviétique et des Romanov, comme des décennies et des siècles auparavant, conduit à des conflits ou à des soutiens affichés de la Russie en Géorgie (Ossétie du Sud, 2008), en Ukraine (Donbass, 2014) et en Syrie (2015). Ainsi, la politique extérieure de la Russie est-elle relativement inchangée comme l'intérêt qu'elle démontre à ses Marches et aux mers chaudes. À ce titre, la fonte des glaces en Arctique ouvre des perspectives pour l'économie russe,

---

171 Cf. *Charles de Gaulle*, Éric Roussel, op.cit.

172 Cf. *Le Général m'a dit – 1966-1970*, Jean d'Escrienne, Ed. Plon 1973.

173 Cf. l'article du *Monde* « Russie : le coup de force constitutionnel de Poutine » du 12 mars 2020.

dans la mesure où son sous-sol contient beaucoup de pétrole et de gaz et que cet espace va devenir de plus un plus un espace de transit maritime : c'est dans cet esprit que Vladimir Poutine a invité à Saint-Pétersbourg ses homologues finlandais, islandais, norvégien et suédois à un Forum sur l'Arctique en avril 2019, signe de son intérêt pour la région[174].

En conclusion

Au cours de son histoire, la Russie a été envahie tour à tour par les Huns, les Mongols, les Tatars, les Timourides, les Polonais, les Français et les Allemands, ce qui explique sa crainte ancestrale de l'invasion et sa volonté de créer des États tampons. Elle se traduit en syndrome d'encerclement, car la Russie a déjà plusieurs fois eu maille à partir avec la Chine (conflit frontalier de 1969) et le Japon (guerres de 1905 et 1945). L'extension de l'OTAN aux portes du pays, en particulier aux Pays baltes et à la Pologne[175], ne peut être vue à Moscou que comme une provocation – le Secrétaire d'État américain James Baker avait pourtant garanti en 1990 que l'Alliance ne s'étendrait pas aux ex-pays du Pacte de Varsovie – ou un mépris confondant des tendances historiques russes, au risque de faire très vite ressurgir un nationalisme exacerbé doublé d'un retour au militarisme. Or, c'est ce qui arrive actuellement en Russie et ce retour à la politique de puissance n'en est que la conséquence. À qui la faute ? Et les Occidentaux de réfléchir sérieusement à se

---

[174] Cf. l'article de CNews « Pourquoi l'Arctique intéresse-t-il tant Vladimir Poutine ? », Émilie Duhamel, 8 avril 2019 (https://www.cnews.fr/monde/2019-04-08/pourquoi-larctique-interesse-t-il-tant-vladimir-poutine-828545).

[175] République tchèque, Hongrie et Pologne en 1999, Bulgarie, Pays baltes, Roumanie, Slovaquie et Slovénie en 2004, Albanie et Croatie en 2009, Monténégro en 2017.

rapprocher de l'Ukraine ? C'est méconnaître un invariant stratégique majeur d'un État au cœur de la problématique, faire preuve de peu de discernement et créer les conditions d'un futur conflit qui, déjà, se déroule dans le Donbass.

Aussi, la Russie a toujours cherché à pérenniser son accès à la mer Baltique, à maîtriser le couloir caucasien situé entre les mers chaudes Noire et Caspienne et à contrôler les flux de populations venant de l'Est, à partir de l'Altaï. On comprend pourquoi les Russes ont récupéré de force la Crimée en 2014 pour pérenniser leur accès à la mer Noire. Du côté occidental, on analyse ces approches comme la résurgence d'une menace mais c'est d'une part oublier la parabole de la paille et de la poutre et d'autre part faire preuve d'une grande hypocrisie en ne faisant pas preuve d'empathie : il est évident que, vu du côté russe, les actions et les déclarations du Président Poutine constituent une politique cohérente avec la géographie et l'histoire du pays.

On pourrait ajouter un troisième invariant stratégique à la Russie, celui de l'ambivalence entre l'Orient et l'Occident, ce qui est très compréhensible au regard de l'immensité du pays. Les menaces, toujours vues de Moscou, ne manquent pas de chaque côté et l'histoire a montré que les invasions pouvaient autant provenir de l'Ouest que de l'Est, et qu'au cours des siècles, les dirigeants russes n'ont pas oublié de s'accorder un accès au Pacifique. On peut ainsi prévoir les jeux d'alliances menés par les Russes pour s'assurer un « front » stable d'un côté pour mieux se charger d'un autre instable et réciproquement – on retrouvera la même démarche en Allemagne, elle aussi nation continentale quelque peu enclavée. Déjà, Pierre le Grand avait suivi cette politique : avant d'entreprendre un long voyage en Europe (1716-1717), il voulut « d'abord conclure la paix avec les Chinois et faire la guerre aux

Turcs »[176]. Aujourd'hui, c'est le front occidental qui inquiète Moscou donc les relations avec la Chine s'améliorent mais cela n'a pas toujours été le cas, loin s'en faut. Demain ce sera peut-être le contraire. Déjà, à l'occasion d'une conférence en Pologne en 1920 sur l'alliance franco-polonaise, le capitaine de Gaulle avait estimé que « le bolchévisme n'existera pas éternellement en Russie. Un jour viendra, c'est fatal, où l'ordre s'y rétablira et où la Russie, reconstituant ses forces, regardera de nouveau autour d'elle. Ce jour-là, elle se verra telle que la paix va la laisser (…), réduite en un mot aux limites de l'ancienne Moscovie. S'en contentera-t-elle ? Nous n'en croyons rien. Les mêmes causes produisant les mêmes effets, on reverra la Russie reprendre sa marche vers l'Ouest et vers le Sud-Ouest »[177]. Commentant ces mots, François Kersaudy estime que « sa conclusion est qu'elle recherchera l'alliance de l'Allemagne »[178]. Nous verrons plus loin que cette dernière a longtemps été sensible au discours russe pour assurer sa sécurité à l'Est.

L'encerclement, conséquence d'invasions de toute part, est l'obsession des Russes et c'est pourquoi ils se positionnent depuis des lustres dans une logique de défense et disposent de tous temps de services de renseignement de haut niveau. Le général de Gaulle avait intégré ce fait en disant dès 1943, dans le contexte de la guerre qu'on connaît, que la Russie « a sincèrement besoin en Europe d'un partenaire qui s'oppose au relèvement de l'Allemagne et qui lui permette (…) de se tourner vers les affaires d'Extrême-Orient sans faire courir de dangers à

[176] Cf. *Voyage en Russie, op. cit.*
[177] Cf. *Lettres, notes et carnets – 1919-1940*, Charles de Gaulle, Ed. Plon, 1980.
[178] Cf. *Le monde selon De Gaulle, op. cit.*

l'Ouest »[179]. Dans un reportage diffusé en 2019 sur la chaîne Arte (Thema), on entend que le pays « a développé le syndrome de la forteresse assiégée pour répondre aux menaces réelles et imaginaires de l'extérieur. Ses dirigeants successifs ont incité la population à voir en tout étranger un ennemi potentiel »[180], ce qui n'est pas sans rappeler que « kremlin » signifie « forteresse » !

Si ce mythe devenait réalité, c'est-à-dire si les trois « fronts », Est, Sud et Ouest se chargeaient de nuages orageux simultanément, comment réagirait la Russie ? Difficile de répondre à cette question tant les Russes recèlent de capacités de surprendre, d'endurer et de réagir. Pour réfuter la thèse selon laquelle la Russie est insondable – Winston Churchill disait que « la Russie est un rébus enveloppé de mystère au sein d'une énigme » – il faut toujours se rappeler ce qui constitue l'arrière-plan des décisions politiques russes, ces invariants stratégiques qui dictent tout depuis des siècles. Au même titre que l'on peut fortement douter que la Turquie fasse partie de l'Europe, la question se pose pour la Russie. On l'a vu, les tsars ont poursuivi la politique de rapprochement de l'Europe initiée par Pierre le Grand au début du XVIIIe siècle – la langue française était d'ailleurs parlée par l'élite intellectuelle et par l'aristocratie russe à cette époque-là – et les maîtres du Kremlin, communistes ou non, ont toujours ouvert la porte de la communication : c'est sans doute cela qui a permis, lors des graves crises qui ont traversé la Guerre froide, de ne pas se transformer en conflit chaud. Le regard vers l'Europe est aujourd'hui plus

---

[179] Cf. *Discours et messages – Pendant la guerre (1940-1946)*, Charles de Gaulle, Ed. Plon, 1970.

[180] Cf. « Le sabre et le bouclier – 1. Dserschinski&Co », Tracey Doran-Carter, Clover films pour ZDF Entreprises, 2019.

qu'un regard, c'est un appel du pied. Combien de temps va-t-elle faire la sourde oreille ?

Quand l'URSS s'est effondrée, les dirigeants européens ont pourtant vu d'un œil bienveillant le retour de la Russie dans le continent, le Haut Représentant pour la politique étrangère et de sécurité commune de l'Union européenne, Javier Solana, allant jusqu'à dire en 1999 que le dossier était « le plus important, le plus urgent et le plus lourd des défis pour l'Union européenne »[181]. Côté européen, il y a effectivement eu et il y a encore un intérêt certain à entretenir des relations constructives avec la Russie. Le général de Gaulle et les dirigeants soviétiques ont toujours assuré un lien entre les deux blocs rivaux pendant la Guerre froide et dialogué en permanence car les deux nations partagent une même communauté d'intérêts depuis des siècles : « Moi, je dis qu'il faut faire l'Europe avec pour base un accord entre Français et Allemands (...). Une fois l'Europe faite sur ces bases (...), alors, on pourra se tourner vers la Russie. Alors, on pourra essayer, une bonne fois pour toutes, de faire l'Europe tout entière avec la Russie aussi »[182]. Pour l'historienne Karine Greth, « les relations euro-russes ont un passé qui remonte bien avant la création de l'Europe d'après-guerre, comme le confirme la déclaration conjointe UE-Russie "300e anniversaire de Saint-Pétersbourg – Célébration de trois siècles d'histoire et de culture européennes communes" (…). L'Europe trouvera un intérêt certain à entretenir des relations sur le long terme avec une Russie, grande puissance mondiale

[181] Cf. le rapport sénatorial français d'information fait au nom de la délégation pour l'Union européenne sur les relations entre l'Union européenne et la Fédération de Russie, Yves Pozzo di Borgo, mai 2007 (https://www.senat.fr/rap/r06-307/r06-3070.html).
[182] Conférence de presse du 14 novembre 1949 au Palais d'Orsay.

qui affiche des valeurs communes »[183]. Pour le sénateur français Yves Pozzo di Borgo, « l'Union européenne et la Russie partagent, en effet, une histoire, une culture et des valeurs communes »[184]. La Russie fait déjà partie du Conseil de l'Europe depuis 1996 et entretient de nombreux centres culturels dans les capitales européennes. Mais si la « Russie européenne »[185] est réellement européenne, il reste cependant les trois-quarts de son territoire en Asie, ce qui explique en partie les réticences de chaque partie à une éventuelle intégration du pays dans l'Union européenne – il existe également des problématiques de fond qui empêchent jusqu'à présent un rapprochement plus solide (respect des droits de l'homme, usage politique des ressources pétrolières et gazières, conflits en cours avec l'Ukraine, politique arctique…). La fin d'un régime fort à Moscou serait alors de nature à rassurer les Occidentaux et à poser les jalons d'un rapprochement constructif mais, comme nous l'avons vu au cours des siècles, ce n'est pas dans la mentalité russe.

Qu'en déduire pour l'avenir ?

Maintenant que l'on a mis en évidence les trois invariants stratégiques russes que sont la peur de

---

[183] Cf l'article « Russie d'Europe », Karine Greth, in *Outre-Terre* 2011/1 n° 27 (https://www.cairn.info/revue-outre-terre1-2011-1-page-25.htm).

[184] Cf. le rapport sénatorial français d'information fait au nom de la délégation pour l'Union européenne sur les relations entre l'Union européenne et la Fédération de Russie, *op. cit.*

[185] Le terme de « Russie européenne » est autant employé par la Russie que par les États européens depuis le XIXe siècle. Elle est délimitée géographiquement par l'Oural à l'Est, au Sud par le Caucase et à l'Ouest par ses frontières avec l'Ukraine, la Biélorussie et les Pays baltes. Sa culture est d'essence européenne et ses villes sont construites sur le modèle européen.

l'invasion, l'accès à la mer et l'ambivalence Orient-Occident, il est possible d'anticiper les réactions russes. Quels sont les points de vigilance, vus de Moscou ?

En premier lieu, ces invariants vont très vraisemblablement pousser le pouvoir russe à se préserver sur ses frontières, en particulier à l'Ouest : la première carte que pourrait jouer M. Poutine se trouve dans le village peuplé d'irréductibles Gaulois qui, pour reprendre l'antienne des bandes dessinées d'Astérix, héros universellement connu, « résiste encore et toujours à l'envahisseur » anglo-saxon. Le désir français de se départir de la « tutelle » américaine dans le monde en général et en Europe en particulier – nous verrons plus loin de quoi il s'agit – est une donnée importante dont Moscou n'a pas encore pris la mesure. Toutefois, l'enclave russe de Kaliningrad (ex Königsberg), en territoire auparavant prussien puis polonais et lituanien, est une anomalie géopolitique de taille qui pose un problème sérieux et quotidien aux Baltes comme aux Russes, sous la forme de procès d'intention de part et d'autre mais qui n'a pas encore dégénéré. Cette étrangeté de 15 000 km² peuplée d'un million d'habitants fait immédiatement penser au couloir de Dantzig[186] séparant la Prusse occidentale (Poméranie) et la Prusse orientale (capitale Königsberg…) qui avait été laissé aux Polonais après la Première Guerre mondiale pour leur permettre d'accéder à la mer ; il avait constitué une exigence voire un prétexte à Hitler pour lancer les hostilités contre la Pologne en septembre 1939. À terme, l'enclave de Kaliningrad pourrait devenir un sujet de conflit généralisé, dans la mesure où d'immenses forces militaires russes y sont implantées, dont des missiles à têtes nucléaires, et où la Russie ne semble pas

[186] L'accès à la mer Baltique pour les Polonais constituait un des quatorze points du président américain Woodrow Wilson lors des débats précédant le Traité de paix de Versailles de 1919.

disposée à abandonner sa politique de puissance ni à faire l'objet de provocations sans réagir.

Aussi, le conflit syrien est une poudrière : les Occidentaux y interviennent militairement tous les jours pour contrer ce qui reste de l'État islamique (Daech) et la Russie y dispose d'une base navale stratégique (Tartous) depuis 1971 qu'elle n'est pas près d'abandonner car la Syrie lui offre sa seule ouverture permanente sur la Méditerranée. Cet accès direct sans avoir à passer les détroits turcs de la mer Noire est d'une importance vitale pour la Russie, en particulier pour la défense de ses approvisionnements maritimes. C'est une base logistique qui peut accueillir des bâtiments de guerre de fort tonnage, en particulier des croiseurs lourds et des sous-marins nucléaires lanceurs d'engin, ce qui n'est pas rien. Le vice-ministre de la Défense russe, Nikolaï Pankov, annonçait en octobre 2016 : « Nous aurons de manière permanente une base navale militaire à Tartous »[187], prouvant que la Russie n'a pas prévu de lâcher prise. Cette base dispose également d'une piste d'aviation à proximité (Lattaquié) d'où décollent les avions de chasse russes vers la Syrie. Des incidents ne peuvent qu'arriver entre forces aériennes et navales dans leur activité quotidienne et cela s'est déjà produit quand des *SU-24* russes ont été abattus par des chasseurs turcs en 2015 ; or, la Turquie est membre de l'OTAN donc susceptible d'appeler à la rescousse les Alliés, même si elle montre un tropisme pro-russe, en achetant notamment du matériel militaire russe à haute

[187] Cf. l'article du *Figaro* « Syrie : Tartous, "base navale russe permanente" » (avec l'AFP), 10 octobre 2016 (https://www.lefigaro.fr/flash-actu/2016/10/10/97001-20161010FILWWW00102-syrie-tartous-base-navale-russe-permanente.php).

valeur stratégique comme les batteries de missiles *S-400*[188].

Encore, les critiques françaises à l'encontre de la politique turque pourraient bien servir Moscou pour affaiblir l'OTAN et en séparer la Turquie, cette perspective n'étant pas dénuée d'intérêts tant que le pouvoir à Ankara sera dans les mains d'un islamiste. Le prosélytisme permanent du Frère musulman Recep Erdogan, l'ouverture des frontières turques aux migrants de mars 2020 et l'attitude agressive de sa marine de guerre au large de la Libye en juin suivant constituent autant de provocations qui pourraient être réglées par une décision forte : si l'expulsion de la Turquie de l'OTAN n'est pas à l'ordre du jour, de par le soutien infaillible de Washington et l'intérêt géostratégique de ce pays, et même si le ministre français des Affaires étrangères Jean-Yves Le Drian indique qu'il importe « de clarifier le statut de la Turquie comme alliée de l'Otan »[189], la sortie de la France n'est pas inenvisageable à terme. On constate aussi en quoi Moscou fait depuis plusieurs années les yeux doux à Ankara dans le dos des Occidentaux : ce n'est pas pour rien. Dès lors, M. Poutine aurait intérêt à jouer sur les deux tableaux. Enfin, le soutien actuel de Moscou à Damas est une donnée tout à fait mineure face à celle absolument majeure de pérenniser l'accès à la Méditerranée à la flotte russe : ainsi les Occidentaux ne doivent-ils pas se tromper dans l'ordre des priorités russes.

---

[188] Cf. l'article du *Monde* « La livraison de missiles russes S-400 à la Turquie "a commencé", annonce Ankara » (avec l'AFP), 12 juillet 2019 (https://www.lemonde.fr/international/article/2019/07/12/la-livraison-de-missiles-russes-s-400-a-la-turquie-a-commence-annonce-ankara_5488522_3210.html).

[189] Cf. le post « La France dénonce l'intervention "inacceptable" de la Turquie en Libye et l'instrumentalisation de l'Otan », *op. cit.*

Par ailleurs, lors d'un entretien entre Nixon et De Gaulle en février 1969 à Paris, ce dernier explique au président américain que « l'immense Chine a des milliers de kilomètres de frontières communes avec la Russie, qui hait celle-ci, qui l'a toujours fait et qui la déteste maintenant autant que jamais et qui a aussi des grandes ambitions, presque toutes dirigées vers la Russie, vers la Mandchourie, la Sibérie et l'Asie centrale »[190]. La solidarité du monde communiste n'a été qu'une façade face aux divergences récurrentes entre Moscou et Pékin. Lors d'une conférence de presse datant de novembre 1959, le général de Gaulle avait déjà prédit que « rien ne peut se faire qu'elle-même ne soit la Russie, nation blanche de l'Europe conquérante d'une partie de l'Asie, en face de la multitude jaune qu'est la Chine, innombrable et misérable, indestructible et ambitieuse »[191]. La Russie et la Chine sont deux blocs certes non antagonistes mais que l'avenir peut rendre plus agressifs selon les circonstances. Pour Éric Branca, « dès 1955 [De Gaulle] a pressenti que l'alliance scellée entre Staline et Mao ne durerait pas et, que, derrière l'apparente unité du marxisme, des forces plus profondes liées à l'histoire et à la géographie – bref aux rapports de force – prendraient le dessus »[192]. Et de dire qu'après la guerre de Corée où l'avait entraîné l'URSS, « contraint d'accepter l'aide soviétique pour nourrir son pays, [Mao] s'en dégage progressivement dès 1953 avant de traiter l'URSS en ennemie mortelle à partir de 1962 »[193]. En effet, même en 2020, Pékin n'a certainement pas oublié les traités inégaux qui lui furent imposés au XIXe siècle (ainsi qu'à la Corée et au Japon) par les puissances occidentales, notamment par la

---

[190] Cité par Éric Branca dans *L'ami américain*, *op. cit.*

[191] Cf. *Discours et messages– Avec le renouveau (1958-1962)*, Charles de Gaulle, Ed. Plon, 1970.

[192] Cf. *De Gaulle et les grands*, *op. cit.*

[193] *Ibid.*

Russie tsariste en 1851 (traité de Goulja d'ouverture des échanges sino-russes), en 1858 (traité d'Aigun de révision des frontières sino-russes), en 1881 (traité de Saint-Pétersbourg portant sur la cession de territoires), 1896 (traité Li-Lobanov d'accès à la Mandchourie) et 1898 (traité de Lüda de contrôle de Port-Arthur). Même si les Russes ont organisé des exercices de grande ampleur avec les Chinois (et les Mongols) en 2018 pour montrer leur puissance aux Américains, il n'en demeure pas moins que le conflit frontalier qui eut lieu de mars à septembre 1969 a aussi laissé des traces et qu'il n'y a pas aujourd'hui sur Terre une zone où se trouvent plus de militaires massés les uns face aux autres que ceux le long de la frontière russo-chinoise. Là encore, on peut y craindre une invasion, en particulier parce que cette frontière est longue de 4 250 km, que la Chine est l'État le plus peuplé de la planète et que les provinces chinoises qui jouxtent la Russie sont enclavées et regardent donc naturellement vers les plaines vides sibériennes – il est néanmoins rassurant de savoir qu'elles sont encore peu peuplées. Cette invasion ne se passerait sans doute pas aussi agressivement que celle des Mongols en raison de l'existence d'armes nucléaires de part et d'autre et du risque démesuré que cela prendrait sur la stabilité de la planète. Néanmoins, elle pourrait se faire sur un laps de temps assez long par des mouvements de populations qui viendraient petit à petit siniser ces régions.

Les deux États font actuellement cause commune contre l'Occident, en particulier contre l'hégémonie américaine réaffirmée par la politique économique agressive de Donald Trump, mais cette alliance est vraisemblablement conjoncturelle : personne n'a oublié le Pacte germano-soviétique d'août 1939 qui fut piétiné par Hitler en juin 1941… De son côté, la Chine profite aujourd'hui de la mésentente russo-occidentale et en fait son profit : ne serait-il pas opportun que les Occidentaux réfléchissent à deux fois avant de s'opposer systématiquement à Vladimir Poutine ? À l'heure où la guerre économique fait rage dans le monde, quel est le principal adversaire économique du camp occidental ? N'est-ce pas hypocrite de brandir les valeurs démocratiques comme étendard face aux manques constatés dans la Russie actuelle, pour en faire une condition préalable d'un éventuel rapprochement ? Ou alors, cet étendard est-il un prétexte commode mais factice que l'Amérique met sous le nez des Européens pour les empêcher de basculer ?

Chercher une réponse à ces questions revient à revenir sur la vision du général de Gaulle qui avait d'une part affiché son souhait d'unifier le continent européen de l'Atlantique à l'Oural – en pensant sans doute à la Chine puisqu'il dira en 1962 « qu'un jour viendra peut-être où la Russie sera à nos côtés, contre les Chinois »[194] – et d'autre part rappelé que « la Russie et la France, deux nations très anciennes, [sont] filles d'une même mère, l'Europe »[195]. Certes, l'approche du fondateur de la Ve République n'est pas la seule qui existe. Toutefois, les rapprochements avec la Russie ne sont pas pour déplaire en Europe et le Président français Emmanuel Macron a même appelé en juin 2019 à un « dialogue stratégique » avec Moscou[196], peut-être le prologue d'un partenariat. De là à rêver d'un renversement d'alliances que de Gaulle avait déjà évoqué il y a soixante ans, à l'heure où l'agressivité économique américaine contre les économies européennes change la donne, où des questions se posent sur l'utilité et donc l'avenir de l'OTAN,

---

194 Cf. *L'étonnement d'être – Journal 1939-1973*, Hervé Alphand, Ed. Fayard, 1977.

195 Cf. *Le général de Gaulle et la Russie*, *op. cit.*

196 Cf. l'article du *Point* « Emmanuel Macron prône un "dialogue stratégique" avec la Russie » (source AFP et Reuters), 11 juin 2019 (https://www.lepoint.fr/politique/emmanuel-macron-prone-un-dialogue-strategique-avec-la-russie-11-06-2019-2318295_20.php).

en position de « mort cérébrale » selon M. Macron[197], sur l'appartenance à cette organisation de la Turquie aux mains d'un président « Frère musulman » défendant des thèses islamistes et agissant en Syrie comme bon lui semble avec l'assentiment initial américain… Quand le Président français dit « le Président Trump (…) pose la question de l'OTAN comme un projet commercial. Selon lui, c'est un projet où les États-Unis assurent une forme d'ombrelle géopolitique, mais en contrepartie, il faut qu'il y ait une exclusivité commerciale, c'est un motif pour acheter américain. La France n'a pas signé pour ça »[198], et quand on sait que le Président turc lui a dit « Fais d'abord examiner ta propre mort cérébrale. […] Ces déclarations ne siéent qu'à ceux dans ton genre qui sont en état de mort cérébrale »[199], on est en droit de se poser la question de savoir si l'adhésion française à un tel projet et avec de tels « alliés » est pérenne. Le tout avec un conflit larvé entre la Grèce, autre Allié, et la Turquie.

La question de l'Europe de la défense est également dans toutes les têtes car celle-ci, décidément et même si les diplomates récusent l'idée, se pose en concurrente directe de l'OTAN ou, tout au moins, ne peut pas se développer avec une OTAN non réformée en profondeur qui sert

---

[197] Cf. l'article du *Point* « Macron juge l'Otan en état de "mort cérébrale" », avec l'AFP, 7 novembre 2019 (https://www.lepoint.fr/monde/macron-juge-l-otan-en-etat-de-mort-cerebrale-07-11-2019-2345916_24.php).

[198] Cf. l'article de BFM TV « "La France n'a pas signé pour ça" : Macron juge l'Otan en état de "mort cérébrale" », JG avec AFP, 7 novembre 2019 (https://www.bfmtv.com/international/la-france-n-a-pas-signe-pour-ca-macron-juge-l-otan-en-etat-de-mort-cerebrale-1801479.html).

[199] Cf. le post d'*Opex360* « L'Otan lance une réflexion pour renforcer l'unité et la coordination politique entre ses membres », Laurent Lagneau, 31 mars 2020 (http://www.opex360.com/2020/03/31/lotan-lance-une-reflexion-pour-renforcer-lunite-et-la-coordination-politique-entre-ses-membres/).

surtout à rendre interopérables les armées alliées. Mais qui dit Europe de la défense dit indépendance commerciale en matière d'équipements militaires vis-à-vis de l'Amérique et cela, Washington n'est pas près de l'accepter quand on connaît ses invariants, au même titre que l'Allemagne n'est pas près de passer d'un parapluie américain à un parapluie français. Il est néanmoins possible que nous assistions, à moyen terme, à la mise en place d'un nouveau jeu par le truchement de la France, d'une nouvelle donne internationale, d'un nouveau partage des rôles. Nous reviendrons plus longuement sur ces considérations dans le chapitre consacré à la France.

Appelant de ses vœux la création d'États-Unis d'Europe dans son discours d'ouverture du Congrès international de la Paix à Paris, le 21 août 1849, Victor Hugo disait « un jour viendra où vous France, vous Russie, vous Italie, vous Angleterre, vous Allemagne, vous toutes, nations du continent, sans perdre vos qualités distinctes et votre glorieuse individualité, vous vous fondrez étroitement dans une unité supérieure, et vous constituerez la fraternité européenne »[200]. L'avenir dira si ce retour de la Russie dans le concert des nations européennes alliées est une utopie ou le résultat d'une évolution naturelle et légitime.

---

[200] Cf. l'article du *Monde* « 21 août 1849, Victor Hugo appelle à la création des "États-Unis d'Europe" », 18 mai 2019 (https://www.lemonde.fr/idees/article/2019/05/18/21-aout-1849-victor-hugo-appelle-a-la-creation-des-etats-unis-d-europe_5463764_3232.html).

Chapitre IV – Les invariants allemands

« Les voix se multiplient à l'intérieur et à l'extérieur de notre pays pour exiger de l'Allemagne un plus grand engagement sur la scène politique internationale. Parmi elles, celle d'un ministre polonais des Affaires étrangères, mais aussi de professeurs d'Oxford ou de Princeton. Ils considèrent l'Allemagne comme un géant somnambule ou un simple spectateur des événements mondiaux ».

Hans Joachim Gauck
Président de la République fédérale d'Allemagne, 2013[201]

---

[201] Discours prononcé le 3 octobre 2013 à l'occasion des cérémonies de la Journée de l'unité allemande à Stuttgart (https://www.bundespraesident.de/SharedDocs/Downloads/DE/Reden/2013/10/131003-Tag-Deutsche-Einheit-franz%C3%B6sische-Uebersetzung.pdf?__blob=publicationFile).

L'Allemagne occupe une position centrale en Europe, à tous points de vue. Même si les circonstances étaient particulières, le général de Gaulle en tant que grand connaisseur du pays disait en novembre 1944, donc à l'approche de la fin d'une guerre qui rebattrait les cartes en Europe tout au moins, « qu'en vérité, le sort de l'Allemagne est le problème de l'univers »[202]. La donne n'a pas changé : plus qu'une position centrale, c'est un État pivot et c'est la raison pour laquelle il est étudié ici.

Abrégé de géographie et de géopolitique allemande

La République fédérale d'Allemagne (RFA) est un État d'Europe centrale constitué de treize États fédérés (*Länder*) et de trois villes-États (Berlin, Brême et Hambourg). Créée en mai 1949 à partir de la fusion des zones d'occupation américaine, britannique et française, à la suite de la victoire des Alliés sur le IIIe Reich nazi en mai 1945, elle est réunifiée en octobre 1990 avec sa partie orientale qui était la zone d'occupation soviétique, devenue République démocratique allemande en octobre 1949 – cet État n'a été reconnu par la communauté internationale qu'en septembre 1973 lors de son admission à l'ONU. Elle devient alors le pays le plus peuplé d'Europe et compte 83,2 millions d'habitants en 2020 devant la France, occupant le 17e rang mondial derrière la République démocratique du Congo et devant la Turquie. Elle ne connaît une (faible) hausse annuelle de sa population que grâce au flux migratoire puisque le solde naturel est chroniquement négatif depuis de nombreuses années.

Avec 357 500 km², la RFA est le 5e État le plus vaste d'Europe (sans compter la Russie) derrière l'Ukraine, la France, l'Espagne et la Suède et devant la Finlande, et

---

[202] Cité par Éric Branca dans *L'ami américain, op. cit.*

occupe le 63e rang mondial. L'Allemagne est surtout la 1ère puissance économique européenne et la 4e mondiale derrière le Japon et devant le Royaume-Uni[203], avec une agriculture forte, un puissant secteur sidérurgique et une solide industrie manufacturière, ce qui lui permet d'avoir une balance commerciale excédentaire depuis de nombreuses années et de procurer un niveau de vie élevé à ses habitants.

Géographiquement, l'Allemagne se situe entre la France et la Pologne, c'est-à-dire à la périphérie du Heartland théorisé par le géopoliticien britannique Halford Mackinder (1861-1947) puis développé et amendé par le professeur de relations internationales américain Nicholas Spykman (1893-1943). Initiée par le premier en 1904, cette théorie part du principe que l'histoire du monde relève de la division des terres émergées en « Île Monde » (Europe, Afrique et Asie, soit 50 % des ressources mondiales) entourée d'autres îles (Grande-Bretagne et Irlande, Amériques, Japon et Australie)[204]. L'Île Monde constituerait selon lui le pivot de l'histoire et donc de l'humanité : en son centre se trouve le Heartland qui coïncide globalement avec l'empire russe et son pourtour est le Rimland (Europe, Moyen-Orient, Mongolie, Inde et Chine). En 1919, Mackinder pousse sa conception des rapports de puissance en affirmant de manière très directe : « Qui contrôle l'Europe orientale contrôle le Heartland, qui contrôle le Heartland contrôle l'Île Monde et qui contrôle l'Île Monde contrôle le monde ». Nicholas Spykman, reprend quant à lui cette théorie du contrôle et de l'hégémonie en 1942 en la modifiant quelque peu : « Qui

---

[203] Classement par produit intérieur brut (PIB) établi en 2018 par le Fonds monétaire international et la Banque mondiale.

[204] Cf. l'article « The Geographical Pivot of History », The Royal Geographical Society, 1904 (https://www.iwp.edu/wp-content/uploads/2019/05/20131016_MackinderTheGeographicalJournal.pdf).

contrôle le Rimland maîtrise l'Eurasie, qui maîtrise l'Eurasie contrôle les destinées du monde »[205]. Alors pourquoi évoquer maintenant cette théorie au lieu d'en parler dans le chapitre consacré à la Russie ? Tout simplement parce que, sans verser dans le prosélytisme des thèses de Mackinder, l'Allemagne est l'État charnière de ce Rimland, qu'elle est à la jonction entre Heartland et Rimland, qu'elle ressent autant l'appel de l'Ouest que de l'Est et qu'elle a de tous temps pratiqué une politique de contrôle de ces espaces.

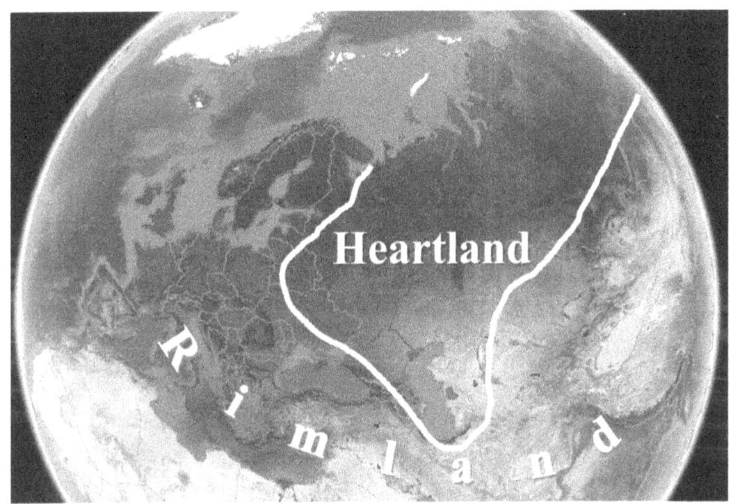

Heartland et Rimland[206]

On comprend qu'en Allemagne, cette théorie connut beaucoup de succès : en particulier, Karl Haushofer (1869-1946) s'en servit pour favoriser un rapprochement entre son pays et l'Union soviétique, et Hitler s'inspira de ses thèses

---

[205] Cf. *America's Strategy in World Politics – The United States and the Balance of Power* (1942), Nicholas Spykman, Ed. Routledge, 2017.
[206] Source de la carte de fond : Google Earth.

pour conceptualiser sa propre théorie de l'espace vital, conçue toutefois bien avant lui par le géographe Friedrich Ratzel (1844-1904) mais qu'il développera dans *Mein Kampf*, et qui provoquera la guerre avec la Russie en 1941[207]. Yves Lacoste considère qu'Haushofer a été néanmoins « l'inspirateur du pacte germano-soviétique de 1939 »[208]. La différence entre Mackinder et Haushofer est que le premier comprenait le danger d'un Heartland trop fort et préconisait d'y créer des États indépendants pour en dissoudre les éventuels potentats, tandis que le second penchait vers l'unification pour concentrer le pouvoir. Nous sommes au cœur d'une des problématiques allemandes qu'est son unité, comme celle de la Russie avec les États tampons.

Dans sa thèse d'un monde contrôlé par le Rimland pour parvenir au Heartland, Nicholas Spykman adhère à la théorie du stratège naval américain Alfred Thayer Mahan (1840-1914) selon laquelle s'opposent les puissances terrestres et les puissances maritimes, en privilégiant les dernières, ce à quoi adhère le Central Asia-Caucasus Institute américain : « L'expérience du XXe siècle a montré que les puissances maritimes anglo-saxonnes (USA, Empire britannique) l'ont emporté sur les puissances continentales (Reich allemand et URSS) au cours de deux Guerres mondiales et de la Guerre froide. (...) Spykman était convaincu que le Heartland n'était rien d'autre qu'une étendue géographique ouverte aux impulsions culturelles et civilisationnelles venant du Rimland. Il a déclaré que même si le Pivot de Mackinder n'avait pas de rôle historique indépendant à jouer, le

---

[207] Cf. *Der Kontinentalblock: Mitteleuropa, Eurasien, Japan*, Karl Haushofer, Ed. Eher, 1941.

[208] Cf. « "Le pivot géographique de l'histoire": une lecture critique », *op.cit.*

Rimland était la clé de la domination mondiale »[209]. Spykman estime par conséquent qu'il faut faire porter l'effort sur le Rimland, sur l'Eurasie dont fait partie l'Allemagne au tout premier chef. Quelle que soit la véracité de ces théories et les interprétations qui en ont été faites, il y a une réelle problématique du contrôle de cette région ouverte d'un côté sur les États côtiers comme la France et de l'autre sur l'immensité continentale que représente la Russie, en y incluant les républiques qui la bordent. Cette problématique est un invariant stratégique allemand qui se traduit par un fort réalisme politique dont l'objectif est de contrôler la Mitteleuropa et donc, simultanément si possible, ce qui se passe à l'Ouest comme à l'Est des frontières, sans pour autant basculer dans le syndrome de l'encerclement qui n'existe paradoxalement pas en Allemagne.

Ce réalisme typiquement allemand vient se heurter à un second invariant stratégique : le morcellement du pouvoir, teinté d'autonomie régionale et hérité du nombre important de micro-États qui ont créé l'Allemagne ; plusieurs tentatives d'unité nationale, porteuses d'un pouvoir fort et héritées de la culture prussienne, ont momentanément contré la segmentation du pays mais elles ont finalement échoué. C'est en étudiant l'histoire des nations germaniques que nous en apprendrons davantage.

[209] Cf. le chapitre « The Heartland Theory and the Present-Day Geopolitical Structure of Central Eurasia » de *Rethinking Central Eurasia*, Eldar Ismailov and Vladimer Papava, Central Asia-Caucasus Institute (CACI), 2010 (https://www.silkroadstudies.org /resources/pdf/Monographs/1006Rethinking-4.pdf).

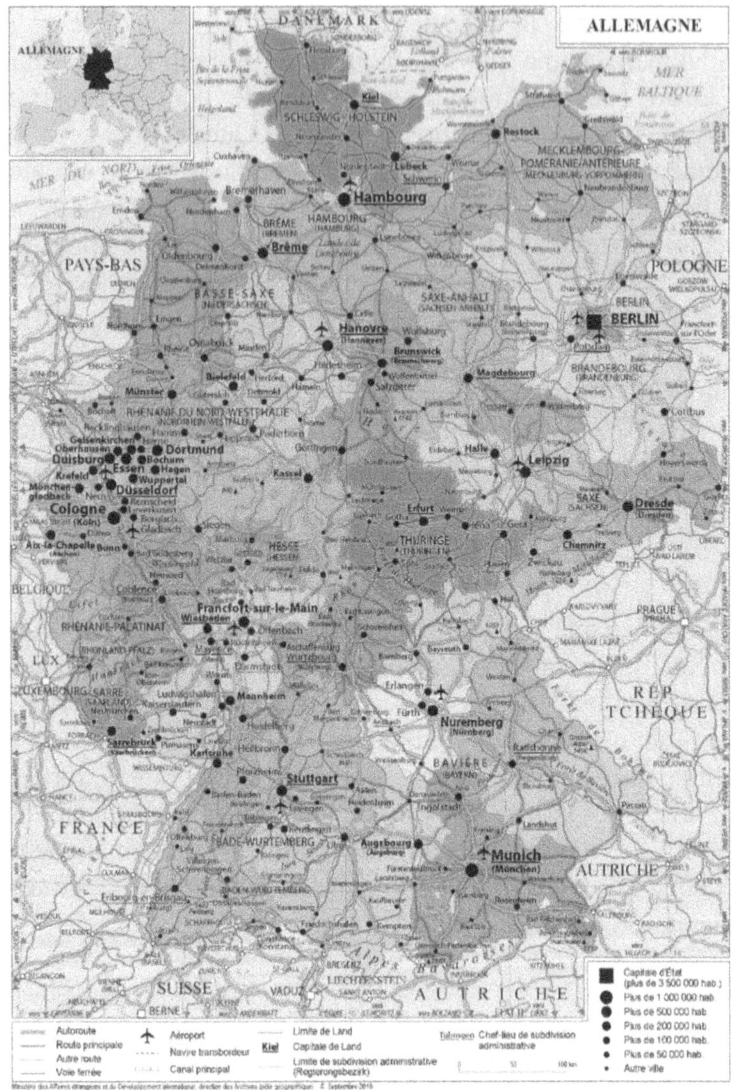

Abrégé d'histoire allemande

Plusieurs centaines d'années avant Jésus-Christ, des tribus germaniques descendent du Sud de la Scandinavie et des îles de la Baltique vers les contrées que les Romains appelleront plus tard Germania. En poussant vers le Sud, elles se heurtent inévitablement à l'Empire romain. Le gain de la bataille de Teutobourg par le chef Arminius contre les légions du général Varus, en l'an 9 ou 11 de notre ère, interdit l'expansion romaine au-delà du *Rhin* et établit une frontière (les « Limes de Germanie ») particulièrement durable puisqu'elle demeure celle qui sépare encore aujourd'hui l'Europe latine de l'Europe germanique. Pour l'archéologue américain Peter Wells, cette bataille « a changé le cours de l'histoire occidentale »[210].

Constituée d'une vingtaine de peuplades différentes, la population germaine est très nombreuse – les chiffres avancés fluctuent entre 3 et 4 millions d'individus, ce qui est considérable à l'époque. Les noms les plus connus sont les Goths, Ostrogoths et Wisigoths, les Bataves, les Sicambres, les Saliens, les Lombards, les Angles, les Frisons, les Jutes, les Saxons, les Burgondes, les Vandales, les Alamans... Parmi eux, certains s'allièrent pour former au début du IIIe siècle le royaume des Francs (Amsivariens, Bructères, Chamaves, Chattes, Hattuaires, Saliens, Sicambres, Tenctères, Tubantes, Usipètes...), considérés aujourd'hui comme les plus civilisés des barbares, pendant que les Ripuaires constituaient leur propre royaume à Cologne[211] : les deux s'unirent en 507 et s'étendirent en Gaule pour constituer bien plus tard la nation française d'un côté du *Rhin* et la nation allemande de l'autre. Certains Germains (Marcomans, Quades et Semnons unis dans la Confédération des Suèves, alliée aux Vandales et aux

---

[210] Cf. *The Battle That Stopped Rome: Emperor Augustus, Arminius, and the Slaughter of the Legions in the Teutoburg Forest*, Peter S. Wells, Ed. Norton & Company, 2004.

[211] Le terme de France en lui-même viendrait de la femme échevelée et enchaînée Francia frappée sur la monnaie romaine en Gaule (de même pour Alemania en Germania) au IIIe siècle de notre ère (Cf. *Clovis et le baptême de la France*, Anne Bernet, Ed. Clovis, 1995).

Alains) envahirent la Gaule et descendirent jusqu'en Hispanie (l'Espagne actuelle) au début du Ve siècle, d'autres (les Ostrogoths) envahirent l'Italie au même moment et d'autres encore (les Hérules) la Grèce. D'autres enfin (les Alamans) envahirent la Rhétie, province romaine à cheval entre le Tyrol et la Bavière actuelle, au IVe siècle de notre ère, avant de revenir vers la rive gauche du *Rhin* et laisser la place, un siècle plus tard à d'autres Germains (Alains, Vandales et Ostrogoths). Peuples guerriers et autonomes, les Germains se firent la guerre périodiquement entre eux pour des questions d'influence et surtout de territoires, la bataille la plus connue étant celle de Tolbiac en 496 où les Alamans (regroupement de Suèves, de Semnons et d'Hermundures installés de l'Alsace à la Souabe) perdirent contre les Francs saliens de Clovis et leurs alliés, les Francs rhénans (ou « ripuaires ») de Sigebert.

Les Allemands peuvent légitimement revendiquer une influence majeure de leur culture sur l'Europe entière car leurs ancêtres germains ont façonné le continent et sont à la source de nombre d'appellations de régions, de pays, de villes ou de notions européennes dont les noms sont aujourd'hui familiers : l'Allemagne (les Alamans), la France et Francfort (les Francs), la Bourgogne (les Burgondes), les Néerlandais appelés aussi Bataves, la Frise néerlandaise (les Frisons), le Jutland danois (les Jutes), l'Angleterre et les Anglo-Saxons (les Angles et les Saxons), la Lombardie (les Lombards), l'Andalousie (les Vandales), la loi salique (les Saliens)… Les Germains ont inondé l'Europe et même l'Afrique du Nord de leur culture et sont à la source des trois plus grandes nations européennes actuelles que sont la France, l'Allemagne et l'Angleterre. Ils ont maîtrisé le continent en se répandant après la chute de l'Empire romain d'Occident en 476 et leur influence est à l'origine du concept de nation. Ernest Renan disait à ce sujet, lors de sa célèbre conférence « Qu'est-ce qu'une nation ? » à la Sorbonne en 1882, que « c'est l'invasion germanique qui introduisit dans le monde le principe qui (...) a servi de base à l'existence des nationalités (...). Malgré l'extrême violence des mœurs des envahisseurs germains, le moule qu'ils imposèrent devint, avec les siècles, le moule même de la nation »[212]. En quelque sorte, les Européens sont tous des cousins des Germains.

Première parenthèse dans le morcellement en Germanie puis en Allemagne, les nombreux royaumes qui se sont sédentarisés pendant près de trois siècles sont soumis un à un par le roi des Francs Charles 1er (dit « Charlemagne », 742-814) qu'il regroupe en un seul empire et dont il prend la tête en 800 en tant « qu'empereur des Romains », dans la ligne des empereurs romains d'Occident – cette dénomination perdurera jusqu'en 924. Ce dernier laisse les rênes de son empire à son fils Louis Ier (dit « le Pieux », 778-840) à sa mort en 814. Sur des critères qui semblent provenir de la langue parlée par les différents peuples mais surtout après trois années de conflits entre eux, ses trois fils se partagent l'empire carolingien en 843 (Traité de Verdun) : Lothaire Ier (795-855) hérite de la Francie médiane, Louis II (dit « le Germanique », 806-875) hérite de la Francie orientale ou Germanie, et Charles II (dit « le Chauve », 823-877) hérite de la Francie occidentale qui deviendra la France quatre siècles plus tard. C'est à partir de là que les destins français et allemands divergent.

Comme son frère Charles, Louis le Germanique ne reprend pas à son compte la tradition de ses pères de diviser son royaume entre ses fils, ce qui permet à la Francie orientale de constituer la première pierre de la construction

---

212 Le texte de la conférence d'Ernest Renan de 1882 à la Sorbonne peut être consulté sur le site http://www.iheal.univ-paris3.fr/sites/www.iheal.univ-paris3.fr/files/Renan_-_Qu_est-ce_qu_une_Nation.pdf.

(éphémère) de l'unité allemande. Ce n'est pas le cas de Lothaire 1er qui partage son royaume médian en 855 entre ses trois fils Lothaire II qui prend la partie Nord ou « Lotharingie », démantelée en 870 au profit de ses deux oncles de Francie occidentale et orientale, Charles III à qui revient la Bourgogne et la Provence, et Louis II qui règne désormais sur l'Italie.

La couronne d'empereur d'Occident passe alors de roi en roi selon les souverainetés sur la ville de Rome, prises et reprises par les descendants de Charlemagne, jusqu'à arriver en 960 sur la tête du duc de Saxe Otton Ier (dit « le Grand », 912-973), roi de Francie orientale (Germanie). Il fonde le Saint-Empire romain germanique deux ans plus tard, autour de la Germanie, de la Bourgogne et de l'Italie du Nord, empire qui influencera fortement l'histoire des contrées de langue germanique – dites « teutoniques » pour les différencier des « Franciens » de l'Ouest devenus « Français » au IXe siècle – jusqu'au XIXe siècle. Ces pays seront dirigés par des princes qui, au nombre de sept, éliront l'empereur à partir de 1438. Quant à l'Empire, il ne sera jamais un État-nation car il donnera à son titulaire une fonction essentiellement honorifique, très recherchée cependant car ayant pouvoir sur le Pape, notamment lors de sa nomination : l'Empire sera néanmoins le ciment de la future « grande » Allemagne.

On estime souvent que l'unité (relative) de l'Allemagne s'est réalisée au cours du XIXe siècle, notamment grâce aux efforts du chancelier Otto von Bismarck (1815-1898). En réalité, elle a été initiée peu après le partage de l'empire de Charlemagne. Jean-Claude Capèle explique en effet que les habitants des deux rives du *Rhin* ont pris « conscience qu'ils sont linguistiquement, et donc culturellement, différents (…). C'est cette assimilation de la langue et du peuple qui explique en partie la conception de la nation que se forgera l'Allemagne au XIXe siècle »[213].

La Germanie fait l'objet de l'attention du Pape et le sacre d'Otton Ier à Rome constitue un prélude à l'unité des peuples germaniques au sein d'un Reich (« empire »), certes plus globale que nationale mais une première unité quand même, même si le Saint-Empire décline à partir du XIIIe siècle en faveur d'un morcellement important des territoires – ils ne seront pas moins de trois cents au XVIIIe siècle !

Créées autour de grandes cités sous l'influence de leur prince, des villes micro-États parfois peuplées de quelques milliers d'habitants acquièrent petit à petit leur autonomie en s'arrogeant des pouvoirs régaliens comme lever l'impôt, constituer des armées, battre monnaie et rendre justice. Les dirigeants de ces grandes villes se démarquent alors de leur prince en privilégiant le développement économique aux finalités politiques, jusqu'à se lier entre elles dans une perspective mercantile, notamment pour celles du Nord au sein de la Ligue hanséatique qui naît en 1358. Dans la volonté de Rome de garder une influence sur les États allemands et son constat de l'échec de la pérennité du Saint-Empire, une solidarité germanique préfigurant un sentiment national se crée alors autour de la Réforme préconisée par Martin Luther en 1517 : la période est favorable car les populations voient dans ses thèses l'opportunité d'une double indépendance, la première est d'essence politique vis-à-vis des princes et la seconde est de nature religieuse vis-à-vis de Rome. Ces visées préfigurent le réalisme allemand et la partition religieuse du pays. En effet, se crée alors une symbiose entre les princes qui épousent la foi protestante (les États du Nord), ou restent fidèles à la foi catholique

---

[213] Cf. *L'Allemagne hier et aujourd'hui*, 8e édition, Jean-Claude Capèle, Ed. Hachette, 2012.

(ceux du Sud), et les populations qui renforce leur unité, que la paix d'Augsbourg de 1855 viendra formaliser avec la célèbre formule *Cujus regio, ejus religio* (« tel prince, telle religion ») – on verra plus loin en quoi cette partition sera porteuse elle aussi d'invariants géographiques.

Les heurts entre États catholiques et protestants sont fréquents, jusqu'à conduire à la Guerre de Trente ans, déclenchée en 1618 par la fameuse « défenestration de Prague » de deux émissaires catholiques (envoyés par le roi Ferdinand de Styrie) par des nobles de la Bohême protestante. Ensuite, les protagonistes font jouer les alliances avec les États européens, sur fond d'affrontement entre maisons régnantes, Bourbons et Habsbourg notamment, entre régimes absolus et régimes féodaux, entre armées nationales et armées de mercenaires, jusqu'à ce que le camp protestant, soutenu par la France, vainque et signe avec son adversaire le Traité de Westphalie en 1648 – ce dernier traité est considéré comme l'acte de naissance du système international moderne reconnaissant la souveraineté des États (d'où l'idée d'État-nation) sur leur territoire et abolissant le droit du plus fort.

Il suffit de contempler la carte des États d'Europe à cette date pour constater en quoi l'Allemagne est alors très fortement morcelée et que l'unité nationale n'est pas encore d'actualité. Les micro-États d'alors préfigurent les *Länder* de la future République fédérale d'Allemagne.

Les guerres fratricides au sein du Saint-Empire germanique ont pour conséquences d'affaiblir les États et d'étioler l'identité germanique. La Guerre de Trente ans a ainsi créé « au plein cœur de l'Europe un vide politique et militaire dans un espace économique ruiné »[214]. C'est sur ces décombres qu'au début du XVIIIe siècle, un État émerge

[214] *Ibid.*

petit à petit, un État centralisé, fortement militarisé, même belliciste et expansionniste, dirigé par la famille Hohenzollern : la Prusse. Pour Mirabeau « ce n'est pas un pays qui a une armée, c'est une armée qui a un pays »[215] ! Un autre empire, celui d'Autriche-Hongrie, se développe aussi en parallèle sous la férule des Habsbourg en lieu et place du Saint-Empire.

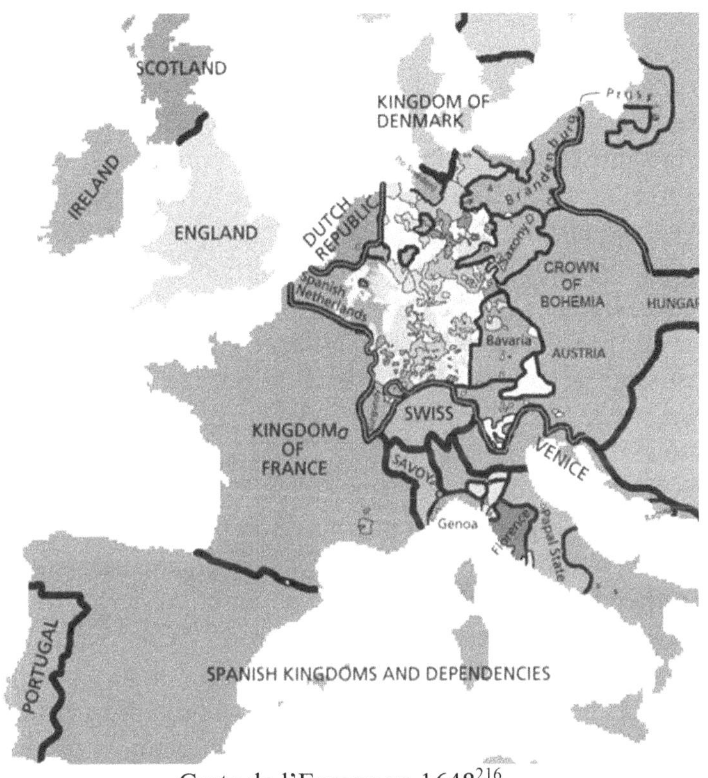

Carte de l'Europe en 1648[216]

[215] Cf. l'article « Les citations historiques : Mirabeau et la Prusse », Clémentine V. Baron (http://clementine-baron.com/les-citations-historiques-mirabeau-et-la-prusse/).
[216] Source : CC BY-SA 3.0, https://commons.wikimedia.org/w/index.php?curid=757611.

Les succès rencontrés par le despote et roi-soldat Frédéric-Guillaume Ier de Prusse (1688-1740), père de Frédéric II (dit « le Grand », 1712-1786), placent la Prusse dans une situation favorable face au régime plus « classique » de Marie-Thérèse d'Autriche (1717-1780) pour conduire un pangermanisme agressif et belliqueux. Au moment où le Grand siècle illumine le continent de ses lumières, en particulier en France, les deux États mènent également une politique culturelle qui a pour conséquence de les faire rayonner sur le continent et d'attirer l'élite intellectuelle européenne. C'est bien une conséquence et pas un objectif car le caractère allemand, de nature égocentriste, n'a pas besoin des autres pour exister par lui-même et se suffire à lui-même. En effet, il existe en Allemagne un certain égoïsme stratégique, une forme de repli sur soi et une vision lénifiante des relations internationales qui perdurent encore aujourd'hui. Aussi, la rigueur est dans le caractère allemand, chaque individu se pensant comme faisant partie d'un groupe, pouvant faire preuve de résilience sociale personnelle pour le bien du groupe mais refusant de voir le bénéfice de ses efforts profiter à d'autres – en particulier les étrangers, d'où la grogne de la population allemande lors de l'ouverture des frontières aux migrants en 2015 par la chancelière Angela Merkel, vraisemblablement pour apporter du sang neuf à un pays en mal de démographie généreuse[217]. Contrairement à ce qui se passe en France, les intérêts particuliers s'effacent toujours devant l'intérêt général allemand, la prospérité est privilégiée à la sécurité et le bien-être collectif est préféré à l'aventure extérieure – le IIIe Reich sera une péripétie de l'histoire allemande, particulièrement odieuse et tragique

---

217 Cf. l'article de la *Tribune de Genève* « Il y a un an, Merkel ouvrait la porte aux réfugiés : bilan », Christophe Bourdoiseau, 31 août 2016 (https://www.tdg.ch/monde/an-ouverture-refugies-lallemagne-doute/story/19610852).

certes mais une péripétie tout de même au regard de la longue histoire des peuples germaniques.

Plus tard, après avoir créé la Confédération du Rhin en 1806, Napoléon joue des rivalités entre l'Autriche et la Prusse, sans pour autant privilégier l'une à l'autre pour éviter de créer une alliance allemande qui puisse contrecarrer sa politique européenne. Dès lors, il favorise le morcellement des territoires et maintient donc les petits États qui constituent autant de tampons entre les possessions issues de ses conquêtes et celles de ses adversaires.

Le premier conflit de 1806-1807 gagné contre la Prusse amène certes les Français à annexer de grands territoires mais crée cependant *de facto* une réaction négative face à l'occupant qui se transforme petit à petit en sentiment national allemand, au bénéfice en particulier de la Prusse qui porte depuis Frédéric Ier l'étendard d'une volonté de puissance et d'autonomie, doublée d'une pensée stratégique incarnée par Carl von Clausewitz. Des courants intellectuels se mettent à afficher la nécessité de construire la nation allemande et Jean-Claude Capèle de penser que c'est grâce à Napoléon, « catalyseur du sentiment national allemand », que « l'ère du cosmopolitisme a vécu » et que « s'ouvre désormais celle du nationalisme »[218].

Le Congrès de Vienne de 1815 fait de la très aristocrate et luthérienne Prusse le principal bénéficiaire de la chute de l'Empire napoléonien et augmente également les possessions autrichiennes, jetant les bases d'un dualisme allemand – entre la Confédération germanique et l'Empire d'Autriche lui aussi très morcelé – qui perdurera pendant un siècle, jusqu'à la fin de la Première Guerre mondiale. C'est toutefois au milieu du XIXe siècle, après la révolution

---

[218] Cf. *L'Allemagne hier et aujourd'hui*, *op. cit.*

de 1848 en France, que la notion d'Allemagne prend tout son sens car les libéraux pensent désormais « nation allemande » et pas « botte prussienne ». Toutefois, les frontières de cette Allemagne naissante font l'objet de dissensions internes entre les royaumes, les duchés, les États princiers et les villes libres dès qu'il s'agit de parler de « grande Allemagne » et l'existence de l'Empire (catholique) austro-hongrois fait craindre qu'il en prenne le *leadership*.

Le dualisme allemand pose donc un problème à l'unité globale et les tentatives d'union allemande de grande ampleur, que ce soit en bottom-up (révolution de 1848 à Berlin) ou en top-down (refus de l'empire d'Autriche lors de la conférence d'Olmütz de 1850) sont donc, pour l'instant, vouées à l'échec. En 1847, Louis de Carné écrivait à propos de l'Allemagne « qu'elle se débat dans un travail stérile pour relier les membres épars du vaste corps au sein duquel la Réforme introduisit le germe d'une division incurable. Séparée par la paix comme par la guerre, par les actes de Westphalie aussi bien que par les victoires de Frédéric II, elle n'a retrouvé, depuis 1815, une sorte d'unité dans son action extérieure que par l'effet des appréhensions qu'elle éprouve »[219]. Effectivement, *a contrario* de la France, la volonté d'unité nationale n'est pas un invariant allemand. C'est l'arrivée au pouvoir de Bismarck en Prusse en 1862, comme Premier ministre de Guillaume Ier, qui permet de la construire petit à petit – au sens pangermanique du terme, pas au sens national – au détriment de l'Autriche, défaite militairement à Sadowa en 1866 après avoir refusé l'annexion des duchés danois de Schleswig et d'Holstein par la Prusse, conquête qui avait pourtant fait l'objet d'une guerre menée conjointement contre le Danemark deux ans plus tôt (la « guerre des

---

[219] Cf. « La Constitution de l'unité nationale en France », *op. cit.*

duchés ») et donné lieu à la Convention de Gastein en 1867. L'Allemagne se construit alors sur les bases d'une Prusse victorieuse, rayonnante et dominatrice qui se fait sans l'Autriche au sein de la Confédération du Nord en 1867, première ébauche d'un État fédéral regroupant vingt et un États conservant néanmoins leur souveraineté mais relevant d'un président (Guillaume Ier de Prusse) et d'un chancelier (Otto von Bismarck).

Pour mettre au pas les États allemands du Sud et créer un sentiment national allemand global sous la bannière prussienne, Bismarck provoque la France de Napoléon III en publiant la fameuse « dépêche d'Ems ». Cette dernière lui déclare la guerre en juillet 1870 et la perd six mois plus tard à Sedan. Ce sont donc encore les Bonaparte qui sont, bien malgré eux et sous la direction habile du grand architecte Bismarck, les acteurs de l'unité allemande, proclamée à Versailles le 18 janvier 1871 sous la forme de l'Empire allemand, le IIe Reich[220], État fédéral constitué de vingt-cinq États qui seront, au fil des années, de moins en moins souverains face à la toute puissante Prusse. Toutefois, l'Empire d'Autriche n'en fait pas partie. Néanmoins, on constate déjà la sagesse allemande de se prémunir à l'Est qui a consisté à signer en mars 1868, préalablement à la guerre provoquée avec la France, un traité avec la Russie tsariste de nature à empêcher l'intervention de l'Empire d'Autriche qui fonctionnera car ce dernier proclamera sa neutralité. La crainte d'un double front est une constante de la diplomatie guerrière allemande : la rupture de l'alliance franco-russe sera en vain recherchée avant 1914 (tentative avortée de pacte germano-russe à Björkö en 1905) et Hitler conduira la même politique, cette fois-ci avec succès, avec le Pacte germano-soviétique signé avec Staline en août 1939.

---

[220] On attribue au Saint-Empire romain germanique le nom de Ier Reich.

En matière de politique extérieure, le nouvel Empire veut se prémunir d'une revanche que les Français appellent de leurs vœux en nouant une triple alliance avec l'Autriche et la Russie, mais ces derniers comprennent bien que la puissance allemande doit être canalisée. La guerre russo-turque de 1877-1878 vient rebattre les cartes, dans la mesure où un renversement d'alliances est toujours possible entre la France et la Russie – le général de Gaulle était « convaincu, comme de nombreux historiens, que c'est l'affaiblissement de [la relation franco-russe] qui a permis à Bismarck de fonder l'unité de l'Empire allemand »[221] et parlait de « la sympathie séculaire et l'affinité naturelle qui portent incessamment les français et les Russes à se rapprocher en dépit de tous les obstacles »[222]. Dès lors, Bismarck se tourne vers l'Autriche-Hongrie, ancienne rivale mais dont le rapprochement est devenu nécessaire pour éviter un environnement néfaste aux intérêts stratégiques allemands. Cependant, la crainte de l'encerclement n'apparaît pas dans les réflexions stratégiques prussiennes de l'époque, sans doute par fierté ou inconscience qu'un État puisse les envahir – la victoire de 1870 contre la France les met à l'abri d'une telle éventualité pour un moment – mais le désir de contrôler leur environnement est visible. En effet, la carte de l'Europe montre que l'Empire est entouré de trois grandes puissances que sont la France, la Russie et l'Empire autrichien, l'Angleterre et l'Empire ottoman étant également parties prenantes dans les intérêts de chacun (en Méditerranée pour l'une, dans les Balkans pour l'autre). Toutefois, le IIe Reich allemand de Bismarck n'a pas de velléités d'expansion territoriale ni de transmission d'idéaux, comme ce fut le cas de la Révolution française et du Premier Empire : c'est bien

---

221 Cf. *Le général de Gaulle et la Russie, op. cit.*

222 Cf. *Discours et messages – Pour l'effort (1962-1965)*, Charles de Gaulle, 1970.

là que se situe le réalisme allemand qui s'inscrit en opposition avec l'idéalisme français, jusqu'à ce que l'arrivée au pouvoir de Guillaume II en 1888, la démission de Bismarck en 1890 et la montée du pangermanisme (au travers de la Ligue du même nom, née en 1891) changent la donne. En effet, le nationalisme allemand, au travers des notions de « race allemande » et « d'espace vital » (*Lebensraum*), émerge et une volonté de rassembler tous les peuples germanophones en une même entité, avec l'idée sous-jacente d'expansionnisme en Europe et de colonialisme en Afrique, se fait jour pour prendre plus résolument forme dans l'entre-deux-guerres, grâce notamment au diktat de Versailles de 1919.

L'ancrage continental allemand, entre une France belliciste mais canalisée et une Russie faible mais au potentiel immense, est une caractéristique de la volonté bismarckienne fortement teintée d'un pragmatisme très saxon. Ainsi, dans la pensée prussienne, le danger vient davantage de la Russie, alors qu'à l'Ouest, la France est considérée comme un trublion imprévisible qui l'ennuie mais ne la menace pas sur ses arrières. Bismarck pensait-il déjà Heartland et Rimland avant que cette théorie n'émerge ? Sentait-il son pays comme n'étant ni une puissance maritime ni une puissance continentale ? La notion modeste d'État-tampon, au sens des théories de Mackinder et de Spykman, n'était vraisemblablement pas l'ambition de Bismarck car il croyait plus au rayonnement naturel teuton vers l'extérieur qu'à la menace de son environnement sur la tranquillité intérieure prussienne.

Berlin se tourne vers l'Empire d'Autriche et l'Italie pour conclure la Triple alliance en 1882, la renforce sous la forme de l'entente de la Méditerranée en 1887 et la renouvelle par la Triplice en 1896. En réponse, des accords bilatéraux se mettent en place entre la France, le Royaume-Uni et la Russie : l'alliance franco-russe se concrétise en

1893, l'entente cordiale entre la France et le Royaume-Uni se met en place en 1904 et enfin la convention anglo-russe est signée en 1907, le tout donnant naturellement naissance à la Triple entente. Dès lors, les partis sont pris, les camps sont installés et il ne suffit plus que d'une étincelle pour mettre le feu aux poudres, ce qui survient le 28 juin 1914 à Sarajevo quand l'archiduc François-Ferdinand, héritier de l'Empire d'Autriche-Hongrie, est assassiné par un nationaliste serbe, attentat qui déclenche la Première Guerre mondiale.

Cette guerre affermit l'unité allemande jusqu'à ce que les déconvenues militaires vécues par les Allemands en France, les énormes pertes humaines rencontrées et les désordres sociaux à l'arrière entraînent la défaite du IIe Reich, la naissance de la République de Weimar et le démembrement de l'Empire d'Autriche. Les conditions peut-être abusives du Traité de Versailles conclu en 1919, notamment les réparations de guerre et l'occupation de la Ruhr, et la crise de 1929 qui frappe l'Allemagne très durement font naître un fort sentiment d'injustice et un nationalisme chez les Allemands qui permettent de hisser Adolph Hitler au pouvoir en 1933. Ce dernier a beau jeu d'exacerber la fierté nationale du peuple allemand pour imprégner le nazisme dans la société allemande, réarmer le pays et réussir l'*Anschluss* avec l'Autriche en mars 1938. Profitant du laxisme, voire de la lâcheté des régimes français et britanniques, le dirigeant nazi met la main sur la Tchécoslovaquie grâce aux accords de Munich (septembre 1938) et fait de même sur la Pologne le 1er septembre 1939, neuf jours après avoir signé un pacte de non-agression avec l'URSS de Staline.

La première action d'Hitler correspond exactement à la stratégie traditionnelle allemande – s'assurer de la neutralité russe pour s'emparer facilement de la France – sauf qu'Hitler commet la même faute que Napoléon Ier en envahissant la Russie en juin 1941. Ce retour à l'unité germanique forcée par Hitler en 1938 ajoute une nouvelle couche au complexe de supériorité qu'ont développé les chanceliers allemands successifs et qui ont conduit malheureusement deux fois l'Europe et le monde à s'embraser. Le général de Gaulle disait en 1944 que « les Allemands sont un grand peuple qui perpétuellement tend à la guerre, rêve de domination » et Hélène Carrère d'Encausse d'ajouter que « pour éviter que ce peuple ne réalise un tel rêve, le général de Gaulle prônait la transformation de l'Allemagne en une confédération d'États »[223] : il ne s'agissait pas d'une transformation mais d'un retour à la nature originelle de l'Allemagne, composée pendant des siècles de micro-États, principautés, duchés et villes libres qui ne montraient pas de velléités agressives en matière de relations internationales, comme c'est le cas aujourd'hui de la RFA.

L'attaque de la Pologne mène aux déclarations de guerre anglaise puis française et conduit bientôt à un second conflit mondial. Certes, le nazisme triomphant de 1940 à 1943 ne peut refléter le caractère allemand en son entier mais on peut retrouver dans la manière de traiter les populations occupées une relative continuité culturelle : la France est considérée comme un État de rang inférieur, seulement apte à nourrir les armées allemandes et à obéir sans broncher à la politique raciale de Berlin, tandis que la Russie est soumise à une volonté d'anéantissement – on ne cherche à anéantir que ce qu'on craint.

La capitulation signée le 8 mai 1945 fait entrer l'Allemagne dans une nouvelle ère. En premier lieu, la conférence de Potsdam de juillet-août 1945 organise son fractionnement en quatre zones d'occupation, comme sa capitale Berlin, et le pays perd un quart de son territoire. En

---

[223] Cf. *Le général de Gaulle et la Russie*, *op. cit.*

1949, la zone Ouest d'occupation américaine, britannique et française devient la République fédérale d'Allemagne (RFA) après l'adoption de la Loi fondamentale du 23 mai 1949, et la zone Est, sous occupation russe, devient la République démocratique allemande (RDA) le 7 octobre suivant. Pendant la Guerre froide resurgit alors la vieille tradition allemande de réalisme et d'apaisement politique, en tant qu'État-tampon visant à modérer les relations existant entre deux blocs antagonistes aux intérêts différents : l'Allemagne cherche toujours à discuter avec l'Union soviétique tout en se gardant de ses arrières occidentaux grâce à une alliance économique avec la France (et militaire avec les États-Unis). Ce réalisme tout germanique, également appelé *Realpolitik* et déjà pratiqué par Bismarck dans les années 1860 dans la recherche d'un équilibre pacifique en Europe centrale, se matérialise dans l'*Ostpolitik* lancée avec succès par le chancelier Willy Brandt, au pouvoir d'octobre 1969 à mai 1974, et qui participera de la détente entre l'Est et l'Ouest, dans une approche conforme à la politique gaullienne d'ouverture à l'Est.

Il faut cependant attendre la chute du mur de Berlin le 9 novembre 1989 pour que le chancelier fédéral Helmut Kohl réunifie le pays onze mois plus tard, le 3 octobre 1990, sous la forme d'un État fédéral constitué de seize *Länder*, consacrant en quelque sorte l'Allemagne éternelle, avec ses duchés devenus États (Bavière, Saxe, Thuringe) et ses villes libres devenues villes-États (Berlin, Brême, Hambourg).

L'Allemagne d'aujourd'hui

Il ne faut assurément pas voir les tensions Est-Ouest en Allemagne comme un invariant national mais plutôt penser à celles entre le Nord et le Sud : en effet, la césure historique allemande est et a toujours été profondément entre le Nord et le Sud. C'est ainsi que la Prusse fortement militarisée et très martiale a toujours montré un certain mépris vis-à-vis de la paisible Bavière agricole, au même titre que la rigueur protestante de la première s'opposait à la douceur de vie de la seconde, restée catholique. C'est d'ailleurs aux cris de « *Los von Preußen ! Krieg gegen Preußen !* »[224] qu'Adolph Hitler fut accueilli en Bavière en 1924 alors qu'il venait faire campagne pour la Prusse !

Après la parenthèse de la partition forcée Est-Ouest du pays entre 1945 et 1990, cette césure Nord-Sud est revenue – c'est le principal critère d'un invariant – et demeure forte aujourd'hui, sauf que les rôles ont été inversés : aujourd'hui, la richesse de l'Allemagne est essentiellement produite dans le Sud très industrialisé (Bade-Wurtemberg et Bavière, représentés par la grande ville de Munich) alors que le Nord (Schleswig-Holstein et Poméranie, représentés par Hambourg) est bien plus pauvre et surtout socialement demandeur. La césure ne change pas, seuls les équilibres sont modifiés.

La Constitution allemande, dite Loi fondamentale (*Grundgesetz*), empêche le retour d'un pouvoir politique fort en donnant aux *Länder* une forte autonomie politique et administrative, tout en laissant au chancelier (ou à la chancelière) la main sur deux leviers essentiels que sont l'économie et la politique étrangère, sous contrôle strict du Bundestag – noter cependant que les prérogatives des différents ministres sont telles qu'un désaccord sur une question internationale entre eux n'est pas arbitré par Berlin qui, dès lors, s'abstient : c'est renforcer l'idée de partition du pouvoir inhérente à l'Allemagne d'hier et

---

[224] Séparons-nous de la Prusse ! Guerre à la Prusse ! Cf. *Œuvres de Laberthonnière publiées par les soins de Louis Canet, Pangermanisme et christianisme*, Librairie philosophique Vrin, 1945.

d'aujourd'hui[225]. Ce n'est pas si différent de la situation qu'a connue Bismarck qui, déjà, avait à faire à des duchés très pointilleux sur leur indépendance, en particulier la Bavière qui a adopté le nom « d'État libre » (*Freistaat Bayern*) en février 1919 et l'a gardé jusqu'à aujourd'hui, au même titre que la Saxe et la Thuringe, ce qui en dit long sur leur sensibilité et leur exigence d'autonomie... La distinction essentielle tient à l'armée qui, aujourd'hui, est paralysée par un processus décisionnel imprégné d'une culture politique de retenue, considérée comme complexée et maladive par ses homologues européennes, alors qu'elle était à la botte du Kaiser et de son chancelier auparavant et a montré tout ce dont elle était capable en 1940 et 1941. La capacité opérationnelle de l'armée allemande de 2020 est considérée comme faible car sa doctrine la limite à une force d'interposition et elle n'a que très rarement l'occasion d'intervenir, le chef d'état-major des armées françaises de 2020 n'imaginant pas, à ce sujet, « un engagement avec les Allemands dans des combats durs à un horizon prévisible »[226].

Géant économique mais nain stratégique – elle ne dispose pas du droit de veto au Conseil de sécurité des Nations unies – l'Allemagne actuelle est, vue sous l'angle de sa construction géographique et historique, la résultante fidèle des invariants qu'elle a construits au fil des siècles. Contrainte par son passé et la notion de responsabilité

---

[225] Cf. le post LinkedIn du Général Philippe Chalmel « France-Allemagne : et si les incompréhensions naissaient des constitutions ? », 17 mai 2016 (https://www.linkedin.com/pulse/france-allemagne-et-si-les-incompr%25C3%25A9hensions-des-philippe-chalmel/).

[226] Cf. l'article « Le général Lecointre "n'imagine pas" un engagement "avec les Allemands" dans des combats durs à un horizon prévisible », Laurent Lagneau, blog opex360.com, 20 janvier 2020 (http://www.opex360.com/2020/01/20/le-general-lecointre-nimagine-pas-un-engagement-avec-les-allemands-dans-des-combats-durs-a-un-horizon-previsible/).

collective vis-à-vis des atrocités perpétrées pendant la Seconde Guerre mondiale, l'Allemagne d'aujourd'hui est en position de repli sur elle-même en matière de stratégie internationale. Hans Joachim Gauck, alors président de la RFA, reprenait à son compte les mots de la philosophe Hannah Arendt (1950), le 3 octobre 2013, en disant que « les Allemands sont épris d'impuissance ». Il y a dans ce constat une part non négligeable d'habillage car c'est oublier un peu rapidement l'activisme économique – pour ne pas dire la guerre économique – forcené des entreprises allemandes sur la scène internationale, soutenu par Berlin, alors qu'est affiché un mondialisme bon enfant. C'est ce que le général Philippe Chalmel, ex-attaché de défense près l'ambassade de France à Berlin, appelle « la diplomatie des ressources et des débouchés », en tant que politique extérieure nationale allemande synonyme « d'ordo-libéralisme » obnubilé par les exportations et la balance commerciale – le général Chalmel rapproche cette vue de celle de l'École de Fribourg dans les années 1930. Comme le Royaume-Uni, l'Allemagne importe en effet la quasi-totalité de ses ressources énergétiques[227] et connaît une production manufacturière très puissante et très renommée. Elle continue de montrer de bons sentiments en matière écologique – on pourrait même parler d'hypocrisie car l'énergie nucléaire dont elle refuse désormais la production sur son sol est achetée à la France et elle a recours en 2020 à de nouvelles centrales au charbon pour produire de l'électricité ! – tandis que sa politique de relations internationales pacifiées, pour faire notamment tourner le moteur économique national, se heurte au soutien actif de son industrie d'armement. Cela donne raison, cent trente-sept ans plus tard, à Ernest Renan (1823-1892) qui affirmait déjà que « l'Allemagne a conquis l'hégémonie du monde en reniant hautement les principes de moralité politique

[227] 98 % de son pétrole, 87 % de son gaz naturel et 77 % de sa houille.

qu'elle avait autrefois si éloquemment prêchés »[228]. Il y a donc des incohérences qui interrogent et des vérités de plus en plus visibles qui vont devoir être tranchées.

En conclusion

L'existence des nombreux États plus ou moins indépendants dans l'espace germanique au cours de son histoire, ajoutée à celle d'un pouvoir central souvent faible, à quelques exceptions près, n'est pas neutre si l'on considère l'Allemagne fédérale d'aujourd'hui. Les efforts de réalisation nationale sont absents des politiques menées à Berlin et ce depuis longtemps maintenant. Citons encore Louis de Carné : « Les populations qu'on s'efforce de rapprocher par des étreintes convulsives plutôt que par des sympathies véritables ne restent pas moins profondément divisées » ; c'était ce qui fut tenté au cours de la première moitié du XIXe siècle, *a priori* sans succès. En effet, « les Rhénans et les Anséates, les naïfs chasseurs des vallées tyroliennes et les austères réformés de la vieille Prusse, dans l'ancien empire germanique, concentrent leur existence, comme s'est concentrée leur histoire, aux murs de leurs cités et aux horizons qu'ils embrassent »[229]. En 2020, rien n'est fait pour unifier les Allemands parce que les autorités politiques ont inconsciemment intégré que ce n'est pas le destin national.

Désormais alliée sûre de la France qui n'agit en trublion que sur le plan économique, l'Allemagne garde un tropisme fort vers son espace oriental selon un arc qui va du Grand Nord aux Balkans, en passant par les Pays baltes et ceux du

---

[228] Cf. *Souvenirs d'enfance et de jeunesse*, Ernest Renan, Ed. Calmann Lévy, 1883.
[229] Cf. « La Constitution de l'unité nationale en France », *op. cit.*

Groupe de Visegrad[230], au même titre que la France se focalise sur l'arc méditerranéen. Le réalisme allemand joue à plein car il s'agit, selon le professeur de civilisation allemande Stephan Martens, « d'exporter la stabilité vers l'Est pour ne pas avoir à importer demain de l'instabilité à l'Ouest »[231]. La réponse de Bonn jusqu'en 1990 puis de Berlin aujourd'hui est essentiellement européenne et atlantiste : l'Europe pour asseoir sa prospérité et l'OTAN pour assurer sa sécurité. Décidément, l'Allemagne cultive sa place centrale en Europe.

Tribus germaniques autonomes, Confédération des Suèves, Saint-Empire romain germanique, Ligue hanséatique, Confédération du Rhin, Confédération germanique, État fédéral, ces entités reflètent peut-être une volonté récurrente d'unir les pays germaniques mais en réalité de diluer la souveraineté. Allié à un réalisme récurrent dans la prise en compte des espaces environnants, le paradoxe allemand est toujours à bien considérer pour comprendre ce qui se décide aujourd'hui à Berlin : un pouvoir exécutif central qui se veut fort mais se révèle en réalité tout relatif tant l'histoire a montré en quoi la sensibilité des (précurseurs des) *Länder* était forte quant au maintien de leur souveraineté, même si un Prussien particulièrement habile et un petit caporal autrichien ont ouvert des parenthèses vite refermées. À ce titre, De Gaulle expliquait que « chaque fois qu'un État dominateur et ambitieux s'était saisi des pays allemands en contraignant

---

[230] Le Groupe de Visegrad réunit la Hongrie, la Pologne, la République tchèque et la Slovaquie. Ces États jouxtent les frontières orientales de l'Allemagne.

[231] Cf. l'article « L'Allemagne et l'est européen, le défi d'une configuration intégrative de l'Europe », Stephan Martens, *Revue d'études comparatives Est-Ouest* (vol 32), 2001 (https://www.persee.fr/doc/receo_0338-0599_2001_num_32_3_3101).

leur diversité, l'impérialisme avait jailli »[232]. En cela, il montrait bien deux choses : que l'Allemagne était bien constituée de « pays allemands » divers et que ces périodes d'unité n'étaient ni bonnes pour elle ni bonne pour l'Europe. Si l'Europe d'aujourd'hui est stable, peut-être est-ce en partie parce que l'Allemagne est fédérale. Aussi, que cette diversité subsiste et le monde en sera apaisé.

Qu'en déduire pour l'avenir ?

Les Allemands ont été vaccinés contre tout désir de puissance après les atrocités commises par les Nazis entre 1937 et 1945, et ils ont à cette date, selon Éric Branca, « remis leur sécurité entre les mains des États-Unis »[233]. Cela a été dit et on le constate tous les jours dans l'humilité dont ils font preuve dans les relations internationales (sauf en matière économique et industrielle) et la frilosité qu'ils montrent quand il s'agit de s'engager militairement contre le terrorisme jihadiste dans la bande sahélo-saharienne. Toutefois, les hommes politiques qui arrivent au pouvoir n'ont ni sang sur les mains ni complexe de repentance, et les plus jeunes n'ont même pas connu la nation divisée en deux. Ils constatent que leur pays est la 1ère puissance économique européenne et la 4e mondiale, que la disparition du mark a permis de coller nombre de monnaies faibles au train de l'euro, que l'Allemagne finance nombre de projets européens sans avoir forcément de retours sur investissement… Combien de temps cela va-t-il durer ? L'immobilisme stratégique allemand « n'est plus tenable », selon les dires du Président Gauck. Il y a donc des lignes qui vont bouger mais lesquelles ? Or, le réalisme est le caractère premier des Allemands. Pour Yves Lacoste, « de

---

[232] Cf. *Mémoires de guerre – Le salut (1944-1946)*, Charles de Gaulle, Ed. Plon, 1959.

[233] Cf. *L'ami américain, op. cit.*

toutes les vérités désagréables qui sont à la racine du réalisme, la plus brutale, la plus gênante et la plus déterminante de toutes est la géographie »[234]. Cette géographie du « qui peut faire quoi à qui ? » pourrait bien s'orienter à l'Est car il s'agit d'un tropisme allemand depuis des lustres.

La France avance toujours à son rythme, lent et désordonné, alors qu'il existe un énorme potentiel d'activité à l'Est, sur ces terres eurasiennes au temps long dont Yves Lacoste dit qu'elles sont « une terre continue (…) mesurant 54 millions de km², soit plus de trois fois la superficie de l'Amérique du Nord »[235]. Il y a de quoi faire, d'autant qu'entre Allemagne fédérale et Fédération de Russie existe « un mélange ancien de peuples et de cultures dans une logique d'interdépendance et d'intérêts partagés. Il y a une capacité de se comprendre mutuellement, comme une connivence », si l'on en croit le général Chalmel. Les relations tissées avec la Russie sont autant culturelles – n'oublions pas les quarante-deux ans d'existence de la RDA et l'*Ostpolitik* si favorable à Moscou – que commerciales – l'Allemagne est le premier partenaire de la Russie, autant pour ses importations que pour ses exportations. L'avenir de l'Allemagne semble alors très porté sur l'immensité orientale, ce qui va dans le même sens que son principal invariant stratégique qu'est la volonté de contrôler sa destinée en se parant de ce qui se passe à l'Ouest pour mieux s'intéresser à ce qui s'offre à l'Est de ses frontières. On ne peut donc pas être étonné de voir les relations russo-allemandes se développer. À la question de savoir si cette *special relationship* peut supplanter l'atlantisme forcené qu'a montré Berlin depuis la fin de la Seconde Guerre

---

[234] Cf. « "Le pivot géographique de l'histoire" : une lecture critique », *op. cit.*
[235] *Ibid.*

mondiale, la connaissance de cet invariant pourrait apporter une réponse à un terme à définir.

Cet appel de l'Est pourrait participer d'un tout menant au renversement d'alliances évoqué dans le chapitre précédent, même si la dépendance énergétique vis-à-vis de la Russie et la politique agressive de Vladimir Poutine vis-à-vis du camp occidental l'inquiètent. Mais ne se tourne-t-on pas toujours vers celui qui effraye ?

S'agissant de l'autre invariant qu'est le morcellement du pays, rappelons que les périodes d'unité nationale (Bismarck, Hitler) ont laissé de mauvais souvenirs aux Allemands (deux grandes guerres perdues et une honte encore vivace) qui peuvent aujourd'hui être considérées comme des parenthèses de l'histoire du pays. Le régionalisme préside aujourd'hui aux destinées allemandes et, à ce titre, influence grandement la politique de l'Union européenne. Certains vont même jusqu'à évoquer un « processus de destruction des États » et parler de « régionalisation de l'Europe », partant du constat que « la reconnaissance du principe fédéral dans les instances européennes s'appuie sur trois documents qui sont, là aussi, germano-européens. Ce sont les Chartes de l'autonomie locale et régionale et la convention-cadre sur la coopération transfrontalière appelée aussi Charte de Madrid »[236]. L'Allemagne est peut-être dans une logique de vouloir calquer son modèle au cadre européen, sans pour autant qu'elle l'affiche comme objectif stratégique. Certains événements à caractère autonomiste (Catalogne, Pays basque, Belgique, Corse, Sicile) pourraient constituer une concrétisation de cette régionalisation rampante et donner raison à ceux qu'on habille souvent (tendance très politiquement correcte) de complotisme. Il y a sans doute

---

[236] Cf. « La Grande Europe ou le grand basculement ? », Pierre Hillard, 1er février 2009 (https://www.diploweb.com/p5hillard1.htm).

un point médian entre les deux thèses mais le citoyen européen est en droit de s'appuyer sur le naturel dominateur et le poids réel de l'Allemagne en Europe pour se demander s'il n'y a pas anguille sous roche. Si cela était vrai, jusqu'où cela pourrait-t-il aller ? En effet, cette politique régionaliste contrecarrerait le principal invariant stratégique français et faire entrer France et Allemagne dans une nouvelle ère d'affrontements.

Chapitre V – Les invariants français

« Depuis l'aurore de notre histoire, nos malheurs furent toujours en proportion de nos divisions. Mais jamais la fortune n'a trahi une France rassemblée ».

Général Charles de Gaulle
Discours de Vincennes du 5 octobre 1947

La France est un État à part dans le concert des nations. Pays des droits de l'homme et de la liberté, fier de ses gloires militaires, terre d'asile et de démocratie, championne du monde de la protection sociale, pays des Lumières, des arts et de la littérature, patrie de l'art de vivre, du luxe et de la gastronomie, nation dont la capitale, Paris, est considérée par beaucoup d'étrangers comme la plus belle ville du monde, la France rayonne autant aujourd'hui que du temps de sa splendeur passée. Le général de Villiers est complètement dans cette logique quand il écrit que « cette place à part dans le concert des nations est inscrite dans son histoire, sa géographie, sa langue, sa culture, et c'est parfois à l'étranger qu'on la mesure le mieux. La France est un des rares pays qui parlent au monde entier. Nous sommes héritiers de cette grandeur qui exalte les uns, irrite les autres et que, pour sa part, l'armée française doit assumer »[237]. Après les attentats de novembre 2015 à Paris, les trois couleurs françaises ont illuminé nombre de monuments à l'étranger, à Amsterdam, Auckland, Berlin, Berne, Brno, Bruxelles, Dublin, Göteborg, Londres, Madrid, Mexico, New York, Rio de Janeiro, San Francisco, Santiago du Chili, Shangaï, Sofia, Sydney, Taiwan, Talinn, Tokyo, Toronto, Vicenza... « Je suis Charlie » a été le slogan le plus relayé dans le monde sur Twitter et devenu « Je suis Paris », a inondé le monde, en solidarité avec les victimes. Le 11 janvier 2016, avec le Président Hollande, près de cinquante chefs d'État et de gouvernement, ou leur représentant, ont fait le déplacement à Paris pour participer silencieusement à un « marche républicaine » de quelques centaines de mètres, bras dessus bras dessous. Quel pays peut s'enorgueillir d'une telle aura ? Oui, la France est bien une terre singulière et quand la France souffre, le monde souffre.

---

[237] Cf. *Servir*, *op. cit.*

Nikolaï Podgorny, président honorifique du præsidium du Soviet suprême de l'URSS qui revenait d'une visite à Paris en mars 1964, qualifiait la France de « grande puissance ayant un poids et une influence internationale considérable »[238]. Un demi-siècle plus tard, ce constat n'a pas changé, hormis le fait que sa puissance a nettement baissé. Aujourd'hui, même si elle est devenue une puissance moyenne en matière économique, la France est et demeure un phare éclairant le monde de ses lumières dont la crédibilité tient à son histoire, sa pensée, ses intellectuels, son mode de vie, et au fait qu'elle a été un laboratoire de la démocratie qui a expérimenté presque tous les régimes politiques possibles et connu les plus grandes gloires comme les désastres les plus sombres. Nous n'oublierons pas de dire aussi qu'elle a sa façon propre de mettre l'homme au centre de toute chose, selon ce que d'aucuns appellent la *French touch*, sorte de *soft power* à la française bien plus ancienne que le concept de l'Américain Joseph Nye qui date des années 1990. Léopold Sédar Senghor écrivait à ce titre que l'humanisme français « a l'homme comme objet de son activité. Qu'il s'agisse du droit, de la littérature, de l'art, voire de la science, le sceau du génie français demeure ce souci de l'homme. Il exprime toujours une morale. D'où son caractère d'universalité, qui corrige son goût de l'individualisme »[239]. Cette approche est sans doute celle qui qualifie le mieux l'approche latine, partagée avec l'Italie et l'Espagne, et se heurte le plus au monde anglo-saxon ; elle peut expliquer pourquoi les intérêts particuliers l'emportent souvent sur l'intérêt général – Vercingétorix le déplorait déjà chez les Gaulois en 52 av JC au moment de

---

[238] Cf. *Le général de Gaulle et la Russie*, *op. cit.*

[239] Cf. l'article « Le français, langue de culture », Léopold Sédar Senghor, revue *Esprit*, novembre 1962 (https://esprit.presse.fr/article/senghor-leopold-sedar/le-francais-langue-de-culture-32919).

la guerre contre César, ce n'est donc pas nouveau[240] – alors que c'est tout le contraire chez nos voisins britanniques et allemands et nos amis américains.

Pour Paul Valéry, « l'histoire de France est la plus belle collection de "phénomènes" au sens forain du terme. Napoléon, Clovis, Jeanne, Richelieu, Robespierre, etc. Nous avons l'histoire la plus fournie des grandes "vedettes" »[241]. Pour De Gaulle, « la puissance et la grandeur françaises (…) suivent le génie de la France, sont tournées vers le bien et la fraternité des hommes »[242]. L'historien britannique Julian Jackson indique quant à lui que Charles Péguy (« socialiste républicain ») et Charles de Gaulle (« nationaliste et catholique ») se relient sur « le sentiment que, tout au long de son histoire, la France a eu pour vocation mystique d'éclairer l'humanité »[243]. Alors la France a-t-elle réellement un rôle à jouer sur la scène mondiale ou se donne-t-elle un rôle dans une pièce que chacun est libre de regarder ? La réponse à cette question est la même qu'à celle évoquant son arrogance. Elle a été donnée par Charles de Gaulle dont un extrait du discours du 1er mars 1941 à Londres est inscrit au pied de l'immense croix de Lorraine de Colombey-les-Deux-Églises et sur le socle de la statue du Général aux Champs-Élysées : « Il y a un pacte vingt fois séculaire entre la grandeur de la France et la liberté du monde ».

---

240 « Le salut commun doit faire oublier les intérêts particuliers », cité par Jules César dans *De la guerre des Gaules* (livre VII), *op. cit.*
241 Cf. *Cahiers* (tome 2), Paul Valéry, Ed. Gallimard (La nouvelle revue française), 1974.
242 Cf. *De Gaulle – Une certaine idée de la France*, Julian Jackson, Ed. du Seuil, 2019.
243 *Ibid.*

Force est de constater que la France a toujours compté dans la balance des équilibres européens puis mondiaux, à des degrés différents certes, mais sa voix charismatique a toujours porté car elle a toujours expliqué ses choix, elle n'a jamais été exclusive, elle ne s'est jamais totalement livrée à un quelconque maître, elle a toujours considéré les petits et s'est constamment gardée de céder aux grands. Pour Denis Tillinac, la France est « altière, le plus souvent solitaire, en butte à ses voisins qu'elle offusque par sa prétention à dire le Bien, le Vrai, le Juste, le Beau (…). La France n'a ses raisons d'être qu'en invoquant sa propre symbolique puisée dans sa propre mémoire »[244]. En définitive et grâce à son histoire, elle a toujours eu une certaine idée d'elle-même qui la rend souvent audacieuse… et parfois arrogante pour certains. Affirmant haut et fort qu'elle a raison, ce qui revient à dire qu'elle a une mission civilisatrice, elle peut apparaître aujourd'hui en concurrence avec les États-Unis mais son approche est en réalité inverse : les États-Unis sont une grande puissance sans histoire alors que la France a une histoire fabuleuse mais n'est pas une grande puissance. L'histoire autorise de parler si l'on puise dans un passé long et lointain qui constitue une mémoire : on en tient compte ou non car on a le choix ; c'est le cas de la France. La puissance ferme les bouches : on obéit car on n'a pas le choix mais on garde une rancune ; c'est le cas des États-Unis auxquels la France a longtemps résisté par la voix de De Gaulle. Grandeur et puissance ne sont pas synonymes mais elles se jalousent.

L'histoire de France contribue donc beaucoup à son caractère et lui permet de donner son avis sur la scène internationale – même au fond du gouffre comme en 1940 – où elle se pique de disposer d'une souveraineté sans tâches et d'une liberté de parole à nulle autre pareille : quand la France parle, même si d'aucuns estiment qu'elle a le menton un peu trop haut, on l'écoute. Peut-être aussi que c'est parce qu'elle a connu « des convulsions sans fin » qu'elle « aspire à l'universel »[245]. Jean Giraudoux disait que « la destinée de la France est d'être l'embêteuse du monde. Elle a été créée pour déjouer dans le monde le complot des rôles établis, des systèmes éternels. Elle est la justice, mais dans la mesure où la justice consiste à empêcher d'avoir raison ceux qui ont

244 Cf. *Dictionnaire amoureux du Général*, *op. cit.*

245 Cf. *Les grandes décisions de l'histoire de France*, sous la direction de Patrice Gueniffey & François-Guillaume Lorrain, Ed. Le Point-Perrin, 2018.

raison trop longtemps »[246]. Ce fait est la principale caractéristique du pays.

La France bénéficie d'une géographie généreuse et a derrière elle une longue histoire particulièrement captivante, pour ne pas dire incroyable. Toutes deux expliquent en quoi l'unité nationale et la souveraineté nationale constituent les deux invariants stratégiques français.

Abrégé de géographie et de géopolitique française

La France ressemble à un hexagone et c'est souvent le nom qu'on lui attribue. En Europe, elle est le pays le plus vaste (552 000 km²), mais aussi le plus peuplé (67 millions de Français en 2020, en comptant les outre-mer) après l'Allemagne réunifiée ; sa natalité a souvent été l'une des plus fortes en Europe, même si elle baisse depuis cinq ans. Elle présente la façade maritime européenne la plus longue après la Norvège (3 500 km de côtes françaises métropolitaines mais 19 200 km en comptant l'outre-mer, soit la 9e place mondiale, avant le Royaume-Uni). Dans le monde, avec ses 10,2 millions de km², elle dispose de la 2e plus grande zone économique exclusive (maritime) juste derrière les États-Unis mais son plateau continental est le plus important au monde[247]. La France est donc *a priori* une puissance maritime mais son histoire maritime est loin d'être aussi glorieuse que celle du Royaume-Uni, au même titre que ses capacités maritimes sont loin d'être en adéquation avec ses prétentions ; toutefois, elle ne s'est jamais désintéressée des choses de la mer. À la 3e place

---

246 Cf. *L'impromptu de Paris*, Jean Giraudoux, Ed. Grasset, 1937.

247 Cf. l'article « La France possède le 2e domaine maritime et le 1er domaine sous-maritime au monde ! », Jean Caupin, 21 octobre 2015 (https://www.inter-invest.fr/actualites/dom-tom/00050/la-france-possede-le-plus-grand-domaine-sous-maritime-au-monde).

mondiale en matière de réseau diplomatique, la France est 5e en termes de puissance militaire[248], 6e en matière de PIB derrière le Royaume-Uni et devant l'Inde[249], et 10e dans le classement des pays les plus innovants au monde[250]. Elle est l'un des cinq États disposant du droit de veto au Conseil de sécurité des Nations unies. Aussi, la langue française est la 6e langue la plus parlée dans le monde (280 millions de locuteurs)[251]. Enfin, si l'on en croit une étude du Centre de diplomatie de l'Université de Californie et du cabinet de conseil Portland, elle se place en tête des pays les plus influents au monde avec ses cent soixante-trois ambassades et ses seize représentations permanentes pour faire entendre sa voix dans les instances multilatérales[252]. Tout ceci fait de la France une puissance mondiale digne de ce nom qui a voix au chapitre sur la scène internationale et ne s'en prive pas. Et pourtant, sa superficie ne représente que 0,37 % des terres émergées et sa population 0,87 % de celle de la planète, c'est dire la disproportion entre ce que la France est et ce qu'elle représente.

---

[248] Cf. l'article « Classement des États du monde par puissance militaire », Atlasocio, avril 2019 (https://atlasocio.com/classements/defense/puissance-militaire/classement-etats-par-puissance-militaire-monde.php).

[249] Classement par produit intérieur brut (PIB) établi en 2018 par le Fonds monétaire international et la Banque mondiale.

[250] Selon l'indice du groupe américain Bloomberg (cf. l'article « Germany Breaks Korea's Six-Year Streak as Most Innovative Nation », Michelle Jamrisko et Wei Lu, 18 janvier 2020 sur https://www.bloomberg.com/news/articles/2020-01-18/germany-breaks-korea-s-six-year-streak-as-most-innovative-nation).

[251] Cf. « Liste de langues par nombre total de locuteurs », Wikipédia (https://fr.wikipedia.org/wiki/Liste_de_langues_par_nombre_total_de_locuteurs).

[252] Cf. l'article « La France rayonne et prend la tête des pays influents », LCI, juillet 2017 (https://www.lci.fr/international/la-france-de-macron-devient-le-pays-le-plus-influent-au-monde-en-matiere-de-soft-power-2058951.html).

La France est une démocratie et une république parlementaire de type semi-présidentiel. Élu par le peuple, le président de la République dispose de pouvoirs étendus donnés par la Constitution du 4 octobre 1958, notamment en matière de relations internationales et de défense nationale. Le Gouvernement dirigé par le Premier ministre est responsable devant le Parlement constitué d'une Assemblée nationale et d'un Sénat. La séparation des pouvoirs entre l'exécutif, le législatif et le judiciaire est effective et très contrôlée par des médias particulièrement pointilleux sur leur pleine et entière liberté d'expression.

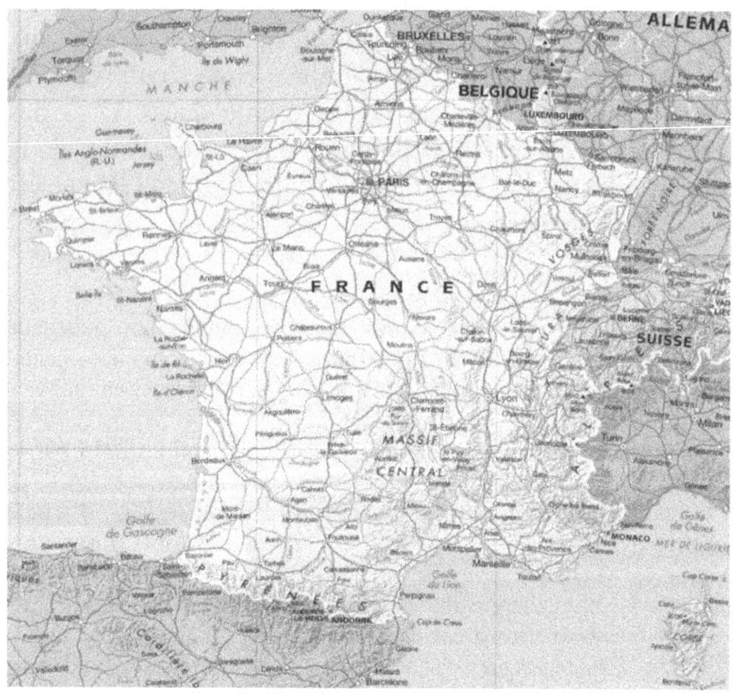

Le général de Gaulle aurait pu faire une conférence de dix heures sur la géographie française et sur l'histoire de

France sans recourir à une seule note manuscrite et sans faire d'erreur sur aucun lieu ou aucune date, tant il avait une connaissance parfaite de sa patrie, bien plus qu'une « certaine idée de la France » – c'est d'ailleurs par cette humble phrase qu'il débute ses *Mémoires de guerre*[253]. Au-delà de la destinée française, il avait compris celle de l'Europe et aurait vraisemblablement aimé rencontrer l'académicien Louis de Carné qui, connaissant également les tenants et les aboutissants de la création de la nation française et du fonctionnement de l'âme française, disait en 1847 : « Il suffit de mettre en regard de ces créations artificielles de la force et de la politique cette individualité française au sein de laquelle la vie circule incessamment du centre aux extrémités, pour faire comprendre son ascendant moral sur l'Europe dont elle est l'âme. La formation de cette grande unité nationale, le travail des hommes convergeant vers le même but que celui des siècles, pour commencer par les mains de Louis-le-Gros l'œuvre qui s'achève sous Louis XIV, sans qu'aucune vicissitude n'ait jamais détourné la France du but assigné à ses efforts et à sa fortune, c'est là un des plus imposants spectacles qu'ait présentés l'histoire »[254]. C'est indiquer que l'unité nationale et son corollaire, la centralisation, ont constitué une constante de la construction du pays – le général de Gaulle parlait « d'effort multiséculaire de centralisation qui lui fut longtemps nécessaire pour réaliser son unité »[255] – et montrer que la destinée française n'a jamais été réellement séparée de celle de l'Europe.

---

[253] Cf. *Mémoires de guerre – L'appel*, *op. cit.*

[254] Cf. « La Constitution de l'unité nationale en France », *op. cit.*

[255] Cf. *Discours et messages – Vers le terme (1966-1969)*, Charles de Gaulle, 1970.

Abrégé d'histoire de France

L'histoire de France se raconte au rythme des innombrables convulsions qui ont façonné le pays, sa culture, la mentalité de sa population et la force de son État. Pour Georges Minois, « l'identité nationale se bâtit sur des mythes, qui s'avèrent beaucoup plus flatteurs et ancrés dans l'imaginaire collectif que dans la sévère réalité, souvent peu glorieuse »[256]. Cette assertion, en introduction du chapitre de son ouvrage consacré à Charlemagne, s'applique tout à fait à la France, avec un bémol cependant car les mythes français sont trop nombreux pour ne constituer qu'une galerie de tableaux. En effet, ils se tiennent tous.

Comme nous l'avons vu dans le chapitre consacré à l'Allemagne, la France en tant que telle est née de l'invasion de son territoire par des tribus de Germains venant de l'Est, poussés par les Huns et chassant les Celtes qui la peuplaient auparavant, puis s'est petit à petit constituée à partir du royaume de Francie occidentale, née en 843 après le Traité de Verdun. Toutefois, il est nécessaire de revenir sur ces Celtes établis avant l'arrivée des Germains.

Ils viennent d'Europe centrale, notamment de Bohême et de Moravie, colonisent mille ans avant Jésus-Christ ce qui deviendra la Gaule et poussent jusqu'en Italie au VIe siècle avant JC, le Sénon Brennus prenant Rome en 390 avant JC – c'est d'ailleurs à cette époque que De Gaulle fait débuter l'histoire de France : « Nos pères entrèrent dans l'histoire avec le glaive de Brennus »[257]. Constitués de plusieurs peuplades indo-européennes : Allobroges, Ambiens, Armoricains, Arvernes, Bellovaques, Bituriges, Carnutes, Éduens, Helvètes, Lingons, Ménapiens,

[256] Cf. *Les grandes décisions de l'histoire de France, op. cit.*
[257] Cf. *La France et son armée, op. cit.*

Nerviens, Parisiens, Sénons, Séquanes[258]…, ils sont regroupés sous le vocable de Gaulois. L'historien Ferdinand Lot indique que « si donc nous voulons représenter les Gaulois tels qu'ils étaient au temps où César va les soumettre à Rome, regardons autour de nous nos compatriotes et regardons-nous dans une glace »[259]. Cette diversité des peuples celtiques d'antan préfigure celle existant encore aujourd'hui en France et fait de l'unité nationale une tâche qui sera et demeurera toujours très ardue pour les dirigeants du pays. De même, la partition du peuple gaulois en trois castes (druides, guerriers, cultivateurs) prédit celle des États généraux (membres du clergé, aristocrates, bourgeois/artisans/paysans contribuables du Tiers-État) et encore d'une certaine manière la répartition actuelle (Église, État, population créatrice de valeur). S'agissant de l'unité du pays, on ouvrira une parenthèse pour indiquer que c'est la principale tâche que s'était attribuée le général de Gaulle quand il a tenu les rênes du pouvoir ; lors d'une conversation de novembre 1943 avec le Britannique Harold Macmillan, ministre résident auprès du quartier général en Afrique du Nord, il avait expliqué que, s'agissant de la Seconde Guerre mondiale, « replacé dans son contexte historique, ce conflit était insignifiant » et que « son devoir était de créer une unité nationale suffisante pour permettre de trouver des solutions aux problèmes économiques et sociaux de la France, sans tomber dans le désordre d'un côté, ni dans des

---

258 Cf. Wikipédia https://fr.wikipedia.org/wiki/Liste_des_peuples_gaulois_et_aquitains.

259 Cf. *La Gaule - Les fondements ethniques, sociaux et politiques de la nation française*, Ferdinand Lot, Ed. Fayard, 1947 (accessible sur le site http://classiques.uqac.ca/classiques/lot_ferdinand/la_gaule/Ferdinand_Lot_LaGaule.pdf). Anne Bernet ajoute que la langue gauloise suivant le rythme sujet-verbe-complément a réussi à vaincre celui du latin et à perdurer jusqu'à aujourd'hui (cf. *Clovis et le baptême de la France*, *op.cit.*).

politiques extrémistes de l'autre »[260]. C'est en regardant haut qu'on voit loin.

L'invasion romaine débute au IIe siècle avant JC mais s'arrête sur une ligne Bordeaux-Genève. La Gaule est alors divisée en trois régions : le Nord de la Seine et le Nord-Est sont aux mains des Belges ; le centre jusqu'au Massif central est celte et le Sud est romain (Languedoc, Provence, Lyonnais). La civilisation gauloise se développe, se militarise et s'enrichit au cours des siècles jusqu'à une nouvelle invasion romaine, suscitée par la demande d'aide émise par un peuple gaulois (les Éduens) vers 60 avant JC, craignant les peuplades germaines menaçantes qui traversent régulièrement le *Rhin*. Toutefois, le désir d'indépendance de la majorité des Gaulois conduit à s'opposer à l'opportunité offerte à Rome de conquérir toute la Gaule. Adepte de l'unité nationale, le chef arverne Vercingétorix coalise alors les Gaulois contre César mais perd la guerre à Alésia en 52 avant notre ère. Le pays est alors réorganisé en quatre provinces dont la capitale centrale est Lyon – d'où le fait que l'archevêque de Lyon est également « primat des Gaules ». La Gaule connaît alors une réelle prospérité, un développement économique et culturel important, une expansion du christianisme et une urbanisation accélérée sous une administration romaine souple et respectueuse des coutumes locales qui transforme les Gaulois en Gallo-romains. Le tout modifie de manière significative le mode de vie des Gaulois qui sont si nombreux (7 millions environ) que l'empereur Claude en laisse entrer au Sénat à Rome[261]. La *pax romana* pacifie la Gaule pendant deux siècles, jusqu'à ce que les tribus barbares germaniques païennes envahissent le pays, en particulier les Francs et les Alamans qui s'installent

---

[260] Cf. *De Gaulle – Une certaine idée de la France*, *op.cit.*

[261] Sources : https://www.herodote.net/La_Gaule_et_les_Gaulois_avant_Cesar-synthese-426.php et https://fr.wikipedia.org/wiki/Histoire_de_France.

définitivement au IIIe siècle de notre ère. Aux guerres entre Germains et Gallo-romains succède une période de paix qui va jusqu'à l'enrôlement de guerriers francs dans l'armée romaine et une alliance – notamment avec Mérovée[262] – pour repousser les Huns en 451 lors de la célèbre bataille des Champs catalauniques, près de Troyes.

Les quatre siècles de période mérovingienne (V^e au IXe siècle) sont déterminants pour l'avenir du pays car ce sont les rois mérovingiens qui instituent la monarchie héréditaire, agissent pour que les deux branches des Francs, les Saliens du Nord et les Rhénans de l'Est (les Ripuaires), s'allient sous l'autorité du roi salien Clovis 1er (466-511), et ce sont eux qui repoussent les assauts des Alamans, des Burgondes et des Wisigoths et étendent le territoire vers la Gaule de l'Ouest et du Sud.

Un événement essentiel et fondateur dans la construction du pays se déroule lors de la bataille de Tolbiac, en novembre 496, entre Alamans et Francs : la défaite se dessinant pour le Franc Clovis, celui-ci promet de se faire baptiser sous la foi catholique de son épouse Clothilde s'il parvient à la victoire, ce qui advient. La conversion de Clovis et de plusieurs milliers de ses guerriers permet de rallier les Celtes catholiques armoricains et est le point de départ d'une France dirigée jusqu'en 1789 par des rois catholiques qui se font couronner à la cathédrale de Reims en jurant de protéger l'Église, de gouverner dans la paix et la justice et de ne pas aliéner le domaine royal, et assoient leur légitimité monarchique sur le « droit divin ». Le couronnement constitue l'acte d'alliance du trône et de l'autel et permet à la future Sainte Geneviève d'ouvrir les portes de Lutèce au

---

262 Mérovée (412-457) est le fils du Sicambre et premier roi salien Clodion (dit « le Chevelu », 390-450) et grand-père de Clovis 1er. Il s'allie au Romain Aetius, maître de la milice en Gaule et ami d'enfance d'Attila, pour battre les Huns.

roi converti, débutant le roman en deux tomes selon lequel Paris vaut bien une messe – Henri IV écrira le second. Clovis devient alors « l'unificateur des Gaules et le libérateur des catholiques opprimés »[263].

Clovis reconduit la tradition franque en divisant son royaume au profit de ses fils : Neustrie autour de Soissons, Austrasie autour de Metz et Aquitaine autour de Bordeaux. La Burgondie (future Bourgogne) de Gondebaud, converti lui-aussi au catholicisme, s'y ajoute plus tard. Les rois mérovingiens reconduisent l'institution nobiliaire romaine en créant l'aristocratie franque par la distribution de terres et la prise de responsabilités dans des fonctions publiques. Ils créent ainsi un lien fort entre noblesse et service de l'État. Celle-ci prend de plus en plus d'importance et initie les dissensions entre pouvoir royal et barons qui seront plus tard à l'origine de sécessions, de rébellions et de ralliements au parti anglais.

Le roi franc Childéric III (714-755) est déposé par Pépin III (dit « le Bref », 714-768) en 751. Ce dernier n'est pas de sang royal mais noble, en tant que fils de Charles Martel (688-741) qui avait stoppé l'avancée musulmane à Poitiers en 732 et commencé à réunifier la Francie comme duc des Francs et Maire du palais (sorte de Premier ministre). Comme Clovis, Pépin divise son royaume entre ses fils Carloman et Charlemagne mais le décès du premier bénéficie au second qui agrandit considérablement les possessions franques qui englobent désormais la Gaule et la Germanie, et est couronné empereur en l'an 800 par le Pape à la basilique Saint-Pierre de Rome. La dynastie carolingienne est née.

---

[263] Cf. *Clovis et le baptême de la France*, *op.cit.*

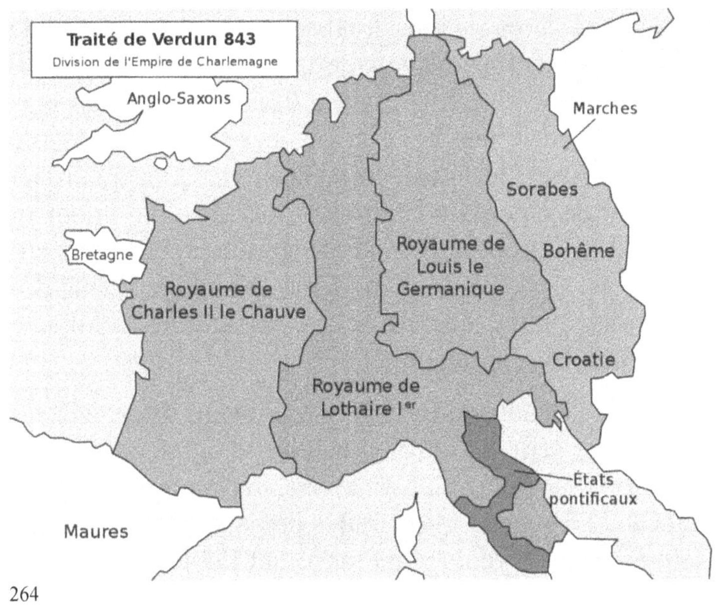

264

À la suite du règne de Louis 1er (dit « le Pieux », 778-840), fils de Charlemagne, nous voilà revenu au Traité de Verdun de 843 par lequel l'empire est divisé en trois royaumes ; en particulier, la Gaule devient « Francie occidentale » et est confiée à Charles II (dit « le Chauve », 823-877). Ce Traité est l'acte fondateur de la France… et un peu de l'Allemagne aussi : en effet, les copistes médiévaux ont exalté dans la vie de Charlemagne, côté français, le titre de roi des Francs alors que côté germain, il fut le *Kaiser*, c'est-à-dire l'empereur (césar) du futur Saint-Empire romain germanique. « C'est donc logiquement dans l'identité allemande que le couronnement de 800 occupe la plus grande place »[265] alors que l'on voit en France

[264] Source Nicolas Ray – original image converted by Christoph S., Wolpertinger, CC BY-SA 3.0 (https://commons.wikimedia.org/w/index.php?curid=3900443).

[265] Cf. *Les grandes décisions de l'histoire de France*, *op. cit.*, chapitre « Le couronnement de Charlemagne » de Georges Minois.

Charlemagne comme le fondateur de la monarchie française. Et Georges Minois de considérer qu'en réalité, « le couronnement de 800 est une décision beaucoup plus constitutive de l'identité européenne que de l'identité française »[266], et de citer des poèmes et écrits qualifiant l'empereur de « père de l'Europe », « maître du monde et sommet de l'Europe ». Le point de convergence franco-allemand est donc double : la même origine germaine des tribus constitutives des deux nations et une commune consécration carolingienne.

Après le découpage de 843 s'en suivent douze siècles d'une longue série de remaniements et d'agrandissements, de renoncements et d'obstinations, de sacrifices et de conquêtes, de guerres et de traités de paix. C'est ainsi que le tout nouveau royaume de France fait l'objet d'invasions (Vikings, Sarrasins) et de révoltes internes qui conduisent à une montée du pouvoir des seigneurs et à un affaiblissement du pouvoir royal, la conséquence étant que le titre de roi devient électif. Le premier roi élu est Odon (852-898) et son descendant, Hugues Capet (940-996), duc des Francs et seigneur de Paris, préféré au candidat des princes germaniques (Charles de Lorraine), est élu roi en 987.

Cet autre tournant, nonobstant le fait qu'Hugues Capet choisit le français au détriment de la langue germanique, confirme que la Francie occidentale s'appelle désormais la France. Pour Anne Bernet, c'est arrivé plus tôt : ce titre, « quoique les Francs n'aient été, dans la masse de la population gauloise, qu'un nombre infinitésimal absorbé depuis longtemps dans le peuple d'origine, la Gaule au IXe siècle troqua son ancien nom pour le leur. C'était une manière élégante de saluer la part prise par Clovis à la reconstruction du pays et à son indépendance »[267]. Hugues

---

[266] *Ibid.*

[267] Cf. *Clovis et le baptême de la France*, *op. cit.*

Capet rétablit la monarchie héréditaire et crée la dynastie des Capétiens qui règnera jusqu'en 1848, avec une parenthèse de vingt-six ans couvrant la période révolutionnaire et le Ier Empire. Partant de peu puisque leurs possessions propres sont bien moins vastes que celles de leurs vassaux, les Capétiens n'auront de cesse d'agrandir le domaine royal et d'y affirmer leur autorité : c'est le fil directeur de la construction du royaume de France, puis de l'affirmation de l'autorité de l'État sous les deux Empires et les cinq Républiques qui suivront.

Le royaume se constitue alors petit à petit. Le domaine royal, c'est-à-dire les territoires appartenant directement à la couronne de France, est très restreint mais les fiefs des grands barons sont très étendus. Toutefois, ces seigneurs ont beau relever de la suzeraineté du roi, ils lui échappent totalement et agissent à leur guise, menaçant parfois le roi quand leurs intérêts sont en jeu. Chaque souverain apporte donc sa pierre à l'édifice de la construction nationale et c'est la raison pour laquelle il est tout-à-fait légitime d'affirmer que les rois ont fait la France : Ernest Renan disait à ce sujet que « le roi de France (…) a fait la plus parfaite unité nationale qu'il y ait »[268]. Louis VI (dit « le Gros », 1081-1137), « premier personnage qui ait nettement dessiné la politique de la France (…), fait la guerre à la féodalité au nom d'un droit supérieur à celui des barons féodaux ; il oppose l'action générale de la royauté aux tyrannies locales qu'il se donne la mission de contenir et de renverser, (…) ne guerroie qu'en son nom et n'agit que pour elle »[269]. Louis VI s'impose notamment comme juge suprême pour arbitrer les différends seigneuriaux et incorpore nombre de terres au domaine royal.

---

[268] Cf. la conférence d'Ernest Renan, *op. cit.*

[269] Cf. « La Constitution de l'unité nationale en France », *op. cit.*

Son petit-fils, Philippe II (dit « Philippe-Auguste », 1165-1223), accroît le pouvoir royal, réduit considérablement les prétentions de la dynastie anglaise Plantagenêt sur le continent (première Guerre de Cent ans de 1159 à 1259), issues des possessions du comte d'Anjou et du Maine et duc de Normandie Geoffroy V, et agrandit encore les territoires de la couronne par voie de succession ou de conquête. Selon le professeur d'histoire contemporaine Christian Amalvi, « il a favorisé l'émancipation du Tiers-État. (...) En fondant l'Université de Paris, il a contribué au rayonnement intellectuel de la France en Europe »[270].

Louis IX (1214-1270) – canonisé en 1297, il devient Saint Louis – crée une monnaie commune au royaume, institue le droit d'y légiférer, centralise et bureaucratise le pouvoir, organise la justice royale et l'utilise habilement comme instrument de pouvoir pour étendre significativement l'influence de la couronne. Il dompte de nouveau les revendications des vassaux et consolide les conquêtes territoriales du domaine royal. La France devient de plus en plus terre de droit, de justice et de liberté, et se présente subséquemment comme un modèle en Europe.

Philippe IV (dit « le Bel », 1268-1314) tourne la page du Moyen-Âge, centralise encore davantage l'administration royale, organise les parlements provinciaux et améliore les finances du royaume. « Profondément attaché à la suprématie du pouvoir royal sur tout autre pouvoir, au premier chef celui de l'Église »[271], il prend également ses distances avec la papauté tout en consolidant l'autorité de l'État, en brûlant les chefs de l'ordre du Temple – créé en

---

[270] Cf. *Les héros des Français – Controverses autour de la mémoire nationale*, Christian Amalvi, Bibliothèque historique Larousse, 2011.

[271] *Les grandes décisions de l'histoire de France*, *op. cit.*, chapitre « L'arrestation des Templiers » de Sylvain Gouguenheim.

1129, il était devenu une sorte d'État dans l'État – en 1310 et en faisant main basse sur leurs biens. Philippe le Bel reconnaît le rôle de la bourgeoisie en l'associant aux affaires du pays par la création des États généraux qu'il réunit en 1302 et où il fédère pour la première fois les représentants laïcs du peuple français autour d'un sentiment national.

Jean II (dit « le Bon », 1319-1364) stabilise la monnaie en créant le franc. Charles V (dit « le Sage », 1338-1380) reprend les possessions françaises perdues lors de guerres incessantes avec les Anglais (début de la seconde Guerre de Cent ans) et les Flamands, crée l'État de droit, instaure les apanages, dote le pays d'une armée permanente sous la forme de « compagnies d'ordonnance » et, chose éminemment remarquable, consolide le sentiment de nation française au sein de la population face à ce qu'il appelle « l'envahisseur anglais ». À ce stade, la France est désormais une entité compacte avec à sa tête un roi concentrant de plus en plus de pouvoirs à Paris.

Au milieu de la seconde Guerre de Cent ans (1337-1453), la pérennité du royaume est fortement remise en cause par le Traité de Troyes de 1420 qui oblige Charles VI (dit « le Fou », 1368-1422) de céder à sa mort la couronne de France à Henri V d'Angleterre, allié au duc de Bourgogne et victorieux à la bataille d'Azincourt (1415). Toutefois, parce que Charles VI est soupçonné de démence, les seigneurs français rejettent le Traité et son fils Charles VII (1403-1461) est proclamé roi de France. Dès lors, après l'assassinat du duc Louis d'Orléans en 1407 commandité par Jean 1er de Bourgogne (dit « Jean sans Peur »), l'autorité royale est battue en brèche par la lutte féroce entre parti armagnac (celui de Charles VII) et parti bourguignon allié aux Anglais. Il faut l'intervention de Jeanne d'Arc, pour lever le siège d'Orléans et faire sacrer Charles VII à Reims, avant d'être capturée puis brûlée vive à Rouen, capitale du duché anglais de Normandie, en 1431. Jeanne est un véritable mythe entré dans la légende française avant sa canonisation en 1920 – elle a entendu des voix de saints lui indiquant qu'elle doit délivrer la France de l'occupation anglaise. Elle est, selon De Gaulle, celle qui a provoqué « l'éveil du patriotisme » national et renforcé le sentiment national. Charles VII fait la paix avec les Bourguignons en 1435 (Traité d'Arras) et chasse les Anglais de France en 1453.

À cette époque, le royaume de France se situe au Sud d'une ligne Nantes-Grenoble, hormis le duché de Guyenne (Bordelais et Gascogne) appartenant au roi d'Angleterre, le reste du territoire, en incluant la Flandre, étant sous autorité bourguignonne. La « réunification » se fait sous le règne de Louis XI (1423-1483), fils de Charles VII, après le décès de Charles de Bourgogne (dit « le Téméraire », 1433-1477). Louis XI rétablit l'autorité royale, l'affermit en rattachant la Bourgogne (1482) et la Bretagne (1491) au royaume, et renforce encore la centralisation du pouvoir à Paris. La France de cette époque ressemble déjà beaucoup à l'actuelle, en lui ôtant *grosso modo* la Savoie, l'Alsace et la Lorraine. La royauté française continue à partager son destin avec celui de l'Église en général et de la papauté en particulier ; c'est ce qui explique pourquoi les rois de France se déclarent « fils aînés de l'Église » à partir du XVe siècle et que la France est appelée « *christianissimum regnum* » (royaume christianissime[272]) au XVIe et enfin « fille aînée de

[272] Le Concordat de Bologne, signé entre François 1er et le Pape Léon X le 18 août 1516, a pour titre *Concordata inter sanctissimum dominum nostrum Papam Leonem decimum et sedem apostolicam, ac christianissimum dominum nostrum regem Franciscum huius nominis primum, et regnum aedita cum interpretationibus.*

l'Église » au XIXe[273], formule reprise par le Pape Saint Jean-Paul II au XXe.

Le XVIe siècle est connu pour être le siècle de la Renaissance architecturale, intellectuelle et artistique. Il est aussi celui de multiples guerres intérieures et extérieures au royaume.

À l'intérieur, elles permettent l'emprise définitive du roi sur les seigneurs grâce aux charges confiées par l'autorité royale. La décision la plus significative, prise par François 1er, réside dans l'ordonnance de Villers-Cotterêts en 1539, qui institue le français comme langue administrative.

À l'extérieur, les guerres d'Italie rythment le règne de François Ier (1494-1547) et de son fils Henri II (1519-1559) qui s'opposent au roi d'Espagne Charles Quint pour la succession d'Autriche et de Flandre. Fait prisonnier à Pavie en 1525, François Ier perd la Bourgogne par le Traité de Madrid (1525) – celui-ci est aussitôt rejeté par le Parlement de Paris – puis la Flandre et l'Artois en 1529. Pour Louis de Carné, « l'unité territoriale de la monarchie (…), la concentration de tous les pouvoirs politiques aux mains de son roi, permirent seules à la France de supporter sans péril la pression exercée sur elle par Charles-Quint (…). Si François Ier put résister à Charles d'Autriche, s'il fut même donné à son successeur de l'emporter sur Philippe II, ce fut uniquement parce que ces princes eurent la pleine disponibilité de toutes les ressources de la monarchie »[274]. L'unité royale devient donc synonyme de puissance et cela, aucun souverain, empereur ou Président ne l'oubliera par la suite. La paix avec l'Espagne est néanmoins signée par

---

[273] « C'est la papauté, à qui il a plu, par justice, d'appeler nos rois les fils aînés de l'Église. (…) La papauté a dit à la France : Tu es ma fille aînée » (cf. le discours sur la vocation de la nation française du père Henri-Dominique Lacordaire à la Cathédrale de Paris, 14 février 1841).

[274] Cf. « La Constitution de l'unité nationale en France », *op. cit.*

Henri II à Cateau-Cambresis en 1559 et la Bourgogne redevient française.

La naissance de la Réforme protestante en 1517, initiée par Luther et reprise par Calvin, fait entrer en 1562 la France dans un cycle de guerres de religion féroces – le massacre de la Saint-Barthélemy du 24 août 1572 à Paris en constitue l'épisode le plus odieux – entre Catholiques et Protestants, période qui se clôt en 1598 par l'Édit de Nantes promulgué par Henri IV (1553-1610), premier Bourbon accédant au pouvoir après deux siècles et demi de règne de la branche Valois. Henri IV, aidé de conseillers éclairés comme Sully, réussit à éviter la partition du pays et renforce son unité ; il embellit Paris, relance l'agriculture – « labourage et pâturage sont les deux mamelles dont la France est alimentée » – et redresse l'économie du royaume.

Le XVIIe siècle est souvent appelé le Grand siècle car c'est celui de la toute-puissance française en Europe dans tous les domaines. Le fils d'Henri IV, Louis XIII (1601-1643), soutenu par le cardinal de Richelieu qui gouverne en réalité en son nom, réduit encore l'influence des grands seigneurs, organise les délégations du pouvoir royal dans les provinces tout en centralisant davantage le pouvoir à Paris, cherche à établir le pays dans ses frontières naturelles et augmente nettement la puissance militaire du royaume. Richelieu a fondé l'État moderne et des historiens font un parallèle entre lui et le général de Gaulle, en ce qu'ils étaient tous deux désintéressés, éloignés de toute idéologie, redevables de personne et conscients du rôle supérieur de l'État dans la direction des affaires françaises. Pour Michel Debré, « Richelieu et De Gaulle ont tous deux reconstitué l'État, ont ainsi rendu aux Français confiance en la France en même temps qu'ils imposaient son respect au monde entier »[275]. Pour Denis Tillinac, « l'un et l'autre n'en finiront pas de sidérer les imaginaires – et la cohorte de leurs ennemis, qui furent tous les ennemis de l'État, tient son rôle en creux dans cette fascination »[276].

Louis XIV (dit « le Roi-Soleil », 1638-1715) met en place la monarchie absolue – « l'État, c'est moi » – et hausse la France à un niveau artistique, culturel, économique et militaire jamais atteint en Europe. Très craint mais aussi très admiré, il ôte tout pouvoir politique à la noblesse et à l'Église en les écartant notamment du « Conseil d'en haut », élève les membres de la bourgeoisie aux plus hautes charges dont le célèbre Colbert est l'exemple le plus significatif – ce dernier est l'artisan, pour ne pas dire l'instigateur de l'interventionnisme de l'État dans les affaires économiques et sociales du pays, d'où le concept de « colbertisme ». Louis XIV réduit le pouvoir des Parlements, distribue les charges (offices) à des officiers révocables, réorganise l'armée et mène cinq guerres extérieures longues et coûteuses, en particulier contre les Habsbourg. Il agrandit enfin le royaume de l'Alsace, de l'Artois, de la Franche-Comté, du Roussillon et de la Sarre (aujourd'hui allemande). Pour interdire *de facto* les religions autres que le catholicisme, il révoque l'Édit de Nantes le 18 octobre 1685 et se prive dès lors des richesses et des compétences des adeptes de la religion réformée à qui il reproche une trop grande proximité avec l'Angleterre et qui quittent malheureusement le royaume par dizaines de milliers avec leur fortune et leur capacité d'entreprendre. Néanmoins, De Gaulle dit du Roi-Soleil que « c'est par ses méthodes de gouvernement qu'il a jeté les bases de la France moderne. C'est ainsi qu'il lui a assuré le respect de

---

[275] Cf. le discours de réception de Michel Debré à l'Académie française du 19 janvier 1989, accessible sur http://www.academie-francaise.fr/discours-de-reception-de-michel-debre.

[276] Cf. *Dictionnaire amoureux du Général*, *op. cit.*

l'étranger, une forte structure interne, la grandeur »[277]. Avec Louis XIV et De Gaulle, il ne manque plus que Napoléon Ier dans l'ordre des grandeurs françaises.

Son successeur est son arrière-petit-fils : Louis XV (dit « le Bien-aimé », 1710-1774) n'a pas du tout les mêmes aptitudes que son aïeul et son caractère faible et indécis affaiblit significativement l'influence française sur le continent, bien qu'il parvienne encore à étendre les limites du royaume en annexant la Corse et la Lorraine. Son successeur est son petit-fils, Louis XVI (1754-1793) : homme de peu de caractère, incapable de répondre aux graves difficultés budgétaires du pays et de réformer la monarchie et le pays, mal conseillé et sensible à l'influence néfaste de son entourage, il ne distingue pas les profonds changements qui affectent la société française du siècle des Lumières – ce mouvement littéraire et intellectuel permet au peuple d'accéder à la connaissance et donc à la critique du système en place, perclus de privilèges et de pouvoirs abusifs, au bénéfice de la noblesse courtisane et de l'Église figée. Louis XVI est balayé par la Révolution qui débute en 1789 et c'en est fini de l'Ancien Régime et d'un certain *imperium* de l'Église catholique sur les mœurs par le biais de la constitution civile du clergé, première brique de la séparation de l'Église et de l'État qui sera effective par la loi du même nom en 1905. Toutefois, il ne faut pas être ingrat car « jamais princes n'ont aussi efficacement servi une nation et n'ont aussi nettement deviné son avenir. Les rois ont pétri la France comme l'abeille pétrit son miel ; le temps a fait le reste ; chaque génération, dans son passage, a laissé tomber sa goutte d'eau pour la formation de ce

---

[277] Cf. *Les héros des Français – Controverses autour de la mémoire nationale*, *op.cit*, citant *Le Figaro* du 18 juin 1971.

cristal magnifique, qui défie les siècles parce qu'il est leur ouvrage »[278].

La Révolution française est un épisode effrayant mais il est fondateur de la France moderne. Consacrant le droit des peuples à disposer d'eux-mêmes et formalisant le concept de nation, la Révolution marque l'abolition de la féodalité et des privilèges qui y sont liés, la départementalisation du pays, l'avènement des droits de l'homme, l'admissibilité de tous les citoyens aux charges publiques, l'instauration du principe d'égalité, la liberté de la presse et le début du processus de démocratisation de l'Europe. Celle-ci s'inquiète des bouleversements français et craint un effet boule de neige. C'est le signal de départ d'une suite quasi ininterrompue de guerres entre la France et ses voisins, en particulier la Prusse et l'Autriche, jusqu'en juin 1815 à la chute de l'empereur Napoléon 1er.

Les révolutionnaires, en particulier les membres du Club des Jacobins – d'où le mot jacobinisme qui est aujourd'hui souvent utilisé pour appeler cette politique – parviennent à entériner le principe d'indivisibilité de la nation française, notamment de celui de nation en armes pour la sauver du retour des émigrés et des invasions étrangères. La recherche d'un régime stable passe par plusieurs essais, simultanés ou successifs, en matière de mode de gouvernement à adopter : démocratie directe (1789), monarchie constitutionnelle (1791-1792), démocratie parlementaire (1793-1795), république (1792-1804), gouvernement révolutionnaire (Convention, 1793), gouvernance collective autoritaire (Directoire, 1795-1799), triumvirat (Consulat, 1799-1804) pour s'arrêter à l'Empire (1804-1815). Les Français se cherchent et cherchent l'homme providentiel : c'est Napoléon Bonaparte (1769-1821), officier habile devenu général à vingt-quatre ans, qui parvient à émerger, prendre

---

278 Cf. « La Constitution de l'unité nationale en France », *op. cit.*

le pouvoir, soumettre l'Europe tout entière et imposer dans nombre de pays les nouvelles idées issues de la Révolution. Les guerres gagnées par les armées françaises, avant l'avènement de l'Empire, permettent d'agrandir le territoire par l'annexion de la Belgique et de la rive gauche du *Rhin*, soit l'équivalent de cinq départements supplémentaires, et de transformer l'Italie, les Provinces-Unies et la Suisse en républiques sœurs.

La centralisation du pouvoir s'accentue à Paris qui ne représente guère plus que « 1/83e de la France »[279] mais devient le centre du monde sous le Ier Empire. Cet état de fait n'est pas que la résultante des victoires militaires napoléoniennes qui s'enchaînent mais aussi celle des réformes en profondeur réalisées afin de moderniser le pays : sont créés le Sénat, le Conseil d'État, la Banque de France, la Cour des comptes, le Code civil, le Code pénal, la Légion d'honneur, les Chambres de commerce, le corps préfectoral, les lycées, le baccalauréat… La France rayonne comme elle ne l'a jamais fait, est un modèle d'organisation administrative et devient une référence en matière de bureaucratie territoriale que nombre de pays vont copier ou tout au moins adapter. Son armée est de très loin la plus nombreuse du monde et, à l'apogée de sa puissance en 1812, la France contrôle des territoires qui vont de Gibraltar à Moscou, comptant cent trente-cinq départements et couvrant 80 % de l'Europe continentale !

Napoléon instaure un blocus des ports européens visant à empêcher tout commerce avec le Royaume-Uni mais cette contrainte affaiblit aussi les pays qui y sont astreints et la Russie décide de ne plus s'y plier. Napoléon commet alors une erreur stratégique majeure en lançant en 1812 la campagne de Russie qui se termine dramatiquement pour la

---

[279] Selon une expression du géographe Hildebert Isnard (1904-1983 ; cf. *L'Espace géographique*, Ed. PUF, 1978).

Grande armée, décimée pendant son retour. De Gaulle dira à ce sujet, en janvier 1965, que « la décision funeste de Napoléon d'attaquer Alexandre 1er est la plus lourde erreur qu'il ait commise. (…), c'était contraire à nos intérêts, à nos traditions, à notre génie. C'est de la guerre entre Napoléon et les Russes que date notre décadence »[280]. En effet, l'alliance russe est aussi un invariant de la politique étrangère française auquel la fin de la Guerre froide, en 1991, aurait pu rendre une certaine actualité.

La chute de Napoléon en 1815 autorise la restauration du pouvoir royal au profit des deux frères de Louis XVI qui sont Louis XVIII (1755-1824) et Charles X (1757-1836), et de son cousin d'Orléans Louis-Philippe 1er (1773-1850) sous la forme d'une monarchie constitutionnelle ne revenant pas sur les principaux acquis sociétaux de la Révolution et de l'Empire. Toutefois, les membres de la 7e coalition anti napoléonienne, grâce à la défaite française de Waterloo le 18 juin 1815, retirent à la France la Sarre, le comté de Nice et la Savoie, ces deux derniers territoires revenant définitivement sous giron français en 1860. De moindre envergure cependant que celle de 1789, les deux révolutions de juillet 1830 (les « Trois glorieuses ») et de juin 1848 – cette dernière est « la première grande bataille entre les deux classes qui divisent la société moderne », selon Karl Marx qui conforte ainsi l'idée que la France a initié nombre de phénomènes dans le monde dont la question (et la fracture éponyme) sociale posée la première fois en 1848 – chassent les Bourbons et rétablissent la république.

La IIe République permet à Louis-Napoléon Bonaparte (1808-1873), neveu de Napoléon 1er, d'être confortablement élu président le 10 décembre 1848 puis de mener un coup d'État trois ans plus tard. La France renoue

---

280 Cf. *C'était de Gaulle* (tome 2), *op. cit.*

alors avec l'Empire. Napoléon III instaure un régime politique initialement autoritaire – il s'assouplit à partir de 1860 – mais économiquement libéral. Sous son pouvoir, la France s'industrialise, se transforme, s'enrichit et connaît des avancées sociales significatives (droit de grève). Il réaffirme la puissance française en Europe, se réconcilie avec le Royaume-Uni, permet notamment l'unité italienne contre l'Autriche. Tentant de faire de même en Allemagne, l'empereur français se heurte inévitablement à la Prusse à qui il fait la guerre et qu'il perd le 2 septembre 1870 à Sedan. Deux jours plus tard, la IIIe République est proclamée mais la capitale ne s'avoue pas vaincue, continue la guerre et s'insurge pendant plus de deux mois – c'est l'épisode de la Commune de Paris qui institue un régime prolétarien préfigurant les futurs régimes communistes en Russie et en centre-Europe – quand le Gouvernement signe l'armistice le 28 janvier 1871. La France perd l'Alsace et la Moselle – et non pas la Lorraine tout entière – pour quarante-sept longues années. S'en suit une période d'instabilité ministérielle où le régime parlementariste fait défait les gouvernements autant qu'il les rend impuissants, le nombre s'élevant à quatre-vingt-sept entre 1871 et 1940, soit un tous les neuf mois en moyenne. Ce régime d'assemblée semble hériter du pouvoir pris par la Convention, l'Assemblée législative, la Constituante, les États généraux et les Parlements d'antan, dans une volonté provinciale commune de contrer le despotisme et la concentration des pouvoirs dans les mains de l'exécutif, quitte à le paralyser. Tenace, l'histoire a de la suite dans les idées.

Le XXe siècle naissant montre un désir de revanche des Français contre la Prusse victorieuse en 1870, afin de recouvrer les deux provinces perdues, qui se conjugue à l'antisémitisme d'une partie de la population. L'affaire Dreyfus, du nom d'un capitaine israélite accusé à tort en octobre 1894 puis condamné pour avoir trahi son pays, vient durement remettre en cause l'unité nationale car elle coupe le pays en deux et ébranle la société tout entière – il sera heureusement réhabilité en juillet 1906. Néanmoins, l'industrialisation du pays se poursuit en même temps que la colonisation de l'Afrique ; celle-ci provoque des incidents avec le Royaume-Uni (crise de Fachoda en 1898) et avec l'Allemagne (coup de Tanger en 1905 et crise d'Agadir en 1911). Toutefois, le mouvement boulangiste indique la défiance d'une partie de la classe politique et du peuple vis-à-vis de la IIIe République à la fin des années 1880 : teinté de nationalisme et de populisme, il participe de l'éclosion du socialisme, diabolisé après la Commune de 1871.

La montée des impérialismes en Europe et la combinaison des alliances provoquent la Première Guerre mondiale entre la France, le Royaume-Uni et la Russie d'un côté, et l'Allemagne allié à l'Empire d'Autriche de l'autre, en août 1914. Envahie par le Nord-Est, la France résiste bien et le front se fige, la guerre s'enterre. Au printemps 1918, l'entrée en action du corps expéditionnaire américain[281], formé et équipé par la France, permet de soulager l'effort allié ; dès lors, Français et Britanniques l'emportent, l'Alsace et la Lorraine rejoignent le giron français mais le continent sort épuisé des quatre années que dure le conflit. Même si, selon Michel Goya, en 1918, l'armée française est alors la plus puissante du monde[282], la France a perdu une génération d'hommes. Par ailleurs, le *leadership* que détenait l'Europe sur le monde se met doucement à traverser l'océan Atlantique, même si les conséquences de la guerre pèsent moins sur le développement économique français qu'ailleurs en Europe. Malheureusement, la signature du Traité de Versailles, le

---

[281] En tout, l'*American Expeditionary Force* comptera 440 000 hommes

[282] Cf. *Les vainqueurs – Comment la France a gagné la Grande Guerre*, Michel Goya, Ed. Tallandier, 2018.

28 juin 1919, contient en son sein les germes d'une revanche cette fois-ci allemande contre le régime de sanctions considéré comme excessif par la nouvelle République allemande de Weimar.

L'importance prise par l'industrie américaine sur l'économie mondiale a des conséquences directes en Europe quand survient la crise de 1929. Si la France est moins touchée que le Royaume-Uni et l'Allemagne, la production industrielle chute en même temps que le chômage s'accroît. De son côté, l'Allemagne est effectivement très touchée et la forte poussée du nationalisme outre-*Rhin* n'inquiète pas suffisamment les divers gouvernements français qui continuent à se succéder à un rythme confondant. Ces derniers concentrent leurs efforts sur les problèmes sociaux et, épris de pacifisme, croient illusoirement à la paix en signant notamment les accords de Munich de 1938. La Seconde Guerre mondiale éclate en septembre 1939 quand Hitler envahit la Pologne, ce qui entraîne, encore par le jeu des alliances, l'entrée en guerre du Royaume-Uni et de la France. En trois semaines, en mai et juin 1940, l'armée française est balayée par le tandem chars autonomes de la Wehrmacht / avions d'appui de la Luftwaffe, l'armistice est signé le 22 juin et la moitié de la France connaît l'occupation nazie pendant quatre ans. Refusant la défaite, constatant que ses avertissements pourtant publiés dans plusieurs ouvrages avant-guerre ont été pris en compte bien trop tard, le général (à titre temporaire) de Gaulle, nommé sous-secrétaire d'État à la guerre du dernier gouvernement Raynaud, s'est auparavant envolé vers Londres le 17 juin.

Le régime de Vichy du maréchal Pétain– il se nomme « État français » et non pas « République française » car ce n'en est pas une – s'installe alors dans la collaboration avec les anciens ennemis et se déshonore en promulguant des lois anti-juives entre octobre 1940 et mai 1942. Vichy s'inscrit dans une logique de punition du peuple français qui est seul responsable du malheur national alors que c'est l'impéritie de l'élite politique et militaire contre qui cette accusation doit être portée. *A contrario*, le fondateur de la France libre inscrit son action dans une logique d'encouragement, selon laquelle il existe dans le peuple français (et ses alliés) l'énergie pour relever le pays. Malheureusement, celui-ci doit payer le prix fort et souffre considérablement des privations pendant l'Occupation. Par l'acte d'insoumission que constitue l'Appel du 18 juin 1940, le général de Gaulle bénéficie d'une légitimité qui permet le ralliement de nombre de territoires coloniaux en Afrique et l'organisation de la Résistance contre l'occupant. Le chef de la France libre parvient – très difficilement, à cause de l'intransigeance du Président américain Roosevelt mais grâce au soutien du Premier ministre britannique Churchill – à rendre son rang de grande puissance à la France quand l'Allemagne est vaincue le 8 mai 1945 par les Alliés.

À la tête du Gouvernement provisoire de la République française, De Gaulle constate que le jeu des partis, en partie responsable de la conduite du pays à sa perte en 1940, reprend de plus belle. Contestant le projet de constitution que la nouvelle Assemblée prépare, car menant selon lui à un régime inapte à conserver des gouvernements stables et durables, il démissionne le 20 janvier 1946 et annonce son retrait de la vie politique. Cinq mois plus tard, lors du célèbre discours de Bayeux, il précise que l'exécutif ne peut émaner du législatif : « Du Parlement, composé de deux Chambres et exerçant le pouvoir législatif, il va de soi que le pouvoir exécutif ne saurait procéder, sous peine d'aboutir à cette confusion des pouvoirs dans laquelle le Gouvernement ne serait bientôt plus rien qu'un assemblage de délégations »[283]. C'est pourtant cette voie que prend la IVe République. Née de la Constitution du 27 octobre 1946, cette dernière connaît encore l'instabilité ministérielle, comme l'avait prédit De Gaulle, à un rythme même supérieur à celui de la précédente puisque vingt et un gouvernements se succèdent entre 1946 et 1958, soit un tous les six mois en moyenne.

Néanmoins, le pays se reconstruit, se développe, se modernise rapidement et reprend sa place sur la scène internationale, avec une place de membre permanent au Conseil de sécurité des Nations unies, à côté des vainqueurs de 1945 (États-Unis, Royaume-Uni et URSS) et de la Chine. Sa politique extérieure est fortement atlantiste mais le soutien accordé aux États-Unis n'est pas payé en retour lors de l'affaire de Suez de novembre 1956 quand le corps expéditionnaire franco-britannique, envoyé en Égypte pour contrer la nationalisation du canal de Suez par le Président Nasser, doit faire demi-tour sur injonction de Moscou et « sur ordre » de Washington. Contrairement au Royaume-Uni qui se rapproche encore plus des États-Unis et abdique chaque jour un peu plus son indépendance, la France comprend quant à elle l'effort à réaliser pour favoriser l'émergence de l'Europe et crée, avec l'Allemagne, le Bénélux et l'Italie, la Communauté européenne du charbon et de l'acier en 1951 puis la Communauté économique européenne en 1957 – celle-ci deviendra l'Union européenne en 1993 et compte vingt-sept États-membres en 2020 après le retrait britannique (*Brexit*).

L'empire colonial français des années 1950 est alors à son apogée avec de nombreuses possessions sur tous les continents. Encouragées par le principe d'autodétermination proclamé par Washington depuis

---

[283] Le discours de Bayeux du 16 juin 1946 est accessible sur https://mjp.univ-perp.fr/textes/degaulle16061946.htm.

1941, par le discours de Brazzaville du général de Gaulle de janvier 1944, par la Charte des Nations unies de 1945, qui pose le droit des peuples à disposer d'eux-mêmes, et par l'échec de l'affaire de Suez de 1956, certaines entités outre-mer revendiquent une plus grande autonomie. La France doit alors mener deux guerres coloniales l'une à la suite de l'autre, la première en Indochine de 1946 à 1954 et la seconde en Algérie de 1954 à 1962, qui se termineront par l'indépendance de chacune (accords de Genève et accords d'Évian). Toutefois, les « événements » d'Algérie plongent le régime de la IVe République dans l'impasse et conduisent au rappel du général de Gaulle aux affaires en mai 1958, après une « traversée du désert » de douze années. Celui-ci fait adopter une nouvelle constitution par référendum populaire le 28 septembre 1958 et crée la Ve République dont il assume les fonctions de Président le 21 décembre suivant.

Le Président de Gaulle n'aura alors de cesse de rendre sa pleine souveraineté au pays en défendant sa politique d'indépendance nationale – caractéristique du peuple gaulois, elle a longtemps été poursuivie par les rois de France donc il n'a rien inventé – contre les pouvoirs supranationaux : au même titre qu'il avait refusé l'AMGOT[284] en 1945, il milite pour le rejet du projet initié par les Américains de Communauté européenne de défense en 1954, et revenu au pouvoir en 1958, conteste

[284] AMGOT : *Allied Military Government of Occupied Territories* ou Gouvernement militaire allié des territoires occupés. Les Américains voulaient administrer la France comme l'Italie vaincue, en imposant leurs cadres pour régir le pays ainsi qu'une monnaie spécifique (les « billets-drapeaux ») imprimée aux États-Unis. En outre, ils avaient l'intention de « dépecer la France (...) en offrant la rive gauche du *Rhône* à l'Italie et une partie des départements du Nord et de l'Est à une entité néerlando-belgo-luxembourgeoise créée de toutes pièces sous le vocable de Wallonie... Ni plus ni moins ce qu'envisageait Hitler s'il avait gagné la guerre » (cf. *L'ami américain*, Éric Branca, *op. cit.*) !

immédiatement le fonctionnement de l'OTAN, reconnaît la République populaire de Chine en 1964, dote les armées d'une force de dissuasion nucléaire autonome la même année – de manière à « avoir notre propre part dans notre propre destin »[285] – , quitte le commandement intégré de l'OTAN deux ans plus tard, refuse la logique des blocs imposée par les États-Unis et l'URSS, oppose par deux fois son veto en 1963 et 1967 à l'entrée du Royaume-Uni à la CEE car synonyme de « cheval de Troie » américain en Europe…

Après la crise de Cuba de 1962 opposant Américains et Russes, le fondateur de la Ve République tire « la conclusion que les États-Unis ne sont pas prêts à engager toutes leurs forces, nucléaires avant tout, pour défendre l'Europe. Le concept de riposte graduée (*flexible response*) qui se dessine convainc le général de Gaulle que l'Europe n'est pas une priorité pour les États-Unis, et que disposer de ses propres moyens de dissuasion est décisif »[286]. C'est en effet un changement majeur opéré par les États-Unis qui abandonnent le concept de riposte massive introduit par Foster Dulles, pour celui de riposte graduée défendu par Robert McNamara. La décision de De Gaulle sera d'une part de disposer au plus vite d'une force de dissuasion nucléaire crédible et d'autre part de quitter, annonce faite en 1966, le commandement militaire intégré de l'OTAN. Il s'agit là d'une nouvelle manifestation du désir d'indépendance français, notamment de prendre ses distances avec les États-Unis, qui est assurément dans les gènes des Français. De Gaulle ne fait en réalité que respecter et pérenniser une longue tradition nationale.

---

[285] Cf. la conférence de presse du Président de Gaulle, du 15 mai 1962 à l'Élysée.

[286] Cf. *Le général de Gaulle et la Russie*, *op. cit.*

Les événements de mai 1968 constituent une sérieuse mise en garde vis-à-vis du pouvoir et le Général surmonte la crise qui paralyse le pays pendant un mois complet. Ces journées d'émeutes et de grèves s'apparentent à une mini révolution qui n'aura de conséquences que sur l'évolution de la société française, notamment sur les relations internes à l'entreprise et la libéralisation des mœurs. Depuis, « Mai 68 » incarne ce que tout Président français redoute le plus. L'échec au référendum de 1969 sur la régionalisation provoque le départ définitif de Charles de Gaulle et permet à Georges Pompidou de le remplacer aux affaires. Comme ses successeurs Valéry Giscard d'Estaing, François Mitterrand, Jacques Chirac, Nicolas Sarkozy, François Hollande et Emmanuel Macron, mais à des degrés divers, la volonté d'indépendance nationale ne faiblit pas, même si l'outil national de défense, symbole et outil de cette indépendance si chèrement acquise au cours des siècles, est excessivement affaibli par la révision générale des politiques publiques lancée en 2007 et poursuivie sous un autre nom en 2013.

Enfin, la politique française demeure ce que le Président de Gaulle avait annoncé il y a cinquante-huit ans : « La France inspire sa politique, autant que possible, de sens pratique (…) et de modestie. Elle cherche à réaliser ce qui lui paraît possible et ce qui est à sa portée, tirant parti de la continuité, de la stabilité que ses institutions lui procurent. Elle vise (…) à contribuer à construire l'Europe, dans le domaine de la politique, c'est-à-dire de la défense, comme dans celui de l'économie, de telle sorte que l'expansion et l'action de cet ensemble aide à la prospérité et à la sécurité française, et en même temps fasse renaître les possibilités d'un équilibre européen vis-à-vis des pays de l'Est »[287].

[287] Cf. la conférence de presse du 15 mai 1962.

En conclusion

Unité et souveraineté sont indissociables quand on parle de France. La première tient à la construction du pays et de l'État, et la seconde à la protection du peuple français.

L'unité du pays

L'Hexagone est le pays où l'unité nationale a été recherchée au plus tôt et a constitué un *leitmotiv* politique des rois qui ont fait la France au cours des siècles, sans être abandonné par les révolutionnaires de 1789 ni par les empereurs et encore moins par les républicains qui se sont succédés jusqu'à aujourd'hui. L'unité de la nation est une des sources de la puissance française, elle irrigue les décisions des gouvernements qui se sont toujours refusés à monter les Français les uns contre les autres mais à les rassembler en permanence sous bannière unique – ce constat s'oppose radicalement à celui des trois grands États anglo-saxons que sont l'Allemagne (seize Länder), les États-Unis (cinquante États) et le Royaume-Uni (quatre nations).

Cet invariant stratégique se décline en deux invariants secondaires. Le premier réside dans la concentration des pouvoirs à Paris, ce qui est très compréhensible quand on sait que c'est dans la capitale que réside le chef de l'exécutif depuis des siècles, avec quelques parenthèses historiques dont la plus longue est à Versailles. Le drapeau français comporte ainsi le blanc qui est celui de la royauté, encadré par le bleu et le rouge qui sont les couleurs de Paris. Et cette concentration du pouvoir à Paris en induit un autre : c'est toujours à Paris que se sont déroulées les révolutions qui ont destitué des pouvoirs et en ont mis d'autres en place.

Deuxième invariant secondaire : l'État est d'une importance primordiale car il est voué aux destinées du pays – on est à la base du concept d'État-nation dans lequel coexistent en France tout au moins les deux perceptions liées au mot « État » : le pays et son exécutif – et la chose politique prime dès lors sur tout autre domaine régalien, notamment l'économie. De manière flagrante, c'est encore *a contrario* du monde anglo-saxon car ce ne sont pas les entreprises qui guident les autorités politiques mais le bien-être du peuple français, ce que pensait le général de Gaulle quand il disait avec un certain humour : « La politique française ne se fait pas à la Corbeille »[288]. À ce titre, si l'on ne sait pas cela, on ne saisit pas pourquoi De Gaulle ne s'est pas considéré comme général rebelle lors de son appel à la poursuite de la guerre initié le 18 juin 1940, mais comme un militaire devenu également homme politique (sous-secrétaire d'État à la guerre du gouvernement sortant) investi du rôle de redresser le pays tombé dans l'abîme de la défaite militaire.

L'État est un symbole fédérateur français et son autorité a été renforcée par la Ve République et consolidée en 1965 par l'élection du président de la République au suffrage universel – ce qui permet de retrouver l'essence de l'unité nationale, hier incarnée par le roi, désormais par le Président élu. Cette élection présidentielle voulue par De Gaulle est une rencontre entre un homme et la nation pour un mandat supérieur à celui des députés lui donnant donc une position au-dessus des partis et indépendant de la partition gauche-droite – cette consolidation a été effacée par le passage au quinquennat décidé par les résultats du référendum du 24 septembre 2000 (73 % de oui). De Gaulle parlait même de « l'autorité indivisible de l'État » qui est aujourd'hui remise en question, en particulier par de nouvelles féodalités hypocritement appelées « réseaux ». Malheureusement, la division est ce qui caractérise le plus

---

288 Lire « à la Bourse » (conférence de presse du général de Gaulle, chef de l'État, à l'Élysée du 28 octobre 1966).

la mentalité française : « Comment voulez-vous gouverner un pays où il existe deux cent cinquante-huit variétés de fromage ? », disait ironiquement le fondateur de la Ve République qui parlait souvent des « ferments de dispersion » existant dans le pays et de la vieille propension des « Gaulois, perpétuellement portés aux divisions et aux chimères »[289]. De Gaulle y dédia même le 3e volume de ses *Mémoires de guerre*[290]. De même, Olivier Guichard écrivait que « aussi indestructible, permanente et première est l'unité mystique de la France, aussi insaisissable, épisodique et seconde est l'unité des Français »[291].

Il y a en effet dans l'Hexagone une réelle différence entre unité de la France et unité des Français. La lutte entre l'intérêt général et les intérêts particuliers se constate tous les jours dans la rue française, au cours des manifestations qui émaillent le quotidien du pays et dans la presse. Pour De Gaulle, « la distinction majeure n'est pas entre républicains et anti républicains, mais entre ceux qui défendent l'État, incarnation de l'intérêt général, et ceux qui cherchent à l'affaiblir, en défendant des intérêts particuliers »[292]. C'est bien l'État français dont il faut défendre la dignité qui représente et défend en même temps l'unité du pays, ce que les Français ont souvent tendance à oublier, tant et si bien que l'État réussit, déjà par son existence même mais aussi par ses manques, à les fédérer pour l'attaquer ensemble !

La construction de la nation française et de son autonomie stratégique a été réalisée de haute lutte et est consubstantielle de ses faits d'armes, de ses victoires militaires comme de ses défaites. Souvent, la France a dû

---

289 Cf. *De Gaulle – Une certaine idée de la France, op.cit.*

290 Cf. *Mémoires de guerre – Le salut (1944-1946), op. cit.*

291 Cf. *Mon Général*, Olivier Guichard, Ed. Grasset (Livre de poche), 1980.

292 Cf. *De Gaulle – Une certaine idée de la France, op.cit.*

batailler seule pour affirmer ses prétentions ou défendre ses intérêts et elle a plus souvent eu des ennemis coalisés contre elle que des alliés pour la défendre. Cette autonomie est donc une caractéristique forte qui explique le « ni l'un ni l'autre » quand il s'agit de choisir délibérément un bloc contre un autre : « Ni protectorat américain, ni servitude soviétique »[293], ou plutôt un allié, un interlocuteur ou un partenaire mais en aucun cas un inféodé. Il n'est pas illégitime de penser que De Gaulle est l'inspirateur de la théorie du non-alignement qui fera l'objet d'un mouvement éponyme créé en 1956 par l'Égyptien Nasser, le Croate Tito et l'Indien Nehru. Les États plus puissants que la France ont tendance à confondre cette volonté avec de l'arrogance. Selon l'historien et académicien Louis de Carné, « la France n'est point une agglomération de provinces réunies par les caprices de la force et du hasard : c'est la nationalité la plus compacte qui soit apparue dans le monde, et elle est une comme l'homme est un »[294]. Tout l'inverse des États-Unis, de l'Allemagne et du Royaume-Uni.

Le concept de nation est né en France, il s'y est développé et a inspiré l'immense majorité des États qui existent aujourd'hui dans le monde, quel que soit leur régime politique. C'est une des raisons pour lesquelles la France peut parler aux grands de ce monde sans pourtant disposer d'un « nombre de divisions » conséquent, pour paraphraser Staline[295]. C'est la conception française de nation, déjà évoquée par Jules Michelet en 1833 dans son *Histoire de France* et ses idées préfigurant le concept de « roman national », puis magnifiquement illustrée et exprimée par Ernest Renan lors de sa célèbre conférence en 1882, qui fait figure de modèle dans le monde. Selon lui,

---

293 *Ibid.*

294 Cf. « La Constitution de l'unité nationale en France », *op. cit.*

295 « Le Pape, combien de divisions ? », entretien à Moscou en 1935 entre Pierre Laval, ministre des Affaires étrangères, et Joseph Staline.

« c'est la gloire de la France d'avoir, par la Révolution française, proclamé qu'une nation existe par elle-même. Nous ne devons pas trouver mauvais qu'on nous imite. Le principe des nations est le nôtre »[296]. La France s'exprime dès lors sans complexes et est écoutée avec attention, sans être mentorée par quiconque.

Autre volet caractérisant l'unité nationale : la religion chrétienne. Pour la biographe Anne Bernet, « durant quinze siècles, la cohésion française tint d'abord au partage d'une seule et même foi » : il ne s'agit pas de génération spontanée puisque les Celtes primitifs puis les Gaulois étaient déjà des peuples très religieux[297]. En effet, l'unité nationale française s'est aussi forgée autour de la religion, celle de l'Église apostolique et romaine, et la foi catholique en a été le ciment : le baptême de Clovis du 25 décembre 496 n'a fait que formaliser la chose puisque la Gaule était christianisée bien avant, les persécutions contre les Chrétiens ayant débuté dès 177 à Lyon et l'ensemble de la Gaule étant chrétienne à la fin du IVe siècle[298]. L'alliance a cependant connu quelques vicissitudes (impôts sur le clergé décidé par Philippe le Bel en 1303[299], Concordat de Bologne de 1516 signé entre François 1er et le Pape Léon X, Constitution civile du clergé de 1790, Concordat napoléonien de 1801) jusqu'au divorce de 1905 conduisant à ce qu'Église et État n'aillent plus de pair dans la conduite de la nation. Cette alliance entre le trône et l'autel a néanmoins été une pierre angulaire de l'avènement de la

---

[296] Cf. la conférence d'Ernest Renan, *op.cit.*

[297] Cf. *Clovis et le baptême de la France*, *op. cit.*

[298] Anne Bernet indique « qu'aux alentours de 125-150 (…) trois églises existent en Gaule (…) : l'une, sans doute la première fondée, est à Marseille ; les autres à Vienne et à Lyon ». Elle ajoute qu'en 391, « la Gaule est chrétienne est fidèle au *credo* de Nicée » (cf. *Clovis et le baptême de la France*, *op. cit.*).

[299] Les ecclésiastiques en étaient exemptés depuis le baptême de Clovis, comme l'étaient les druides gaulois avant la conquête romaine.

nation et de la légitimité de ses dirigeants, et l'Église exerce encore une influence morale dans la France de 2020.

Réussissant à agréger un passé celte ancien, utilisant l'héritage administratif laissé par les Romains en Gaule et son propre patrimoine germanique, Clovis a été un acteur majeur de la construction du pays et de son unification. L'unité religieuse transmise par ses descendants a précédé l'unité monarchique (acquise par les armes) puis par l'hérédité (issue de la loi salique), la seconde reposant sur la première pour se maintenir. « Pendant tout le cours de la première race, cette unité, exprimée par le clergé seul, résista-t-elle à ces partages incessants, qui apparaissent comme des déchirements de la monarchie, quoiqu'ils ne fussent, en réalité, que la division naturelle du commandement militaire et des pays conquis par les armes »[300] : Louis de Carné signale ainsi sa conception d'une invariance religieuse garantissant une unité malmenée par les partages de royaumes qui étaient courants au premier millénaire de notre ère en France. La France s'est ainsi formée sur une association gagnant-gagnant entre l'Église catholique et le pouvoir royal, avec une entrée en fonction qui se faisait par l'onction sainte dans la cathédrale de Reims. C'est d'ailleurs ce quasi sacrement qui a prévalu face aux seigneurs, pas la puissance territoriale des rois, c'est la suzeraineté induite qui a permis d'étendre le domaine royal et d'y rattacher une à une les différentes provinces françaises. La France d'aujourd'hui reflète encore ce lien si fort entre l'Église catholique et la nation, et l'historien Hervé Le Bras de relever très justement que « les communes d'aujourd'hui sont les paroisses locales de la France du XVIIIe siècle »[301]. À ce titre, il n'est pas

---

[300] Cf. « La Constitution de l'unité nationale en France », *op. cit.*
[301] Cf. l'article du *Monde* « L'État a fabriqué la France, il a "fait" la nation », Hervé Le Bras, propos recueillis par Vincent Giret, 15 juin

interdit de penser que le général de Gaulle a réussi à faire la synthèse entre les valeurs sociales issues de l'Église catholique et celles de la Révolution que sont la liberté et l'égalité, ce qui lui confère une légitimité supplémentaire et autorise d'autant plus le recours à sa pensée pour comprendre hier et expliquer demain. Sur la base de cet invariant, on peut craindre qu'une laïcité prise à la lettre comme un principe jusqu'au-boutiste, qui ne reflète pas la France d'hier et d'aujourd'hui, peut conduire à terme à des réactions violentes de la population française de souche contre le politiquement correct ambiant en la matière.

Par ailleurs, l'apparition de l'État est d'une grande importance dans le processus de construction français et elle n'est pas séparée de la naissance de la bourgeoisie. Nouvelle classe aux côtés de la noblesse et du clergé, elle modifie les lignes de ce qui deviendra bien plus tard l'État français. Sous le règne de Louis VI, le droit devient écrit et formalisé dans les cours de justice, et la bourgeoisie apparaît par défaut pour tenir les postes de juristes, puis de magistrats, puis de ministres, que les seigneurs ou les prêtres ne peuvent pas remplir car éloignés de Paris ou incompétents – c'est cette même bourgeoisie qui renversera la royauté cinq cents ans plus tard et prendra le pouvoir, et qui tient aujourd'hui les postes de hauts-fonctionnaires. « Faire prédominer le droit écrit sur le droit coutumier, l'idée de l'État sur celle de l'Église, absorber dans la puissance royale toutes les forces indépendantes, telle fut la politique des légistes auxquels les derniers Capétiens ouvrirent l'accès des affaires, et qui devinrent, sous les Valois, les maîtres du gouvernement et les dominateurs de l'esprit public »[302].

2015 (https://www.lemonde.fr/politique/article/2015/06/23/l-etat-a-fabrique-la-france-il-a-fait-la-nation_4660044_823448.html.

[302] Cf. « La Constitution de l'unité nationale en France », *op. cit.*

La société française se structure alors autour d'un État en formation et, dans le cadre de l'unité politique qui se dessine, les rivalités se déplacent. Entre tribus au tout début, elles sont passées entre roi et vassaux puis, l'autorité étant désormais centralisée à Paris (ou Versailles), ce sont les aristocrates et les princes qui se déchirent pour bénéficier des faveurs du roi qui applique habilement la stratégie « diviser pour régner ». Si elle se constate dès le début de la monarchie, la formalisation de la concentration du pouvoir à Paris date essentiellement de Richelieu mais Napoléon la parachève. Cette concentration est typiquement française et n'est pas poussée à ce point en Allemagne, en Espagne, en Italie ou au Royaume-Uni.

L'unité du pays se réalise à partir de Paris où réside l'État – il est symbolisé par le roi au début puis par les administrations qui naissent au cours des siècles, d'où la centralisation qui s'en suivra – qui s'étend vers l'Île de France et conduit ensuite vers les bords de la Loire (l'Orléanais), pour se terminer aux rivages de la Méditerranée et à ceux de l'Atlantique. Et c'est bien autour de l'État que s'est forgée la nation française avec une concentration des pouvoirs et une centralisation qui vont de pair. Et c'est pourquoi l'État en France est si interventionniste dans la vie quotidienne et les affaires économiques et sociales du pays, que le nombre de fonctionnaires est si important, que le recours à l'État est systématique quand quelque chose ne tourne pas rond en France, que l'État est ainsi devenu « État-providence » au fil des siècles. Hervé Le Bras a raison d'affirmer que « l'État a fabriqué la France, il a "fait" la nation »[303]. Les deux sont donc liés par l'histoire.

[303] Cf. l'article du *Monde* « L'État a fabriqué la France, il a "fait" la nation », *op. cit.*

In fine, l'unité nationale reste une constante française. Depuis 1945, elle fait l'objet des préoccupations des hommes politiques français : dans leurs discours, en particulier électoraux, ils utilisent très fréquemment le mot « fracture » pour alerter la population de manière à appeler immédiatement au « rassemblement », ce qui montre en quoi l'unité de la nation est une antienne française. C'est d'ailleurs bien un appel à l'unité que fait le général de Gaulle lors de son allocution télévisée du 27 juin 1958, au moment des événements d'Algérie : « J'en appelle à l'unité, ce qui signifie à tout le monde ! (…) Françaises, Français, aidez-moi ! »[304]. De même, sans que cet appel à l'aide soit formellement exprimé, le président Emmanuel Macron fait vibrer la même corde sensible lors de son allocution télévisée du 12 mars 2020, en pleine pandémie du Covid-19 : « Je compte sur vous toutes et tous pour faire Nation au fond. Pour réveiller ce qu'il y a de meilleur en nous, pour révéler cette âme généreuse qui, par le passé, a permis à la France d'affronter les plus dures épreuves. (…) Le temps est à cette union sacrée qui consiste à suivre tous ensemble un même chemin, à ne céder à aucune panique, aucune peur, aucune facilité, mais à retrouver cette force d'âme qui est la nôtre et qui a permis à notre peuple de surmonter tant de crises à travers l'histoire »[305].

Le *leitmotiv* des dirigeants français au cours des siècles a toujours été de préserver coûte que coûte l'unité nationale. Toujours aussi vivace, elle handicape nombre de gouvernements parfois contraints de reculer devant les manifestations de rue opposées aux réformes structurelles pourtant indispensables au pays (éducation, retraites…). On ne corrige pas la nature comme on ne supplée pas au temps :

---

[304] Cf. *Discours et messages – Avec le renouveau (1958-1962)*, *op. cit.*

[305] Cf. « Adresse aux Français », Emmanuel Macron, président de la République, 12 mars 2020 (https://www.elysee.fr/emmanuel-macron/2020/03/12/adresse-aux-francais).

au même titre qu'une nationalité ne se compose pas, la nationalité française présente des particularités qui limitent souvent la liberté d'action des autorités politiques. C'est ce constat qui transparaît dans la formule peu amène disant que la France n'est pas réformable. Mais ne serait-ce pas le revers de la médaille nationale ? Dans une lettre à la duchesse de Duras et après avoir assisté à une représentation de la pièce *La Pucelle d'Orléans* du poète allemand Frédéric Schiller, Chateaubriant disait : « Quel peuple que le peuple français ! Comme il occupe les autres peuples ! »[306]. Certes, il interroge, il questionne, il surprend, il étonne tant il se comporte curieusement et, parfois, se nuit à lui-même, mais il est cohérent avec son histoire.

La souveraineté nationale

« La souveraineté est l'attribut essentiel d'une nation (...). Un État qui ne prendrait pas toutes les mesures pour garantir et protéger sa souveraineté face aux menaces s'exposerait inévitablement à perdre la maîtrise de son destin et à subir la volonté – possiblement violente – de l'étranger »[307], assure le général de Villiers, ex chef d'état-major des armées françaises. Il s'agit donc pour tout responsable français de protéger cette souveraineté pour permettre à la nation de survivre et de rencontrer son destin, sans revêtir le drapeau ou la culture d'une autre. « Veillez par tous les moyens sur cette souveraineté fondamentale que possède chaque nation en vertu de sa propre culture. Protégez-là comme la prunelle de vos yeux pour l'avenir de la grande famille humaine », disait Saint Jean-Paul II en

---

[306] *Les grandes décisions de l'histoire de France*, *op. cit.*, chapitre « Jeanne d'Arc, Charles VII et le dimanche de Reims (17 juillet 1429) » de Philippe Contamine.
[307] Cf. *Servir*, *op. cit.*

1980[308]. Démiurge en la matière, Charles de Gaulle a passé sa vie politique à veiller à ce que la souveraineté française ne soit pas entravée mais il n'a pas été le seul car les autorités au pouvoir en France ont de tous temps protégé l'indépendance du pays sur la scène internationale, sa liberté d'apprécier seule son environnement, sa liberté de décision, sa liberté d'action et son autonomie vis-à-vis de ses voisins. La conséquence en est l'extrême sensibilité française dès qu'il s'agit d'attenter à sa souveraineté.

L'appel à l'aide, pour un Français, constitue un déchirement culturel, une douleur intellectuelle, voire une souffrance physique. L'épouse du général britannique Edward Spears, Mary Borden, écrit qu'en 1940, De Gaulle « n'a jamais prétendu aimer les Anglais mais venir à eux comme un mendiant, avec la détresse de son pays gravée sur le front et au fond de son cœur, lui était insupportable »[309]. Cela n'est pas sans rappeler le moment où, cent vingt-cinq ans plus tôt, l'empereur Napoléon 1er se livra aux Britanniques (« Je viens, comme Thémistocle, m'asseoir au foyer britannique. Je me mets sous la protection de ses lois, que je réclame de Votre Altesse Royale, comme du plus puissant, du plus constant et du plus généreux de mes ennemis ») et comment il fut traité par la suite… Si son neveu Napoléon III eut plus de chance en 1870, le recours à l'étranger n'est pas dans le tempérament français.

Le Français n'aime pas qu'on s'occupe de ses affaires et encore moins qu'on lui force la main. On se rappellera le discours de Dominique de Villepin, ministre des Affaires étrangères, au Conseil de sécurité des Nations unies, le 14

---

[308] Cf. le discours du Pape Jean-Paul II à l'Organisation des Nations unies pour l'éducation, la science et la culture, Paris, 2 juin 1980 (http://www.vatican.va/content/john-paul-ii/fr/speeches/1980/june/documents/hf_jp-ii_spe_19800602_unesco.html).

[309] Citée par François Malye dans *Les grandes décisions de l'histoire de France*, *op. cit.*, chapitre « L'appel du 18 juin 1940 ».

février 2003, quand il fallut dire non aux Américains qui voulaient la caution de la communauté internationale pour intervenir en Irak, les motifs de possession d'armes de destruction massive par le régime de Saddam Hussein étant peu fiables, voire fabriqués pour légitimer une politique ayant d'autres vues, notamment économiques, sur ce pays. Ainsi, la France s'engage aux côtés de ses alliés quand la cause est juste sinon il n'en est pas question : elle a fortement appuyé Washington en mai 1960 après l'incident de l'avion espion *U2* abattu par Moscou, elle a la première nation à se solidariser avec les États-Unis lors de la crise des missiles de Cuba de 1962 et Jacques Chirac a été le premier chef d'État à se déplacer à New-York après les attentats du 11 septembre 2001. Cette politique coûte assurément cher au pays car il doit savoir tout faire et disposer de tous les instruments de souveraineté, et il n'est question d'en abandonner une partie que lorsque le jeu en vaut la chandelle ; ce fut le cas pour l'accord Schengen en 1985 sur les frontières de l'Union européenne et le choix de la monnaie unique européenne (l'euro) en 2001.

La souveraineté nationale a besoin d'instruments pour se matérialiser dans les faits et les gouvernements successifs ont bien compris qu'en premier lieu, il s'agissait de disposer d'un outil militaro-industriel conséquent, suffisamment dissuasif pour faire entendre sa voix, éventuellement discordante, sur la scène internationale. La préservation de cette souveraineté est réaffirmée dans les différents *Livres blancs* sur la défense et la sécurité qui se succèdent entre 1994 et 2017[310]. Par exemple, celui de 1994 indique « qu'aux intérêts vitaux est attachée la survie de la Nation. (…) L'intégrité du territoire national, comprenant la

[310] Le mot « souveraineté » est cité deux fois dans le premier *Livre blanc* de 1972, seize fois dans celui de 1994, dix-sept fois dans celui de 2008, quarante-deux fois dans celui de 2013 et dix-sept fois dans la (petite) Revue stratégique de 2017.

métropole et les départements et territoires d'outre-mer, de ses approches aériennes et maritimes, le libre exercice de notre souveraineté et la protection de la population en constituent le cœur aujourd'hui »[311]. Souveraineté et liberté d'action sont deux principes aujourd'hui âprement défendus car ils participent du rang de la France sur la scène mondiale. Du temps de la France libre, la question de la légitimité était primordiale et la démarche gaulliste de 1940 tenait, selon Olivier Guichard, sur une « indivisible trinité » qui regroupait légitimité, souveraineté et unité, cette dernière étant « mémoire et projet (...), celle de la France avant de devenir celle des Français »[312]. Assurément, l'unité du peuple français est un ciment national, un trésor à protéger, une mémoire à transmettre de génération en génération.

Qu'en déduire pour l'avenir ?

La question de l'alliance avec les États-Unis et/ou avec la Russie n'est pas tabou et mérite qu'on s'y intéresse car elle est fondamentale et pourrait changer durablement les équilibres mondiaux actuels, tant la position française est scrutée et suivie sur la scène internationale. Tout tourne autour des États-Unis car ils jouent un rôle pivot. Deux approches s'opposent pour lesquelles l'invariant relatif à la souveraineté nationale joue à plein.

L'approche atlantiste

Survenue en plein milieu de la guerre d'indépendance américaine (1775-1783), la signature du Traité d'alliance de

---

311 Cf. *Livre blanc de la défense 1994*, Ed. UGE 10/18, 1994 (http://www.livreblancdefenseetsecurite.gouv.fr/pdf/le-livre-blanc-sur-la-defense-1994.pdf).
312 Cf. *Mon Général*, Olivier Guichard, *op. cit.*

1778 entre la France et les États-Unis était certes dirigée contre le Royaume-Uni mais comportait un volet de « paix éternelle » dont l'esprit est encore vif aujourd'hui. Ce traité n'a cependant pas empêché les deux pays de s'opposer fermement lors de la « quasi-guerre » de 1798-1800, au moment des saisies réciproques de fret maritime et du scandale des dessous de table, allant jusqu'à de véritables combats navals dans les Caraïbes. Hormis cet épisode et celui de 2003, quand la France refusa de se joindre à la coalition menée par les Américains contre l'Irak (guerre préventive illégale au regard du droit international) qui amplifia le djihadisme mondial, France et États-Unis ont toujours été alliés. Paris sait donc dire non à son allié le plus fidèle et comme cela a déjà été indiqué, le Président de Gaulle a été le premier à épauler l'Amérique en 1962 et le Président Chirac à la soutenir en 2001.

Les dirigeants français ne sont pas ingrats et la population française sait ce qu'elle doit aux GIs qui sont morts en grand nombre pour libérer le continent du nazisme et, de manière induite, libérer le pays en 1944-1945. Ensuite, l'Alliance atlantique a longtemps protégé l'Europe d'une invasion soviétique et la fin victorieuse de la Guerre froide est essentiellement du fait des Américains. Il n'est donc pas question de minimiser ces faits : néanmoins, même si la France faisait partie du camp occidental face au péril communiste, elle n'a jamais coupé les ponts avec Moscou et toujours recherché à apaiser les tensions, jouant ainsi un rôle modérateur qu'il serait regrettable de taire.

La gratitude tend donc à garder la France dans le giron américain. Ainsi, les partisans d'une alliance éternelle avec Washington sont nombreux, bien qu'ils se fassent discrets à l'heure où la tendance actuelle du politiquement correct français est au *Trump bashing* permanent. Le retour de la France dans le commandement intégré de l'OTAN, voulu par le Président Nicolas Sarkozy en 2007 et non remis en cause depuis, constitue un pas en avant supplémentaire dans cette logique d'alliance de nature politico-militaire. Il n'est pas illogique si l'on considère d'une part le retour quelque peu agressif de la Russie sur la scène internationale, synonyme de résurgence de la menace venant de l'Est, en particulier vis-à-vis des Pays baltes, et d'autre part le fait que la Chine s'arme et présente des similitudes avec l'ancienne URSS, faisant craindre une confrontation armée, notamment en mer de Chine où elle affirme sa souveraineté sur des îles que le droit international ne lui attribue pas. La question de l'alliance militaire entre les États-Unis, première puissance mondiale, et l'Europe étant par conséquent d'actualité, il ne serait alors pas opportun de la dénoncer, en quittant l'OTAN par exemple pour ce qui concerne la France. Par ailleurs, la menace islamiste étant très prégnante, en particulier au Sahel où la France est historiquement engagée, l'intervention de Washington est plus que bienvenue et les deux puissances sont bel et bien liées face aux mêmes adversaires. Il y a donc tout lieu de repenser à deux fois une éventuelle rupture entre Paris et Washington. Enfin, bien que les États-Unis soient le pire concurrent économique que la France connaisse, ces derniers pourraient se montrer bien plus agressifs sur le plan commercial s'ils le voulaient et priver l'Hexagone de nombre de marchés donc générer une baisse notoire d'activité économique et une augmentation significative du chômage.

Dès lors, les tenants de l'atlantisme mettent intelligemment en avant que rester dans le giron américain présente beaucoup plus d'avantages, ou tout au moins beaucoup moins de risques, que de choisir de rompre. Cette approche confortable est irrésistiblement celle qui a été adoptée depuis cinquante ans, ce que d'aucuns appellent une soumission, voire une satellisation, mais qui permet à la France de se développer très correctement malgré les crises qui se succèdent. Pour eux, la souveraineté nationale peut donc s'accommoder d'un grand frère hégémonique qui pense certes plus personnel que collectif mais qui demeure encore relativement bienveillant.

Or, personne n'est sûr que les États-Unis interviendront automatiquement en faveur de ses alliés européens en cas de crise grave : ils ne vinrent en Europe qu'en 1917, trois ans après le début de la Première guerre mondiale, et bien après l'écrasement de la France de 1940, soit deux ans et demi après le déclenchement de la Seconde. De Gaulle l'avait bien senti lors de la Guerre froide contre l'URSS, notamment lors de son entretien de mai 1961 avec le Président John F. Kennedy, tenté par un désengagement en Europe et une bienveillance vis-à-vis de la Russie, et au moment de l'édification du mur de Berlin en août suivant, et c'est en particulier pourquoi il avait voulu que la France dispose de son propre arsenal nucléaire. Aussi, comme on l'a dit, le centre de gravité des intérêts américains est passé en Asie depuis plusieurs années. Par conséquent, une autre approche est possible, celle d'un renversement d'alliances au profit de la Russie. En effet, la gratitude ne doit pas sacrifier la souveraineté nationale puisque « les États n'ont pas d'amis, ils n'ont que des intérêts »[313].

L'approche pro russe

Hélène Carrère d'Encausse rapporte un entretien entre le journaliste Géraud Jouve et le diplomate russe Vladimir Vinogradov à l'occasion d'une possible visite du Général de Gaulle en Russie en 1941 : la France et la Russie « sont deux puissances continentales ayant par là-même des

313 Général de Gaulle, paraphrasant Lord Palmerston (« L'Angleterre n'a pas d'amis ou d'ennemis permanents ; elle n'a que des intérêts permanents », discours aux Communes, 1848) dans un entretien accordé à l'hebdomadaire *Paris-Match* le 9 décembre 1967.

intérêts et des tâches différentes de ceux des puissances maritimes »[314], propos « accueillis avec sympathie par Vinogradov ». Un peu plus tard, dans une allocution au micro de la BBC, le 20 janvier 1942, le chef de la France libre indique que « l'apparition certaine de la Russie au premier rang des vainqueurs de demain apporte à l'Europe et au monde une garantie d'équilibre dont aucune puissance n'a, autant que la France, de bonnes raisons de se féliciter. Pour le malheur général, trop souvent depuis des siècles l'alliance franco-russe fut empêchée ou contrecarrée par l'intrigue ou l'incompréhension. Elle n'en demeure pas moins une nécessité que l'on voit apparaître à chaque tournant de l'Histoire »[315]. On ne peut contredire Hélène Carrère d'Encausse quand elle estime que le Général était « convaincu qu'au-delà du pays totalitaire, au-delà du système qui l'horrifie, il y a l'allié russe éternel et indispensable à la France »[316]. Les tenants actuels d'un rapprochement franco-russe, et ils sont de plus en plus nombreux, ont assurément des références sérieuses.

Au sujet du traité franco-allemand en cours de négociation en 1963 et face à la demande du Bundestag d'y ajouter des garanties vis-à-vis de l'Alliance atlantique et donc des Américains, De Gaulle dit à l'issue d'un conseil des ministres en avril que « les Américains essaient de vider notre traité de son contenu. Ils veulent en faire une coquille vide. Tout ça pourquoi ? Parce que des politiciens allemands ont peur de ne pas s'aplatir suffisamment devant les Anglo-Saxons ! Ils se conduisent comme des cochons ! Ils mériteraient que nous dénoncions le traité et que nous

---

[314] Cf. *Le général de Gaulle et la Russie, op. cit.*

[315] Cf. l'article « 20 janvier 1942 : de Gaulle dit que l'URSS est une alliée », 19 janvier 2016 (http://lhistoireenrafale.lunion.fr/2016/01/19/20-janvier-1942-de-gaulle-dit-que-lurss-est-une-alliee/).

[316] Cf. *Le général de Gaulle et la Russie, op. cit.*

fassions un renversement d'alliances en nous entendant avec les Russes ! »[317]. Cette saillie n'est pas innocente et son actualité pourrait être avérée. La politique américaine de « diviser pour régner » est toujours autant utile quand il s'agit de préserver son hégémonie et il est possible que l'Europe en fasse les frais depuis soixante-dix ans.

Le général de Gaulle voulait pour son pays une défense tous azimuts car, estimant que ses alliés américains pourraient un jour « exploser » comme l'a fait le communisme en URSS et dès lors devenir une menace. Mais de quelle menace s'agissait-il ? Une menace militaire certes non, politique peut-être et économique certainement : penser aujourd'hui que les États-Unis resteront éternellement bienveillants vis-à-vis de la France peut être vu comme une douce utopie, les décisions du Président Trump ne faisant qu'en préfigurer d'autres plus violentes. « On ne sort de l'ambiguïté qu'à ses dépens », disait le cardinal de Retz. Cette ambiguïté ferait bien d'être aujourd'hui levée. Or, face à l'exacerbation de la compétition économique mondiale, au désintéressement marqué des Américains du théâtre européen au profit du théâtre asiatique et à la fin de la menace idéologique en Russie, la donne a changé. Il n'est pas insensé de penser que l'Organisation de l'Atlantique Nord, alliance de défense collective faite pour contrer le péril soviétique, a perdu sa principale raison d'être en 1991. Or, trente ans plus tard, force est de constater que le péril soviétique n'est pas réapparu et que M. Poutine a une velléité idéologique, certes panslave et orthodoxe, certainement plus démocratique que le communisme. Enfermée dans une logique partisane reposant sur une base politique discutable, la France pourrait se rappeler que la Russie est son allié historique, Russie que la participation française à l'Alliance

[317] Cf. *La tragédie du Général*, Jean-Raymond Tournoux, Ed. Plon, 1967.

atlantique, comme un fil à la patte, ou le manque de courage des gouvernants a empêché d'approcher à la chute de l'URSS.

La question centrale repose donc sur la pertinence de l'OTAN. Pour ses détracteurs, l'Alliance serait devenue une alliance du camp occidental contre les Russes, une sorte d'alliance de principe sans base politique cohérente. De Gaulle aurait encore raison quand il disait en septembre 1958 « qu'il incombe à la France, à l'Allemagne et à l'Italie de définir la politique commune de l'OTAN, faute de quoi cette organisation demeurera un aréopage sans efficacité »[318]. Les opposants à l'alliance franco-américaine peuvent avancer l'idée que l'OTAN ne s'est pas réformée en profondeur depuis que De Gaulle en a fait une question capitale il y a plus de soixante ans. Ils peuvent même utiliser l'argument selon lequel avoir confié en 2009 un des deux grands commandements de l'Alliance (*Allied Command for Transformation*) à un officier général français est un moyen malin supplémentaire d'aliéner la liberté française, sachant que l'on sait qui décide en définitive dans l'OTAN. Ils peuvent enfin estimer que la Russie fait aujourd'hui partie du camp occidental, qu'elle fait corps avec un Occident dont les contours redessinés s'inscrivent dans une action commune contre les deux principales menaces que constituent l'islamisme radical et l'expansionnisme chinois, selon une approche que n'aurait pas réfutée Samuel Huntington[319]. L'OTAN aurait-elle alors raté le coche en n'écoutant pas une demande faite par le général de Gaulle à l'américain John Foster Dulles en 1958 : « Il faut que l'OTAN soit élargie vers l'Afrique et vers l'Orient, sous une forme ou sous une autre »[320] ? Certes, à cette époque,

---

[318] *Ibid.*

[319] Cf. *Le choc des civilisations*, Samuel Huntington, Ed. Odile Jacob, 1997.

[320] Cf. *Charles de Gaulle,* Éric Roussel, *op. cit.*

la menace islamiste qui pèse actuellement sur le monde occidental n'existait pas mais un retour à cette préconisation pourrait être opportun aujourd'hui, dans la mesure où elle s'affirme fortement en Afrique (Sahel) et au Moyen-Orient (Syrie).

Une réforme profonde de l'OTAN pourrait alors être proposée sur la base d'un mémorandum ressemblant à celui que le général de Gaulle adressa au Président américain et au Premier ministre britannique en 1958 dont une des phrases-clés était : « L'Alliance atlantique a été conçue et sa mise en œuvre est préparée en vue d'une zone d'action éventuelle qui ne répond plus aux réalités politiques et stratégiques. Le monde étant tel qu'il est, on ne peut plus considérer comme adaptée à son objet une organisation telle que l'OTAN qui se limite à la sécurité de l'Atlantique Nord, comme si ce qui se passe, par exemple, au Moyen-Orient ou en Afrique n'intéressait pas et immédiatement l'Europe, et comme si les responsabilités indivisibles de la France ne s'étendaient pas à l'Afrique, à l'océan Indien et au Pacifique, au même titre que celles de la Grande-Bretagne et des États-Unis »[321]. Quelle actualité dans ces mots ! Depuis 1991, les évolutions de l'Alliance n'ont été que structurelles (transformation des forces, élargissement aux ex-pays du glacis soviétique) et seule la mission en Afghanistan a montré l'extension géographique du champ d'intervention. L'Alliance n'a pas connu d'avancées politiques majeures qui fassent taire ses contradicteurs et il semble peu probable d'en constater à court ou moyen terme. De ce côté-là, il faudrait par conséquent un fait important,

---

[321] Cf. le Mémorandum du général de Gaulle au Président des États-Unis d'Amérique et au Premier ministre du Royaume-Uni, 17 septembre 1958 (site de l'Université du Luxembourg https://www.cvce.eu/obj/lettre_et_memorandum_du_general_de_gaulle_au_general_eisenhower_17_septembre_1958-fr-aebdd430-35cb-4bdd-9e56-87fce077ce70.html).

comme un nouveau mémorandum français, pour espérer bouger le colosse… ou déclencher une sortie de la France légitimée par un refus des Alliés.

Le fait de se tourner plus résolument vers Moscou pourrait être un bon moyen pour Paris de prévenir un déclin de l'Amérique, Amérique que le général de Gaulle considérait comme fille de l'Europe et à qui elle ne devait donc pas dicter sa conduite. Il n'est pas interdit de voir l'amorce d'un tel rapprochement dans le réchauffement des relations stratégiques entre Paris et Moscou, à l'heure où le Président français Emmanuel Macron indique qu'il « doit y avoir un dialogue stratégique avec la Russie et il doit y avoir une dynamique réenclenchée »[322]. Il n'est pas interdit non plus de penser que le rapprochement commence à se formaliser militairement puisque « une trentaine d'officiers supérieurs de l'armée française auditeurs du Centre des hautes études militaires (CHEM) étaient en Russie à la mi-février [2020] pour un voyage d'étude. (…) Cette visite constitue un signal politique fort, dans la foulée de la relance du format bilatéral 2+2 le 9 septembre dernier, voulu par le Président Macron »[323]. Il faut être à l'écoute des signaux faibles et ceux-là interpellent.

L'approche médiane européenne

Il y a certainement une attitude intermédiaire à adopter entre renier définitivement son allié de cœur et tomber dans des bras anciens qui pourraient se révéler tout aussi étouffants. Cette approche est celle de l'Europe et elle ne peut se passer d'une entente resserrée avec l'Allemagne.

---

[322] Cf. « Emmanuel Macron prône un "dialogue stratégique" avec la Russie », *op. cit.*

[323] Cf. l'article d'*Intelligence Online*, « L'armée se met au diapason de la détente russo-macronienne », n°849 du 11 mars 2020.

Le général de Gaulle disait en juin 1966 à Leonid Brejnev, Alexandre Kossyguine et Nicolas Podgorny : « Nous ne voyons pas d'inconvénient à votre puissance, car sans elle, nous serions exposés à une hégémonie irrésistible des États-Unis. De même, nous ne voyons pas d'inconvénient à la puissance des États-Unis sans laquelle nous serions probablement exposés à l'hégémonie soviétique »[324]. Le Général n'était en effet pas dupe de la politique russe et considérait le communisme soviétique comme un oripeau de l'impérialisme traditionnel (ou générique) qu'il redoutait, qu'il soit américain ou russe[325]. La souveraineté nationale française penche pour un « ni l'un ni l'autre » qui requiert un doigté politique très fin pour ne froisser aucun des deux super Grands. L'avenir montrera la position que les autorités françaises auront choisie. Le capitaine de Gaulle a très bien (et très prudemment à l'époque) donné sa vision de la posture française en la matière dès 1924 : « Dans le jardin à la française, aucun arbre ne cherche à étouffer les autres de son ombre, les parterres s'accommodent d'être géométriquement dessinés, le bassin n'ambitionne pas de cascades, les statues ne prétendent point s'imposer seule à l'admiration (...) Le promeneur se félicite de la règle qui imprime au jardin sa magnifique harmonie »[326]. On perçoit dans cet exposé un éclat humble mais réel, on y distingue ce que le Français n'aime ou plutôt n'est pas, ainsi que la conscience qu'il a de ses limites. Ne serait-ce pas une référence intelligente pour redessiner le monde actuel selon des règles opposées à la loi du plus fort ?

---

[324] Cf. *C'était de Gaulle* (tome 3), Alain Peyrefitte, Ed. Fayard, 2000.
[325] Cf. la lettre du général de Gaulle annexée à *Sociologie du Communisme*, Jules Monnerot, Ed. Gallimard, 1949.
[326] Cf. *La discorde chez l'ennemi*, Charles de Gaulle, Ed. Berger-Levrault, 1924.

Une autre voie existe donc et est explorée depuis longtemps par la France : celle de l'Europe, de manière « à ne se laisser dominer ni par les Américains, ni par les Russes »[327]. Et cette voie passe *a fortiori* par l'Europe de la défense, ce que confirme Nicole Gnesotto quand elle dit que « la question de l'Europe politique passe par la crédibilité militaire des Européens »[328]. On comprend pourquoi un homme comme Charles de Gaulle, pétri de culture historique et militaire et doté d'une vision stratégique totalement hors du commun, ait été le fervent partisan de cette Europe respectueuse des nations qui la composent et non asservie à une grande puissance.

Cette troisième voie consacrée à l'Europe ne serait possible que *via* un rapprochement encore plus marqué entre l'Allemagne et la France, évoqué dès 1500 « par le poète Jean Lemaire de Belges dans ses *Illustrations de Gaule*, » qui écrit que « le couronnement de Charlemagne a ouvert la voie vers l'unification de l'Europe en réunissant France et Allemagne, "ces deux maisons et nations de France orientale et occidentale, lesquelles vous nommez aujourd'hui Hongres, Allemans, Lansquenets d'une part, François et Bretons de l'autre" »[329]. La voie européenne passe par l'entente avec l'Allemagne : ce n'est pas un scoop car le couple (lire « le moteur ») franco-allemand, né après le séjour de Konrad Adenauer chez les De Gaulle à la Boisserie en septembre 1958, est une réalité quotidienne mais il n'est pas inutile de rappeler que ses bases lointaines le légitiment.

---

[327] Entretien entre Charles de Gaulle et Alain Peyrefitte en août 1962, cf. *C'était de Gaulle*, *op. cit.*

[328] Titulaire de la chaire « Union européenne » au Conservatoire national des arts et métiers (CNAM),.elle intervient dans le reportage d'Arte France « L'Europe de la défense – Le choix des armes », *op. cit.*

[329] Cf. *Les grandes décisions de l'histoire de France*, chapitre « Le couronnement de Charlemagne » de Georges Minois, *op. cit.*

Or, l'alliance germano-américaine constitue un cadenas empêchant un rapprochement plus solide. De Gaulle disait en décembre 1966 à Willy Brandt, alors ministre allemand des Affaires étrangères, que « nous ne sommes pas contre les Américains. Ce sont nos amis, mais rien n'est pire pour l'Europe qu'une hégémonie américaine qui nous étouffe, qui nous empêche d'être nous-mêmes et de nous entendre avec l'Est »[330]. Assurément, le théâtre européen ne peut être « conquis » sans l'assentiment de l'Allemagne, très complémentaire de la France – puissance politique côté français et puissance économique côté allemand – mais aujourd'hui encore et toujours inféodée à l'OTAN et sous tutelle américaine en matière militaire. L'ambassadeur Araud dit que « la relation entre les Allemands et les États-Unis est une relation émotionnelle »[331] : combien de temps cette émotion perdurera ? Les Allemands ont certes ouvert de grands yeux quand le Président Trump a annoncé en 2018 que l'Union européenne était le principal ennemi actuel des États-Unis sur le plan commercial[332] mais vu de Berlin, tant que la menace russe planera (expériences de 2014 en Crimée, en Ukraine puis soutien en Syrie en 2015), l'Europe de la défense ne verra pas le jour, l'Alliance ne sera pas dénoncée et l'Allemagne restera soumise. Il faudrait un véritable choc de nature stratégico-militaire, côté américain, otanien ou russe, pour faire évoluer cette position, et ce choc serait lié au manque d'automaticité d'une intervention des États-Unis en cas de conflit en

[330] Cf. *Charles de Gaulle*, Éric Roussel, *op. cit.*

[331] Cf. le reportage d'Arte France « L'Europe de la défense – Le choix des armes », *op. cit.*

[332] Cf. l'interview avec la chaîne CBS du 15 juillet 2018 (cf. l'article de *La Tribune* « Trump désigne l'Union européenne comme le principal ennemi des Etats-Unis (avec la Russie et la Chine) », 15 juillet 2018 (https://www.latribune.fr/economie/international/trump-designe-l-union-europeenne-comme-le-principal-ennemi-des-etats-unis-avec-la-russie-et-la-chine-785187.html).

Europe. On en revient néanmoins aux trois faits centraux de la problématique stratégique : l'utilité de l'OTAN, l'Europe de la défense et la position centrale, pour ne pas dire « rimlandaise » de l'Allemagne en Europe.

Exit le Royaume-Uni puisque le *Brexit* vient rappeler que le Royaume-Uni a toujours joué pour lui-même et pas pour l'Europe dès qu'il a cessé de revendiquer sa souveraineté sur les territoires situé en France (Normandie, Guyenne) à la fin de la Guerre de cent ans, en 1453. Son appartenance à la CEE puis à l'UE n'a duré que quarante-sept ans, une peccadille au regard de l'histoire ! Le *Brexit* vient rappeler que l'ennemi héréditaire de la France n'est pas l'Allemagne mais bel et bien l'Angleterre, celle-ci ayant toutes chances de devenir non plus un Cheval de Troie mais bel et bien une Marche américaine en Europe, surtout si elle se « portugalise ».

333

L'avenir de la souveraineté française, que le fondateur de la Ve République associe toujours à la liberté du monde,

---

[333] Source de la carte de fond : Google Earth.

tient à l'alliance Paris-Berlin. De Gaulle disait en septembre 1962 que « l'avenir de nos deux pays, la base sur laquelle peut et doit se construire l'union de l'Europe, le plus solide atout de la liberté du monde, c'est l'estime, la confiance, l'amitié mutuelles du peuple français et du peuple allemand »[334]. Au Kremlin, il avait expliqué en juin 1966 à Leonid Brejnev que « la question allemande fait partie de la rivalité entre l'Union soviétique et les États-Unis »[335] : en remplaçant « Union soviétique » par « Russie », cette assertion ne serait-elle pas encore d'actualité ? Que l'Allemagne penche vers l'Est proche plutôt que vers l'Ouest éloigné, en même temps que la France, et la donne mondiale en serait transformée. Dans son livre *Vers l'armée de métier* paru en 1934, le lieutenant-colonel de Gaulle écrivait déjà : « Entre Gaulois et Germains, les victoires alternatives n'ont rien tranché ni rien assouvi. (…) Ce n'est point que chacun méconnaisse la valeur de l'autre et ne se prenne à rêver, parfois, aux grandes choses qu'on pourrait faire ensemble »[336]. En juillet 1938, il explique que « les Allemands ont la même civilisation chrétienne, ils ont les mêmes cathédrales, la même culture. Il n'y a pas de peuple plus proche des Français que les Allemands. Avec nous, ils constituent l'Europe, alors que c'est moins le cas des autres. (…) Sachons que malgré tout ce qui nous a séparés et nous séparera encore de nos voisins si proches, notre ennemi héréditaire n'est pas l'Allemagne mais l'Angleterre »[337]. Charles de Gaulle était germanophone et savait de surcroît ce qu'il pouvait reprocher à l'Allemagne : son père Henri avait combattu les Prussiens en 1870, lui-même avait

---

[334] Cf. le discours devant la jeunesse allemande, prononcé en allemand à Ludwigsburg, le 9 septembre 1962 (https://www.lumni.fr/article/discours-de-de-gaulle-devant-la-jeunesse-allemande-le-9-septembre-1962).

[335] Cf. *Charles de Gaulle*, Éric Roussel, *op. cit.*

[336] Cf. *Vers l'armée de métier*, Charles de Gaulle, *op. cit.*

[337] Cf. *De Gaulle, mon père* (tome 2), Philippe de Gaulle, entretiens avec Michel Tauriac, Ed. Plon, 2004.

combattu et été fait prisonnier en 1916 puis avait poursuivi le combat en 1940 et relevé l'honneur de la France. Il savait que l'Allemagne était bien la clé de l'Europe à construire – pour Éric Branca, comme pour Hitler d'ailleurs, le Général ne voyait « d'avenir pour leur pays respectif que dans le Heartland »[338] –, une Europe des nations « en dehors naturellement des mythes, des fictions et des parades »[339], pas une Europe supranationale.

En 1948, il parlait à Georges Pompidou en ces termes : « L'Europe, ça a été de tout temps l'entente des Gaulois et des Germains »[340]. Il suffit de citer le nombre de guerres, batailles, incidents… entre la France et l'Angleterre : Guerre de cent-ans (1337-1453), Malplaquet (1709), Trafalgar (1805), Waterloo (1815), Fachoda (1898)… en sus de toutes les coalitions que l'Angleterre a financées contre la France pendant l'époque napoléonienne, en comparaison avec les trois guerres de 1870, 1914-1918 et 1939-1945 contre l'Allemagne, pour savoir qui sont les frères ennemis héréditaires. Or, on sait qui aujourd'hui, et sans doute davantage demain, se cache derrière les Britanniques. À son fils Philippe, le Général dit en décembre 1941 : « Je connais les Allemands (…). Un jour, eux et nous marcherons du même pas, car nous avons trop de choses en commun »[341]. Au chancelier Konrad Adenauer, en visite à Paris en juillet 1962, il dit : « En vérité, l'Allemagne et la France, en cherchant à s'imposer réciproquement leur domination pour l'étendre ensuite à leurs voisins, poursuivaient, chacune pour son compte, le vieux rêve de l'unité qui, depuis quelque vingt siècles, hante les âmes sur notre continent »[342]. En matière de

---

338 Cf. *De Gaulle et les grands*, *op. cit.*

339 Cf. la conférence de presse du 15 mai 1962.

340 *De Gaulle – Une certaine idée de la France*, *op.cit.*

341 Cf. *De Gaulle, mon père* (tome 2), *op. cit.*

342 Cf. *C'était de Gaulle* (tome 1), *op. cit.*

relations internationales, De Gaulle et Adenauer étaient sur la même longueur d'onde, leur permettant de signer le Traité de l'Élysée le 22 janvier 1963, ce qui ne fut pas le cas avec le chancelier suivant, Ludwig Erhard, qu'Éric Branca qualifie « d'homme des Américains » en proie à « l'allégeance envers les États-Unis »[343].

Il existe encore aujourd'hui beaucoup d'atlantistes convaincus outre *Rhin* qui constituent autant de verrous à faire sauter pour faire avancer la cause européenne. Pour Arnaud Danjean, « les cultures stratégiques, c'est quelque chose de très profond. Ce ne sont pas que des tabous philosophiques ou de conviction, ce sont des histoires, ce sont des institutions et pour faire évoluer les choses, il faut vraiment beaucoup beaucoup de conviction et de patience »[344]. Il faudra effectivement du temps pour changer les mentalités allemandes, des mentalités lourdement ancrées dans des postures pré Guerre froide et entretenues savamment par les États-Unis.

L'Allemagne, pays anglo-saxon sourcilleux de son indépendance, même si elle a abandonné sa défense à l'OTAN depuis 1945, cherchera-t-elle à servir de relais pour faire revenir la France vers son allié traditionnel russe ou servira-t-elle de point d'appui à l'Amérique pour garder la France sous son giron ? Là est toute la question. Dans le premier cas, le prix à payer pour Paris serait de quitter l'Alliance atlantique, condition que vingt ans d'atermoiements montrent comme préalable à la construction d'une défense européenne ; dans le second, ce prix serait celui de l'abandon de la souveraineté nationale, qu'elle soit militaro-industrielle ou économique. Or, en 2020, y a-t-il un homme politique courageux en vue, de la

---

343 Cf. *De Gaulle et les grands*, *op. cit.*

344 Cf. le reportage d'Arte France « L'Europe de la défense – Le choix des armes », *op. cit.*

trempe du général de Gaulle, qui soit apte à taper du poing sur la table et dire : « Ça suffit ! » et rétablir un équilibre plus favorable au continent européen qui s'enlise sous l'emprise américaine ? L'avenir se dessine-t-il sous des auspices étoilés, avec son cortège d'abandons, de renoncements et de concessions quant à l'adhésion pleine et entière à l'*American way of life* au détriment des enseignements de l'histoire ?

Il faudrait un cataclysme en France pour faire changer cela car c'est toujours de France que sont partis les mouvements permettant de sortir l'Europe de sa torpeur. Invitée à rencontrer des fortunes diverses, la France n'est pas plus grande que lorsqu'elle est confrontée à des crises immenses et il faut souvent qu'elle tombe dans l'abîme pour rebondir monumentalement, renouer avec la gloire et fasciner le monde. Cela a été le cas en 1420 (Traité de Troyes), en 1525 (Traité de Madrid), en 1793 (la Terreur), en 1871 (la Commune), en 1915 (Verdun), en 1940 (la débâcle) et en 1968 (émeutes et grèves). Cela sera peut-être le cas en 2020 avec la crise du coronavirus. « On ne peut rassembler les Français que sous le coup de la peur »[345], disait le général de Gaulle : comme il connaissait bien la France ! Sans doute parce qu'elle ne manque pas d'événements où d'un mal est sorti un bien. Le général de Gaulle avait en mémoire nombre de cas et appelait « tour à tour au culte de la tradition, à la fierté nationale, à la mystique chrétienne, à l'inspiration libérale, à la fureur jacobine, à la révolution sociale », autant de raisons pour lesquelles il n'était pas question d'abandonner face au danger, de manière à relever la tête et susciter un sursaut national. Mais aujourd'hui en France où règne en maître la bien-pensance, on est bien loin du culte de la tradition, de la fierté nationale (en dehors des matchs de coupe du monde

---

[345] Cf. *De Gaulle – Une certaine idée de la France, op.cit.*

de football), de la mystique chrétienne et de l'inspiration libérale.

Jules César avait, en son temps, déjà observé la caractéristique du peuple gaulois de se diviser, sa division en de nombreuses chapelles et sa disposition naturelle aux querelles intestines quand il écrivait que « dans la Gaule, ce n'est pas seulement dans chaque ville, dans chaque bourg et dans chaque campagne qu'il existe des factions, mais aussi dans presque chaque famille »[346]. Le sursaut national est d'autant plus difficile à susciter et par conséquent, celui qui y parvient est d'autant plus méritoire ! L'armée française qui a conservé son corpus de valeurs pourrait jouer un rôle dans une dynamique à dessiner[347].

Dans leur passé pathétique et en raison de leur défaitisme naturel, encore aujourd'hui très présent, les Français affectionnent l'héroïsme et exaltent le mythe du sauveur, celui de l'homme providentiel apte à sauver le pays quand il est face au gouffre ou capable de redresser une situation inextricable. La France a ainsi eu recours à Vercingétorix, Bertrand Du Guesclin, Jeanne d'Arc, Napoléon Bonaparte, le général Boulanger, Georges Clemenceau, Philippe Pétain, Charles de Gaulle… qui ont plus ou moins bien réussi. Denis Tillinac explique que « quand l'histoire sort de ses gonds, le système se cherche un Boulanger quelconque. Ça peut faire de gros dégâts » et cite les cas d'Hitler en Allemagne et de Franco en Espagne : il y a donc un risque sous-jacent dans ce recours[348]. Devant l'absence d'un tel héros depuis 1969, cette théorie de l'homme providentiel ressurgit fréquemment : certains affirment que

---

[346] Cf. *De la guerre des Gaules* (livre VI), Jules César, parution entre 57 et 43 av. JC, accessible sur http://bcs.fltr.ucl.ac.be/caes/BGIII.html.
[347] Cf. *Regard d'un militaire sur la société française*, Bruno Mignot, Ed. L'Harmattan, 2007.
[348] Cf. *Dictionnaire amoureux du Général*, *op. cit.*

« l'homme providentiel est indispensable aux Français »[349] et d'autres souhaitent « en finir avec le mythe du président providentiel »[350]. Beaucoup sont idéalisés et les racines chrétiennes de la France ressortent alors souvent comme consubstantielles au pouvoir des sauveurs de la nation ; le général Pierre Héring, commandant de l'École supérieure de guerre en 1926, parlait de « l'homme providentiel, marqué par un décret du ciel » [351] et citait l'oraison funèbre du Prince de Condé : « Dieu seul fait les conquérants... Dieu seul les fait servir à ses desseins... Dieu lui avait donné cette indomptable valeur pour le salut de la France »[352]. Cette référence n'est pas près de s'éteindre mais ceux qui en font état sont crucifiés sur l'autel de la laïcité républicaine.

Pour que cet homme providentiel surgisse, il faut qu'une grande catastrophe éclate, qu'elle soit nationale ou internationale : est-ce prévisible à court ou moyen terme ? Cette catastrophe serait alors vraisemblablement en lien avec l'un des deux invariants stratégiques français cités : l'unité ou la souveraineté – la gestion de la crise du coronavirus Covid-19 a effectivement montré le recours au premier et ses enseignements seront très vraisemblablement en rapport avec le second. D'où la nécessité de veiller les signaux faibles qui s'y rapportent. Gageons que la France saurait alors trouver les ressources nécessaires pour, une fois de plus, passer l'obstacle et étonner le monde.

---

[349] Cf. *Napoléon et De Gaulle, deux héros français*, Patrice Gueniffey, Ed. Perrin, 2017.

[350] Cf. l'article des *Échos* « En finir avec le mythe du président providentiel », Michel Aubouin, 24 décembre 2018 (https://www.lesechos.fr/idees-debats/cercle/en-finir-avec-le-mythe-du-president-providentiel-241124).

[351] Cf. *Pétain et de Gaulle*, Jean-Raymond Tournoux, Ed. Plon, 1965.

[352] Cité dans *Charles de Gaulle,* Éric Roussel, *op. cit.*

Conclusion

« Les grandes existences ne meurent pas avec l'homme qu'elles ont animé : elles se transmettent aux générations suivantes, elles s'infiltrent dans les âges à venir ».

Alexandre Dumas
Voyage en Russie, 1858

Nul besoin d'être un État en tant que tel depuis des siècles pour avoir une histoire stratégique et donc des invariants. Néanmoins, point d'invariants dans un État sans considérations stratégiques d'origines géographiques et historiques. Il faut donc étudier ces deux sciences pour comprendre un peuple, discerner une politique derrière un discours et se poser les bonnes questions. Prendre les dires des hommes politiques à la lettre sans se demander ce qu'ils cachent, sans identifier leurs véritables objectifs, c'est être leur dupe. Pour ne pas être manipulé, il est par conséquent indispensable de prendre de la hauteur et de regarder le passé.

L'exemple turc est particulièrement intéressant à cet égard. La Turquie inquiète le monde, non pas parce son dirigeant adopte la même méthode provocatrice – on se rappelle le chantage et les menaces exprimés lors de son discours du 2 mars 2020 relatif à l'ouverture des frontières européennes à des millions de migrants en réponse aux critiques européennes sur ses opérations militaires en Syrie[353] – que celle du président américain, mais parce que la Société des Frères musulmans, dont M. Erdogan fait partie, agit contre l'emprise laïque occidentale et pour l'établissement de républiques islamiques dans le monde en général et en Europe en particulier. L'époque des sièges de Vienne en 1529 et en 1683 par l'armée ottomane est connue des historiens et n'a pas laissé que de bons souvenirs en Europe centrale. De même, la volonté réitérée par la Turquie d'intégrer l'Union européenne n'est pas innocente. Il est très possible que le panislamisme se cache davantage derrière ce qui se décide à Ankara que le développement économique. Cela découle directement de l'histoire

---

[353] Cf. l'article de *L'Express* « Erdogan : "Des millions" de migrants se dirigeront "bientôt" vers l'Europe », avec l'AFP, 2 mars 2020 (https://www.lexpress.fr/actualite/monde/europe/erdogan-des-millions-de-migrants-se-dirigeront-bientot-vers-l-europe_2119811.html).

ottomane, la Sublime Porte étant allée jusqu'aux confins de l'Espagne avant d'en être définitivement chassée en 1492. Néanmoins, des esprits malins pourraient aussi considérer que la politique turque, par son caractère jusqu'au-boutiste, sert les intérêts français car met en difficulté l'OTAN qui peut être entraînée dans un conflit avec la Russie sous article 5[354], ce à quoi la France n'est peut-être pas favorable, sauf à quitter l'Alliance. Ce cas d'espèce est un exemple de choix possible entre deux politiques découlant du respect d'un invariant stratégique national.

Pour aller plus loin, que dire de l'équilibre du monde, sur la base de ce qui a été décrit dans les pages qui précèdent ? On le voit, on le sait, la Chine n'émerge plus, elle est là, et tôt ou tard, elle dominera économiquement et militairement le monde. La Russie pourrait alors être tentée par le camp occidental dont elle est culturellement plus proche que de l'innombrable masse chinoise. Il faudrait alors que s'alignent plusieurs planètes pour éviter que les équilibres se déplacent irrémédiablement vers l'Extrême-Orient et pour rendre à la Russie sa vraie place « heartlandaise » dans le concert des nations occidentales :

- Une portugalisation du Royaume-Uni qui créerait…

[354] Article 5 du Traité de l'Atlantique Nord du 4 avril 1949 : « Les parties conviennent qu'une attaque armée contre l'une ou plusieurs d'entre elles survenant en Europe ou en Amérique du Nord sera considérée comme une attaque dirigée contre toutes les parties, et en conséquence elles conviennent que, si une telle attaque se produit, chacune d'elles, dans l'exercice du droit de légitime défense, individuelle ou collective, reconnu par l'article 51 de la Charte des Nations Unies, assistera la partie ou les parties ainsi attaquées en prenant aussitôt, individuellement et d'accord avec les autres parties, telle action qu'elle jugera nécessaire, y compris l'emploi de la force armée, pour rétablir et assurer la sécurité dans la région de l'Atlantique Nord » (cf. https://otan.delegfrance.org/Traite-de-l-Atlantique-Nord).

- Une baisse significative de l'influence américaine en Europe qui aurait pour conséquence…
- Un sentiment partagé de non fiabilité de l'OTAN, prémices à…
- Un départ de la France de l'Alliance, qui autoriserait…
- Un rapprochement franco-allemand plus conséquent, notamment en matière militaire, conduisant à…
- Une alliance commune avec la Russie, entraînant…
- Un front uni du bloc occidental, États-Unis compris, avec la Russie permettant de…

Cela d'une part irait dans le sens des invariants stratégiques de chacune des nations et d'autre part engendrerait un équilibre international *in fine* plus favorable au camp occidental. Alors, le centre de gravité mondial reviendrait aux marches du Heartland, c'est-à-dire en Allemagne… où De Gaulle plaçait le centre du monde, il y a trois quarts de siècle[355]. Mais ce nouvel équilibre pourrait n'être que temporaire car une autre puissance émerge aujourd'hui et sera, dit-on, plus peuplée que la Chine en 2100 : l'Inde, partie aussi prenante du Rimland. Peut-être alors que ce pays sera à l'origine de nouveaux rapports de force. Malheureusement, les réflexions du général de Gaulle sur l'Inde – qu'il appelait parfois l'Hindoustan et qu'il décrivait comme « un océan de misères et de rêves mais aussi de valeurs et de vertus »[356] – sont rares. Toutefois, sa qualité de pays non aligné avec l'un des deux blocs (États-Unis et URSS) et son désir de ne pas tomber sous la coupe chinoise n'avaient pas échappé à la

---

[355] Cité par Éric Branca dans *L'ami américain*, *op. cit.*

[356] « En vérité, le sort de l'Allemagne est le problème de l'univers » (cf. *Mémoires d'espoir*, *op. cit.*).

sagacité du Général qui considérait toutefois que l'Inde des années 1960 ne comptait pas dans le concert des nations.

In fine, on peut raisonnablement considérer que les invariants stratégiques d'un pays sont liés soit à des intérêts, soit à des peurs, et parfois aux deux en même temps. Les premiers sont liés au développement, qui a un lien direct avec les ressources, l'économie et la géographie ; les secondes sont liées à des expériences traumatisantes ou enrichissantes rencontrées au cours des siècles. Rien de bien nouveau mais il est toujours préférable de rappeler ce qui est par rapport à ce qui paraît. En effet, on oublie souvent ce qui cause les événements pour mieux s'intéresser à leurs conséquences, ce qui conduit souvent les gouvernements à traiter les suites d'un fait au lieu de s'attaquer à ses racines profondes, et donc de participer à ce qu'ils se reproduisent indéfiniment. Remonter à la source revient à s'intéresser à ces invariants qui instruisent sur le sens de telle ou telle décision.

Nous avons étudié les invariants de cinq États très différents. En dehors de ceux rapprochant États-Unis et Royaume-Uni qui se comprennent par la filiation directe des uns à l'autre, un invariant stratégique supérieur se dégage à chaque fois, un invariant partagé par tous les États dignes de ce nom : la défense des intérêts supérieurs de la nation et notamment ceux de puissance, en particulier quand survient une crise mondiale. À ce sujet, au moment où ces lignes sont écrites (juin 2020), on peut d'ores et déjà tirer quelques enseignements à chaud de la pandémie du Covid-19 :

- Du côté britannique, la désinvolture initialement affichée par le Premier ministre a confirmé l'invariant selon lequel l'activité économique (*business*) prime sur tout, en particulier la santé, au risque de faire plusieurs centaines de milliers de victimes[357].

- Du côté américain, l'infection a été vue comme une menace (volonté de nuire) d'où l'interdiction d'entrée sur le territoire et un retour immédiat à l'isolationnisme, confirmant la notion d'*America first*. Aussi, la réaction du Président Trump de minimiser la gravité de la crise épidémique « devant les effets négatifs du confinement sur l'économie » a rappelé les priorités outre-Atlantique[358] et affiché la similitude naturelle des approches américaine et britannique dès qu'il s'agit d'économie.
- Du côté russe, la fermeture de la frontière avec la Chine dès le 30 janvier 2020[359], alors que peu de contaminations avaient été constatées très loin du territoire russe, a montré que le risque d'infection a peut-être été perçu comme un risque d'invasion d'un nouveau style.
- Du côté allemand, l'impuissance du régime fédéral à imposer des mesures de lutte – la prérogative revenait aux Länder – a montré la limite d'un tel système et donné aux détracteurs de la régionalisation un excellent

---

[357] Cf. l'article du *Point* « La stratégie foireuse de Boris Johnson contre le coronavirus », Luc de Barochez, 17 mars 2020 (https://www.lepoint.fr/monde/la-strategie-foireuse-de-boris-johnson-contre-le-coronavirus-17-03-2020-2367542_24.php).

[358] Cf. l'article du *Monde* « Donald Trump perd patience face au coronavirus », Gilles Paris, 24 mars 2020 (https://www.lemonde.fr/international/article/2020/03/24/donald-trump-perd-patience-face-au-coronavirus_6034181_3210.html).

[359] Cf. l'article de *L'Express* (avec l'AFP) « La Russie va fermer ses frontières avec la Chine pour éviter la propagation du virus », 30 janvier 2020 (https://www.lexpress.fr/actualite/monde/asie/coronavirus-la-russie-va-fermer-ses-frontieres-avec-la-chine_2116769.html).

argument pour éviter qu'elle ne s'applique à l'Europe tout entière.

- En France, l'appel à l'unité de la nation a été immédiat face à un phénomène nouveau mettant gravement en danger la population, mais le front uni du début de la crise a vite laissé la place aux chamailleries à la gauloise face aux dissonances médicales et aux hésitations constatées.
- La solidarité européenne a été mise à mal et l'inefficacité de l'action supranationale de la Commission en temps de crise majeure est établie, chaque État ayant pris ses propres mesures et remis au goût du jour le concept « d'égoïsme sacré »[360] du président italien Antonio Salandra (1914). Pourtant, la carte de diffusion du virus montre que l'Europe se trouve au centre du jeu mondial, qu'elle est (encore) au carrefour des échanges mondiaux. La mondialisation sauvage a ainsi montré ses limites : la souveraineté sanitaire faisant partie de la souveraineté nationale[361], l'opinion publique européenne en général et française en particulier s'est rendu compte qu'abandonner la production d'effets de protection de base à la Chine, autrement dit installer une dépendance stratégique, s'est avéré délétère. Le nationalisme a le vent en poupe et les démocraties ont du souci à se faire.

Avec un peu de recul sur cette crise mondiale aux effets dévastateurs, il sera intéressant de noter en quoi les invariants

---

[360] Cf. *D'une guerre mondiale à l'autre (1914-1945)*, Jean-Paul Brunet et Michel Launay, Ed. Hachette, 1993.

[361] Cf. l'article du *Point* « Marcel Gauchet : "Avec le coronavirus, on redécouvre la souveraineté" », propos recueillis par Sébastien Le Fol et François-Guillaume Lorrain, 17 mars 2020 (https://www.lepoint.fr/postillon/marcel-gauchet-avec-le-coronavirus-on-redecouvre-la-souverainete-17-03-2020-2367558_3961.php).

stratégiques de chaque nation ont joué et joueront à l'avenir sur l'organisation de chaque État : les années qui viennent démontreront vraisemblablement l'acuité de ce concept.

Hier, la compétition mondiale se déroulait dans le domaine physique des champs de bataille ; aujourd'hui, elle est essentiellement dans le domaine économique et demain, elle sera sans doute dans le champ cyber de l'information. Connaître ce qui sous-tend la politique de chaque État – on peut décliner cela aux entreprises multinationales sous une forme similaire – procure un avantage essentiel qu'il ne faut surtout pas négliger pour l'emporter, pérenniser l'emploi, préserver des vies humaines, garantir l'activité et développer son pays. Devant les sénateurs, le général Didier Castres a raison de citer Frédéric le Grand, en ce que « la connaissance du pays où l'on doit mener sa guerre est la base de toute stratégie »[362] et cette assertion est totalement transposable à l'activité économique – c'est d'ailleurs un des trois piliers de l'intelligence économique que de maîtriser parfaitement son écosystème. Cette connaissance inclut nécessairement la géographie et l'histoire qui sont les matières premières de la pensée stratégique, mais aussi celle des crises et de leurs causes.

C'est en joignant les dimensions historiques, économiques, diplomatiques et militaires, ingrédients d'une solide culture générale indispensable aux dirigeants politiques actuels, que l'on peut prétendre à connaître un pays et, dès lors, à anticiper ses réactions et éviter des erreurs stratégiques majeures dans le futur. C'est cette approche qui conduisait le général de Gaulle à relativiser le rôle des services de renseignement, forcément de nature

[362] Cf. l'audition du général d'armée (2S) Didier Castres, ancien sous-chef d'état-major « opérations » des armées françaises, devant la Commission des affaires étrangères, de la Défense et des forces armées du Sénat du 22 janvier 2020 (http://www.senat.fr/compte-rendu-commissions/20200120/etr.html).

conjoncturelle, dans la prise de décision : les stratégies de long terme des pays, une fois identifiées, lui semblaient bien plus utiles. Agir dans l'immédiateté revient à omettre ces principes et à subir autrui : ce n'est pas raisonnable. Un dirigeant politique ne peut pas faire fi d'une étude des causes profondes d'une crise avant d'en prévoir ses conséquences car la population attend de lui qu'il décide avec clairvoyance, en toute connaissance de cause. *In fine*, De Gaulle l'avait bien compris quand il disait que « la culture générale est la véritable école du commandement »[363].

La question se pose alors de savoir si et où ces invariants stratégiques, qui ne sont rien d'autre que des linéaments nationaux, sont aujourd'hui enseignés aux plus jeunes, la littérature étant très rare à ce sujet. Puisse cet essai la compléter un peu. Puisse-t-il faire réfléchir sur les propos tenus par le fondateur de la Ve République dont la plupart sont transposables au contexte actuel tant ils étaient universels, cinquante ans après sa disparition.

Aujourd'hui, le Général manque à la France, il manque à l'Europe, il manque au monde entier mais ses réflexions et sa hauteur de vue demeurent vivaces. Faisons comme l'empereur Napoléon Ier qui se tourna vers son plus fidèle ennemi après sa seconde abdication, en laissant le dernier mot à un Américain, le Président Richard Nixon qui, au lendemain du départ du Général de l'Élysée après l'échec du référendum d'avril 1969, lui écrivit les mots suivants : « Pour le dire tout net, dans cet âge de dirigeants médiocres dans la plupart des régions du globe, l'esprit de l'Amérique a besoin de votre présence »[364]. Cette assertion ne serait-elle pas aussi applicable à l'actualité ?

---

[363] Cf. *Vers l'armée de métier*, *op. cit.*

[364] Cf. l'article « Nixon-de Gaulle : un épisode original des relations franco-américaines », Yves-Henri Nouailhat, *Revue française d'études*

Bibliographie

Ouvrages cités liés au général de Gaulle

La discorde chez l'ennemi, Charles de Gaulle, Ed. Berger-Levrault, 1924.

Le fil de l'épée, Charles de Gaulle, Ed. Plon, 1932.

Vers l'armée de métier, Charles de Gaulle, Ed. Berger-Levrault, 1934.

La France et son armée, Charles de Gaulle, Ed. Plon, 1938.

Mémoires de guerre – L'appel : 1940-1942, Charles de Gaulle, Ed. Plon, 1954.

Mémoires de guerre – L'unité – 1942-1944, Charles de Gaulle, Ed. Plon, 1956.

Mémoires de guerre – Le salut (1944-1946), Charles de Gaulle, Ed. Plon, 1959.

Mémoires d'espoir, Charles de Gaulle, Ed. Plon, 1970.

Discours et messages – Pendant la guerre (1940-1946), Charles de Gaulle, Ed. Plon, 1970.

Discours et messages– Avec le renouveau (1958-1962), Charles de Gaulle, Ed. Plon, 1970.

Discours et messages – Pour l'effort (1962-1965), Charles de Gaulle, 1970.

Discours et messages – Vers le terme (1966-1969), Charles de Gaulle, 1970.

Lettres, notes et carnets – 1919-1940, Charles de Gaulle, Ed. Plon, 1980.

---

américaines, 1987 (https://www.persee.fr/doc/rfea_0397-7870_1987_num_32_1_1281).

Charles de Gaulle, Général de France, Lucien Nachin, Ed. Colbert, 1944.

Jamais dit, Jean-Raymond Tournoux, Ed. Plon, 1961.

Pétain et de Gaulle, Jean-Raymond Tournoux, Ed. Plon, 1965.

La tragédie du Général, Jean-Raymond Tournoux, Ed. Plon, 1967.

Le Général m'a dit – 1966-1970, Jean d'Escrienne, Ed. Plon 1973.

Le Général indivis, Edgar Pisani, Ed. Albin Michel, 1974.

Aimer de Gaulle, Claude Mauriac, Ed. Grasset, 1978.

Mon Général, Olivier Guichard, Ed. Grasset (Livre de poche), 1980.

De Gaulle – Le rebelle – 1890-1944 (tome 1), Jean Lacouture, Ed. du Seuil, 1984.

Charles de Gaulle, Éric Roussel, Ed. Gallimard, 2002.

De Gaulle, mon père (tome 1), Philippe de Gaulle, entretiens avec Michel Tauriac, Ed. Plon, 2003.

De Gaulle, mon père (tome 2), Philippe de Gaulle, entretiens avec Michel Tauriac, Ed. Plon, 2004.

C'était de Gaulle (tome 1), Alain Peyrefitte, Ed. Fayard, 1994.

C'était de Gaulle (tome 2), Alain Peyrefitte, Ed. Fayard, 1997.

C'était de Gaulle (tome 3), Alain Peyrefitte, Ed. Fayard, 2000.

De Gaulle et Churchill – La mésentente cordiale, François Kersaudy, Ed. Perrin, 2001.

Le général de Gaulle et la Russie, Hélène Carrère d'Encausse, Ed. Fayard, 2017.

L'ami américain – Washington contre de Gaulle 1940-1969, Éric Branca, Ed. Perrin, 2017.

Napoléon et De Gaulle, deux héros français, Patrice Gueniffey, Ed. Perrin, 2017.

Le Monde selon de Gaulle, François Kersaudy, Ed. Tallandier, 2018.

De Gaulle – Une certaine idée de la France, Julian Jackson, Ed. du Seuil, 2019.

Dictionnaire amoureux du Général, Denis Tillinac, Ed. Plon, 2020.

De Gaulle et les grands, Éric Branca, Ed. Perrin, 2020.

Autres ouvrages

La guerre des Gaules, Jules César, parution entre 57 et 43 av. JC.

Parliamentary History, 1782-1783, Edmund Burke.

Histoire de l'empire de Russie sous Pierre le Grand (1759), Voltaire, Ed. Garnier, 1878.

Voyage en Russie, Alexandre Dumas, 1858, réédition de 2002 aux éditions Hermann.

Souvenirs d'enfance et de jeunesse, Ernest Renan, Ed. Calmann Lévy, 1883.

L'impromptu de Paris, Jean Giraudoux, Ed. Grasset, 1937.

Der Kontinentalblock: Mitteleuropa, Eurasien, Japan, Karl Haushofer, Ed. Eher, 1941.

America's Strategy in World Politics – The United States and the Balance of Power (1942), Nicholas Spykman, Ed. Routledge, 2017.

Œuvres de Laberthonnière publiées par les soins de Louis Canet, Pangermanisme et christianisme, Librairie philosophique Vrin, 1945.

La Gaule – Les fondements ethniques, sociaux et politiques de la nation française, Ferdinand Lot, Ed. Fayard, 1947.

Sociologie du Communisme, Jules Monnerot, Ed. Gallimard, 1949.

La longue durée, Fernand Braudel, Annales Économies-Sociétés-Civilisations, 13e année, Ed. Armand Colin, 1958.

Cahiers (tome 2), Paul Valéry, Ed. Gallimard (La nouvelle revue française), 1974.

La géographie, ça sert, d'abord, à faire la guerre, Yves Lacoste, Ed. Maspero, 1976.

Fulfilment of a Mission, Général Edward Spears, Ed. Leo Cooper, 1977.

L'étonnement d'être – Journal 1939-1973, Hervé Alphand, Ed. Fayard, 1977.

L'Espace géographique, Hildebert Isnard, Ed. PUF, 1978.

Pour rétablir une vérité, Georges Pompidou, Ed. Flammarion, 1982.

Essais de stratégie théorique, Lucien Poirier, Fondation pour les études de défense nationale, 1982.

L'empire immobile ou le choc des mondes, Alain Peyrefitte, Ed. Fayard, 1989.

Naissance et déclin des grandes puissances (*The Rise and Fall of the Great Powers*, 1987), Paul Kennedy, Petite bibliothèque Payot, 1989.

D'une guerre mondiale à l'autre (1914-1945), Jean-Paul Brunet et Michel Launay, Ed. Hachette, 1993.

Livre blanc de la défense 1994, Ed. UGE 10/18, 1994.

Clovis et le baptême de la France, Anne Bernet, Ed. Clovis, 1995.

Le chantier stratégique – Entretiens avec Gérard Chaliand, Lucien Poirier, Ed. Hachette, 1997.

Le choc des civilisations, Samuel Huntington, Ed. Odile Jacob, 1997.

Histoire de la Grande-Bretagne, Roland Marx, Ed. Perrin, 2004.

Après l'empire – Essai sur la décomposition du système américain, Emmanuel Todd, Ed. Gallimard, 2004.

The Battle That Stopped Rome: Emperor Augustus, Arminius, and the Slaughter of the Legions in the Teutoburg Forest, Peter S. Wells, Ed. Norton & Company, 2004.

Dictionnaire historique de la langue française (tome 1), sous la direction d'Alain Rey, Ed. Le Robert, 2006.

Regard d'un militaire sur la société française, Bruno Mignot, Ed. L'Harmattan, 2007.

Défense et sécurité nationale – Le Livre blanc, Ed. Odile Jacob, 2008.

Français en résistance – Carnets de guerre, correspondances, journaux personnels, édition établie et présentée par Guillaume Piketty, Ed. Robert Laffont, 2009.

Traité de stratégie (7e édition), Hervé Coutau-Bégarie, Ed. Economica, 2011.

Russie, alliance vitale, Jean-Bernard Pinatel, Ed. Choiseul, 2011.

Le dernier Mitterrand, Georges-Marc Benamou, Ed. Plon, 2011.

Les héros des Français – Controverses autour de la mémoire nationale, Christian Amalvi, Bibliothèque historique Larousse, 2011.

L'Allemagne hier et aujourd'hui, 8e édition, Jean-Claude Capèle, Ed. Hachette, 2012.

Livre blanc – Défense et sécurité nationale, La Documentation française, 2013.

Sabordage – « Comment la France détruit sa puissance », Christian Harbulot, Ed. François Bourin, 2014.

Histoire des États-Unis, 4e édition, sous la direction de Bernard Vincent, Ed. Flammarion, 2016.

Revue stratégique de défense et de sécurité nationale, DICOD, 2017.

Servir, Général d'armée Pierre de Villiers, Ed. Fayard, 2017.

Une brève histoire du Brexit, Kevin O'Rourke, Ed. Odile Jacob, 2018.

Les grandes décisions de l'histoire de France, sous la direction de Patrice Gueniffey & François-Guillaume Lorrain, Ed. Le Point-Perrin, 2018.

Les vainqueurs – Comment la France a gagné la Grande Guerre, Michel Goya, Ed. Tallandier, 2018.

Articles

« La Constitution de l'unité nationale en France », Louis de Carné, *Revue des Deux Mondes* (tome 20), 1847.

« The Geographical Pivot of History », The Royal Geographical Society, 1904 (https://www.iwp.edu/wp-content/uploads/2019/05/20131016_MackinderTheGeographicalJournal.pdf).

« Le français, langue de culture », Léopold Sédar Senghor, revue *Esprit*, novembre 1962 (https://esprit.presse.fr/article/senghor-leopold-sedar/le-francais-langue-de-culture-32919).

« Nixon-de Gaulle : un épisode original des relations franco-américaines », Yves-Henri Nouailhat, *Revue française d'études américaines*, 1987 (https://www.persee.fr/doc/rfea_0397-7870_1987_num_32_1_1281).

« Silhouette », Gwénola Posseme-Rageau, *La Croix*, 24 mai 1997 (https://www.la-croix.com/Archives/1997-05-24/Silhouette-_NP_-1997-05-24-428736).

« États-Unis : le général adultère jette l'éponge », source AFP, sur lorientlejour.com, 10 juin 1997 (https://www.lorientlejour.com/article/231188/États-Unis_%253A_le_general_adultere_jette_leponge.html).

« Après la confession télévisée du président américain Clinton "regrette", l'affaire Lewinsky continue. Le procureur Ken Starr poursuit son enquête malgré les aveux du chef de l'État sur sa liaison avec l'ex-stagiaire de la Maison Blanche », Luc Lamprière, *Libération*, 19 août 1998 (https://www.liberation.fr/evenement/1998/08/19/apres-la-confession-televisee-du-president-americain-clinton-regrette-l-affaire-lewinsky-continue-le_243976).

« L'Allemagne et l'est européen, le défi d'une configuration intégrative de l'Europe », Stephan Martens, *Revue d'études comparatives Est-Ouest* (vol 32), 2001 (https://www.persee.fr/doc/receo_0338-0599_2001_num_32_3_3101).

« Le puritanisme aux États-Unis, du Mayflower aux télévangélistes », Michel Duchein, décembre 2002, (https://www.clio.fr/BIBLIOTHEQUE/le_puritanisme_aux_États_unis_du_mayflower_aux_televangelistes.asp).

« La Grande Europe ou le grand basculement ? », Pierre Hillard, 1er février 2009 (https://www.diploweb.com/p5hillard1.htm).

« Les États-Unis et le reste du monde », Yves Lacoste, revue *Hérodote* n°109 de 2003 (https://www.cairn.info/revue-herodote-2003-2-page-3.htm).

« Entretien avec le général Pichot-Duclos, à propos de la main invisible des puissances », École de guerre économique, 2005 (https://infoguerre.fr/2005/08/entretien-avec-le-general-pichot-duclos-a-propos-de-la-main-invisible-des-puiss/).

« Le scandale qui grille le démocrate John Edwards », Jean-Louis Turlin, *Le Figaro*, 11 août 2008 (http://www.lefigaro.fr/elections-americaines-2008/2008/08/11/01017-20080811ARTFIG00188-le-scandale-qui-grille-le-democrate-john-edwards-.php).

« La Chine au miroir de la mer », Cyrille P. Coutansais, *Revue internationale et stratégique* 2010/2 (https://www.cairn.info/revue-internationale-et-strategique-2010-2-page-28.htm).

« Russie d'Europe », Karine Greth, in *Outre-Terre* 2011/1 n°27 (https://www.cairn.info/revue-outre-terre1-2011-1-page-25.htm).

« Sexe, politique et puritanisme : l'obsession américaine », Claire Derville, *La Vie*, 18 mai 2011 (http://www.lavie.fr/actualite/monde/sexe-politique-et-puritanisme-l-obsession-americaine-17-05-2011-16937_5.php).

« "Le pivot géographique de l'histoire" : une lecture critique », Yves Lacoste, revue *Hérodote* de 2012 (https://www.cairn.info/revue-herodote-2012-3-page-139.htm).

« L'adultère, un crime selon le code militaire américain », *Le Figaro*, 14 novembre 2012 (http://www.lefigaro.fr/international/2012/11/14/01003-20121114ARTFIG00660-l-adultere-un-crime-selon-le-code-militaire-americain.php).

« Retrouver le sens du temps long » – entretien entre Anne Lauvergeon et Bruno Mignot, lettre électronique de l'armée de l'air *Epidosis* n°5, février 2014 (https://www.irsem.fr/data/files/irsem/documents/document/file/1657/CESA_2014_Epidosis_05.pdf).

« Attaque chimique en Syrie : le rapport qui dérange », Armin Arefi, *Le Point*, 19 février 2014 (https://www.lepoint.fr/monde/attaque-chimique-en-syrie-le-rapport-qui-derange-19-02-2014-1793755_24.php).

« La manipulation de l'opinion publique selon son inventeur », Romaric Thomas, 10 octobre 2014 (http://www.elcorreo.eu.org/La-manipulation-de-l-opinion-publique-selon-son-inventeur).

« America's Changing Religious Landscape », Pew Research Center, 12 mai 2015 (https://www.pewforum.org/2015/05/12/americas-changing-religious-landscape/).

« Les citations historiques : Mirabeau et la Prusse », Clémentine V. Baron, 9 mai 2015 (http://clementine-baron.com/les-citations-historiques-mirabeau-et-la-prusse/).

« L'État a fabriqué la France, il a "fait" la nation », Hervé Le Bras, propos recueillis par Vincent Giret, *Le Monde* 15 juin 2015 (https://www.lemonde.fr/politique/article/2015/06/23/l-etat-a-fabrique-la-france-il-a-fait-la-nation_4660044_823448.html).

« La France possède le 2e domaine maritime et le 1er domaine sous-maritime au monde ! », Jean Caupin, 21 octobre 2015 (https://www.inter-invest.fr/actualites/dom-tom/00050/la-france-possede-le-plus-grand-domaine-sous-maritime-au-monde).

« 20 janvier 1942 : de Gaulle dit que l'URSS est une alliée », 19 janvier 2016 (http://lhistoireenrafale.lunion.fr/2016/01/19/20-janvier-1942-de-gaulle-dit-que-lurss-est-une-alliee/).

« American Psycho – Donald Trump and the downfall of a great nation », Simon Heffer, *NewStatesman*, 11-17 mars 2016 (https://www.newstatesman.com/politics/staggers/2016/03/weeks-magazine-american-psycho).

« Budget européen : qu'est-ce que le rabais britannique ? », 10 mai 2016 (https://www.touteleurope.eu/actualite/budget-europeen-qu-est-ce-que-le-rabais-britannique.html).

« "Brexit" : comment Cameron s'est laissé prendre à son propre piège », Maxime Vaudano, 24 juin 2016 (https://www.lemonde.fr/les-decodeurs/article/2016/06/24/Brexit-comment-david-cameron-s-est-laisse-prendre-a-son-propre-piege_4957423_4355770.html).

« Avant le "Brexit", trente ans d'histoire tumultueuse entre le Royaume-Uni et l'UE », Mathilde Damgé, 24 juin 2016 (https://www.lemonde.fr/les-decodeurs/article/2016/06/24/avant-le-Brexit-30-ans-d-histoire-tumultueuse-entre-le-royaume-uni-et-l-ue_4957208_4355770.html).

« Il y a un an, Merkel ouvrait la porte aux réfugiés : bilan », Christophe Bourdoiseau, *La Tribune de Genève* 31 août

2016 (https://www.tdg.ch/monde/an-ouverture-refugies-lallemagne-doute/story/19610852).

« Syrie : Tartous, "base navale russe permanente" » *Le Figaro* avec l'AFP, 10 octobre 2016 (https://www.lefigaro.fr/flash-actu/2016/10/10/97001-20161010FILWWW00102-syrie-tartous-base-navale-russe-permanente.php).

« Le racket géant des amendes économiques infligées par les États-Unis », Julie de la Brosse, *L'Express*, 10 novembre 2016 (https://lexpansion.lexpress.fr/actualite-economique/le-racket-geant-des-amendes-economiques-infligees-par-les-etats-unis_1848745.html).

« Trump et la décadence des États-Unis », Léo-Paul Lauzon, *Journal de Montréal*, 14 novembre 2016 (https://www.journaldemontreal.com/2016/11/14/trump-et-la-decadence-des-etats-unis).

« Les États-Unis : un impérialisme sans empire ? », François David, 16 février 2017 (https://www.geostrategia.fr/les-États-unis-un-imperialisme-sans-empire-de-la-destinee-manifeste-a-la-puissance-globale).

« Brexit : Londres assure qu'il paiera sa dette à l'UE », *Le Figaro* avec AFP, 16 juillet 2017 (http://www.lefigaro.fr/flash-eco/2017/07/16/97002-20170716FILWWW00076-Brexit-londres-assure-qu-il-paiera-sa-dette-a-l-ue.php).

« La France rayonne et prend la tête des pays influents », LCI, 18 juillet 2017 (https://www.lci.fr/international/la-france-de-macron-devient-le-pays-le-plus-influent-au-monde-en-matiere-de-soft-power-2058951.html).

« Un beau matin, l'Amérique se réveillera cul nu », Laurent Sagalovitsch, 14 mai 2018 (http://www.slate.fr/story/161620/etats-unis-amerique-decadence).

« Trump désigne l'Union européenne comme le principal ennemi des États-Unis (avec la Russie et la Chine) », *La Tribune*, 15 juillet 2018 (https://www.latribune.fr/economie/international/trump-designe-l-union-europeenne-comme-le-principal-ennemi-des-etats-unis-avec-la-russie-et-la-chine-785187.html).

« En finir avec le mythe du président providentiel », Michel Aubouin, *Les Échos* 24 décembre 2018 (https://www.lesechos.fr/idees-debats/cercle/en-finir-avec-le-mythe-du-president-providentiel-241124).

« Pourquoi l'Arctique intéresse-t-il tant Vladimir Poutine ? », Émilie Duhamel, 8 avril 2019, CNews (https://www.cnews.fr/monde/2019-04-08/pourquoi-larctique-interesse-t-il-tant-vladimir-poutine-828545).

« Classement des États du monde par puissance militaire », Atlasocio, 11 avril 2019 (https://atlasocio.com/classements/defense/puissance-militaire/classement-etats-par-puissance-militaire-monde.php).

« 21 août 1849, Victor Hugo appelle à la création des "États-Unis d'Europe" », *Le Monde*, 18 mai 2019 (https://www.lemonde.fr/idees/article/2019/05/18/21-aout-1849-victor-hugo-appelle-a-la-creation-des-etats-unis-d-europe_5463764_3232.html).

« Emmanuel Macron prône un "dialogue stratégique" avec la Russie » (source AFP et Reuters), *Le Point*, 11 juin 2019 (https://www.lepoint.fr/politique/emmanuel-macron-prone-un-dialogue-strategique-avec-la-russie-11-06-2019-2318295_20.php).

« Combien coûte la famille royale britannique ? Revenus des propriétés royales et coûts de la dotation aux contribuables », Nicolas Fontaine, 25 juin 2019 (https://histoiresroyales.fr/cout-famille-royale-britannique-fortune-revenus-proprietes-dotation-royale/).

« L'administration Trump qualifiée "d'inepte" par l'ambassadeur britannique », source AFP citant le *Mail on Sunday*, *Le Point* 7 juillet 2019 (https://www.lepoint.fr/monde/l-administration-trump-qualifiee-d-inepte-par-l-ambassadeur-britannique-07-07-2019-2323093_24.php).

« Les raisons de l'interminable expansion américaine », Mohamed El-Erian, *Les Échos*, 4 juillet 2019 (https://www.lesechos.fr/idees-debats/editos-analyses/les-raisons-de-linterminable-expansion-americaine-1035496).

« La livraison de missiles russes S-400 à la Turquie "a commencé", annonce Ankara » *Le Monde* avec l'AFP, 12 juillet 2019 (https://www.lemonde.fr/international/article/2019/07/12/la-livraison-de-missiles-russes-s-400-a-la-turquie-a-commence-annonce-ankara_5488522_3210.html).

« Le taux de natalité est au plus bas en Angleterre et au Pays de Galles », *Courrier international*, tiré de *The Guardian*, 2 août 2019 (https://www.courrierinternational.com/article/le-chiffre-du-jour-le-taux-de-natalite-est-au-plus-bas-en-angleterre-et-au-pays-de-galles).

« Macron juge l'Otan en état de "mort cérébrale" », *Le Point* avec l'AFP, 7 novembre 2019 (https://www.lepoint.fr/monde/macron-juge-l-otan-en-etat-de-mort-cerebrale-07-11-2019-2345916_24.php).

« "La France n'a pas signé pour ça" : Macron juge l'Otan en état de "mort cérébrale" », JG avec AFP, BFM TV, 7 novembre 2019 (https://www.bfmtv.com/international/la-france-n-a-pas-signe-pour-ca-macron-juge-l-otan-en-etat-de-mort-cerebrale-1801479.html).

« Emmanuel Macron warns Europe: NATO is becoming brain-dead », *The Economist*, 7 novembre 2019 (https://www.economist.com/europe/2019/11/07/emmanuel-macron-warns-europe-nato-is-becoming-brain-dead).

« L'Allemagne critique "l'égoïsme national" américain le jour anniversaire du Mur de Berlin », lexpress.fr avec AFP, 9 novembre 2019 (https://www.lexpress.fr/actualite/monde/europe/l-allemagne-critique-l-egoisme-national-americain-le-jour-anniversaire-du-mur-de-berlin_2106446.html).

« Avions de chasse : l'envol du F-35 », Anne Bauer, *Les Échos* 31 décembre 2019 (https://www.lesechos.fr/industrie-services/air-defense/avions-de-chasse-lenvol-du-f-35-1159720).

« Michel Duclos : "Les États-Unis ne seront plus jamais les gendarmes du monde" », Nicolas Barré, Yves Bourdillon et Lucie Robequain, *Les Échos*, 17 janvier 2020 (https://www.lesechos.fr/monde/enjeux-internationaux/michel-duclos-les-etats-unis-ne-seront-plus-jamais-les-gendarmes-du-monde-1163804).

« Germany Breaks Korea's Six-Year Streak as Most Innovative Nation », Michelle Jamrisko et Wei Lu, 18 janvier 2020 (https://www.bloomberg.com/news/articles/2020-01-18/germany-breaks-korea-s-six-year-streak-as-most-innovative-nation).

« Le général Lecointre "n'imagine pas" un engagement "avec les Allemands" dans des combats durs à un horizon prévisible », Laurent Lagneau, blog opex360.com, 20 janvier 2020 (http://www.opex360.com/2020/01/20/le-general-lecointre-nimagine-pas-un-engagement-avec-les-allemands-dans-des-combats-durs-a-un-horizon-previsible/).

« La Russie va fermer ses frontières avec la Chine pour éviter la propagation du virus », L'Express (avec l'AFP), 30 janvier 2020 (https://www.lexpress.fr/actualite/monde/asie/coronavirus-la-russie-va-fermer-ses-frontieres-avec-la-chine_2116769.html.

« Trump, l'homme qu'il fallait prendre au sérieux », Gérard Araud, *Le Point*, 6 février 2020, (https://www.lepoint.fr/monde/gerard-araud-trump-l-homme-qu-il-fallait-prendre-au-serieux-06-02-2020-2361517_24.php).

« Erdogan : "Des millions" de migrants se dirigeront "bientôt" vers l'Europe », *L'Express* avec l'AFP, 2 mars 2020 (https://www.lexpress.fr/actualite/monde/europe/erdogan-des-millions-de-migrants-se-dirigeront-bientot-vers-l-europe_2119811.html).

« L'armée se met au diapason de la détente russo-macronienne », *Intelligence Online*, n°849 du 11 mars 2020.

« Russie : le coup de force constitutionnel de Poutine », *Le Monde* du 12 mars 2020.

« Marcel Gauchet : "Avec le coronavirus, on redécouvre la souveraineté" », propos recueillis par Sébastien Le Fol et François-Guillaume Lorrain, *Le Point*, 17 mars 2020 (https://www.lepoint.fr/postillon/marcel-gauchet-avec-le-coronavirus-on-redecouvre-la-souverainete-17-03-2020-2367558_3961.php).

« La stratégie foireuse de Boris Johnson contre le coronavirus », Luc de Barochez, *Le Point*, 17 mars 2020, (https://www.lepoint.fr/monde/la-strategie-foireuse-de-boris-johnson-contre-le-coronavirus-17-03-2020-2367542_24.php).

« Donald Trump perd patience face au coronavirus », Gilles Paris, *Le Monde*, 24 mars 2020 (https://www.lemonde.fr/international/article/2020/03/24/donald-trump-perd-patience-face-au-coronavirus_6034181_3210.html).

« L'Otan lance une réflexion pour renforcer l'unité et la coordination politique entre ses membres », Laurent Lagneau, *Opex360*, 31 mars 2020 (http://www.opex360.com/2020/03/31/lotan-lance-une-reflexion-pour-renforcer-lunite-et-la-coordination-politique-entre-ses-membres/).

« La politique étrangère de l'administration Trump », Maya Kandel, 19 mai 2020 (https://vie-publique.fr/parole-dexpert/273699-la-politique-etrangere-de-ladministration-trump-par-maya-kandel).

« Mayflower Ancestry: The Case For and Against », International Churchill Society (https://winstonchurchill.org/resources/genealogy/mayflower-ancestry-the-case-for-and-against/).

« Vers des horizons inconnus », Mireille Pastoureau (http://expositions.bnf.fr/marine/arret/02-7.htm).

« Histoire : les 13 colonies anglaises d'Amérique du Nord », Isabelle Bernier (https://www.futura-sciences.com/sciences/questions-reponses/sciences-histoire-13-colonies-anglaises-amerique-nord-10724/).

« *He kept us out of war* » (https://www.woodrowwilsonhouse.org/1916-election).

« La Russie au XVIIIe siècle », Imago Mundi (http://www.cosmovisions.com/ChronoRussie1801.htm).

« La France dénonce l'intervention "inacceptable" de la Turquie en Libye et l'instrumentalisation de l'Otan », Laurent Lagneau, blog opex.360, 15 juin 2020 (http://www.opex360.com/2020/06/15/la-france-denonce-lintervention-inacceptable-de-la-turquie-en-libye-et-linstrumentalisation-de-lotan/).

« La France blâme le comportement inamical de la Turquie à l'Otan », Anne Bauer, *Les Échos*, 17 juin 2020 (https://www.lesechos.fr/monde/enjeux-internationaux/la-france-blame-le-comportement-inamical-de-la-turquie-a-lotan-

1215910#utm_source=newsletter&utm_medium=email&utm_campaign=nl_lec_18h-20200617).

« La désintégration des USA n'est plus de la science-fiction, mais attention aux conséquences », Artyom Lukin, association Entelekheia, 26 juin 2020. Traduction de l'article « America's disintegration no longer sounds like a crazy prediction, but no one will like the consequences », paru chez RT (http://www.entelekheia.fr/2020/06/16/la-desintegration-des-usa-nest-plus-de-la-science-fiction-mais-attention-aux-consequences/ et https://www.rt.com/op-ed/491871-america-disintegration-us-collapse/).

« Vladimir Poutine peut rester à la tête de la Russie jusqu'en 2036 », Benoît Vitkine, *Le Monde*, 2 juillet 2020 (https://www.lemonde.fr/international/article/2020/07/01/le-president-russe-vladimir-poutine-remporte-son-referendum_6044875_3210.html).

Sites internet seuls

Accès de la population mondiale à l'internet : https://wearesocial.com/fr/blog/2020/01/digital-report-2020/.

Critique d'André Loez sur le livre *La géographie ça sert d'abord à faire la guerre* d'Yves Lacoste : https://www.editionsladecouverte.fr/catalogue/index-La_geographie__ca_sert__d_abord__a_faire_la_guerre-9782707178367.html.

Forces en présence à Waterloo : https://www.napoleon-empire.net/batailles/waterloo.php.

Bibliothèque nationale de France : https://data.bnf.fr/fr/16602522/martin_waldseemuller_universalis_cosmographia/.

Wikipédia sur l'immigration aux États-Unis : https://fr.wikipedia.org/wiki/Immigration_aux_États-Unis.

Les États les plus détestés au monde : https://www.thetoptens.com/most-hated-countries/.

Données démolinguistiques en Russie : http://www.axl.cefan.ulaval.ca/europe/russie-2demo.htm.

Données sur les Slaves : http://www.cosmovisions.com/ChronoSlaves.htm.

Wikipédia sur l'occupation de la France à la fin du Premier Empire : https://fr.wikipedia.org/wiki/Occupation_de_la_France_%C3%A0_la_fin_du_Premier_Empire.

Divers

Conférence « Le monde des médias », Jean-François Khan, École de guerre (Paris, alors dénommée Collège interarmées de défense), 26 septembre 2006.

Audition à huis clos du général d'armée François Lecointre, chef d'état-major des armées françaises devant la Commission des affaires étrangères de l'Assemblée nationale du 6 novembre 2019, compte rendu n° 12 (http://www.assemblee-nationale.fr/15/cr-cafe/19-20/c1920012.asp).

Portrait du général de Gaulle en 1940, toile anonyme : https://www.histoire-image.org/fr/etudes/gaulle-1940.

Enregistrement audio phonique du discours du Premier ministre Winston Churchill du 4 juin 1940 (https://www.youtube.com/watch?v=MkTw3_PmKtc).

Reportage d'Arte France « L'Europe de la défense – Le choix des armes », 28 avril 2020 (https://www.arte.tv/fr/videos/087436-000-A/l-europe-et-sa-defense-le-choix-des-armes/).

Dossier « Politique étrangère américaine : histoire, origines, évolutions », Céline Pajon, 2004 (http://www.thucydide.com/realisations/comprendre/usa/usa1.htm).

Colloque « De Gaulle et son siècle » organisé à l'occasion du centenaire de la naissance du Général de Gaulle, en 1991, par la Fondation Charles de Gaulle.

Discours du 18 mars 2019 de Mme Florence Parly, ministre française des Armées, devant le groupe de réflexion Atlantic Council, spécialisé dans les relations internationales.

Discours du président américain Dwight Eisenhower sur le complexe militaro-industriel devant le Congrès du 17 janvier 1961 (http://perspective.usherbrooke.ca/bilan/servlet/BMDictionnaire?iddictionnaire=1846).

Discours du président américain George Bush devant le Congrès du 11 septembre 1990 (http://perspective.usherbrooke.ca/bilan/servlet/BMDictionnaire?iddictionnaire=1453).

Reportage diffusé sur la chaîne Arte (Thema) : « Le sabre et le bouclier – 1. Dserschinski&Co », Tracey Doran-Carter, Clover films pour ZDF Entreprises, 2019.

Rapport sénatorial français d'information fait au nom de la délégation pour l'Union européenne sur les relations entre l'Union européenne et la Fédération de Russie, Yves Pozzo di Borgo, mai 2007 (https://www.senat.fr/rap/r06-307/r06-3070.html).

Conférence de presse du général de Gaulle du 14 novembre 1949 au Palais d'Orsay.

Discours du Président allemand Hans Joachim Gauck, le 3 octobre 2013 : https://www.bundespraesident.de/SharedDocs/Downloads/DE/Reden/2013/10/131003-Tag-Deutsche-

Einheit-franz%C3%B6sische-Uebersetzung.pdf?__blob=publicationFile.

Le chapitre « The Heartland Theory and the Present-Day Geopolitical Structure of Central Eurasia » de *Rethinking Central Eurasia*, Eldar Ismailov and Vladimer Papava, Central Asia-Caucasus Institute (CACI), 2010 (https://www.silkroadstudies.org/resources/pdf/Monographs/1006Rethinking-4.pdf).

Wikipédia sur l'histoire de France : https://fr.wikipedia.org/wiki/Histoire_de_France.

La conférence d'Ernest Renan de 1882 à la Sorbonne (http://www.iheal.univ-paris3.fr/sites/www.iheal.univ-paris3.fr/files/Renan_-_Qu_est-ce_qu_une_Nation.pdf).

Image « traité de Verdun 843 » : Nicolas Ray – original image converted by Christoph S., Wolpertinger, CC BY-SA 3.0, https://commons.wikimedia.org/w/index.php?curid=3900443.

Image « carte de l'Europe en 1648 » : CC BY-SA 3.0, https://commons.wikimedia.org/w/index.php?curid=757611, basée sur la carte ope Image:BlankMap-Europe.png.

Post LinkedIn du Général Philippe Chalmel « France-Allemagne : et si les incompréhensions naissaient des constitutions ? », 17 mai 2016 (https://www.linkedin.com/pulse/france-allemagne-et-si-les-incompr%25C3%25A9hensions-des-philippe-chalmel/).

Wikipédia sur la liste de langues par nombre total de locuteurs : https://fr.wikipedia.org/wiki/Liste_de_langues_par_nombre_total_de_locuteurs.

Wikipédia sur la liste des peuples gaulois et romains : https://fr.wikipedia.org/wiki/Liste_des_peuples_gaulois_et_aquitains.

Revue *Hérodote* sur la France et les gaulois avant César : https://www.herodote.net/La_Gaule_et_les_Gaulois_avant_Cesar-synthese-426.php.

Discours sur la vocation de la nation française, père Henri-Dominique Lacordaire à la Cathédrale de Paris, 14 février 1841.

Discours de réception de Michel Debré à l'Académie française du 19 janvier 1989 (http://www.academie-francaise.fr/discours-de-reception-de-michel-debre).

Discours du général de Gaulle du 16 juin 1946 à Bayeux (https://mjp.univ-perp.fr/textes/degaulle16061946.htm).

Conférence de presse du général de Gaulle, chef de l'État, à l'Élysée le 15 mai 1962.

Conférence de presse du général de Gaulle, chef de l'État, à l'Élysée le 28 octobre 1966.

Adresse aux Français, Emmanuel Macron, président de la République, 12 mars 2020 (https://www.elysee.fr/emmanuel-macron/2020/03/12/adresse-aux-francais).

Discours du Pape Jean-Paul II à l'UNESCO, Paris, 2 juin 1980 (http://www.vatican.va/content/john-paul-ii/fr/speeches/1980/june/documents/hf_jp-ii_spe_19800602_unesco.html).

Entretien du général de Gaulle, accordé à l'hebdomadaire *Paris-Match*, 9 décembre 1967.

Mémorandum du général de Gaulle au Président des États-Unis d'Amérique et au Premier ministre du Royaume-Uni, 17 septembre 1958 (https://www.cvce.eu/obj/lettre_et_memorandum_du_general_de_gaulle_au_general_eisenhower_17_septembre_1958-fr-aebdd430-35cb-4bdd-9e56-87fce077ce70.html).

Interview du Président Donald Trump avec la chaîne CBS, 15 juillet 2018.

Discours du général de Gaulle devant la jeunesse allemande, à Ludwigsburg, 9 septembre 1962 (https://www.lumni.fr/article/discours-de-de-gaulle-devant-la-jeunesse-allemande-le-9-septembre-1962).

Audition du général d'armée (2S) Didier Castres devant la Commission des affaires étrangères, de la Défense et des forces armées du Sénat du 22 janvier 2020 (http://www.senat.fr/compte-rendu-commissions/20200120/etr.html).

Article 5 du Traité de l'Atlantique Nord du 4 avril 1949 (https://otan.delegfrance.org/Traite-de-l-Atlantique-Nord).

Table des matières

Structures éditoriales du groupe L'Harmattan

L'Harmattan Italie
Via degli Artisti, 15
10124 Torino
harmattan.italia@gmail.com

L'Harmattan Hongrie
Kossuth l. u. 14-16.
1053 Budapest
harmattan@harmattan.hu

L'Harmattan Sénégal
10 VDN en face Mermoz
BP 45034 Dakar-Fann
senharmattan@gmail.com

L'Harmattan Cameroun
TSINGA/FECAFOOT
BP 11486 Yaoundé
inkoukam@gmail.com

L'Harmattan Burkina Faso
Achille Somé – tengnule@hotmail.fr

L'Harmattan Guinée
Almamya, rue KA 028 OKB Agency
BP 3470 Conakry
harmattanguinee@yahoo.fr

L'Harmattan RDC
185, avenue Nyangwe
Commune de Lingwala – Kinshasa
matangilamusadila@yahoo.fr

L'Harmattan Congo
67, boulevard Denis-Sassou-N'Guesso
BP 2874 Brazzaville
harmattan.congo@yahoo.fr

L'Harmattan Mali
Sirakoro-Meguetana V31
Bamako
syllaka@yahoo.fr

L'Harmattan Togo
Djidjole – Lomé
Maison Amela
face EPP BATOME
ddamela@aol.com

L'Harmattan Côte d'Ivoire
Résidence Karl – Cité des Arts
Abidjan-Cocody
03 BP 1588 Abidjan
espace_harmattan.ci@hotmail.fr

L'Harmattan Algérie
22, rue Moulay-Mohamed
31000 Oran
info2@harmattan-algerie.com

L'Harmattan Maroc
5, rue Ferrane-Kouicha, Talaâ-Elkbira
Chrableyine, Fès-Médine
30000 Fès
harmattan.maroc@gmail.com

Nos librairies en France

Librairie internationale
16, rue des Écoles – 75005 Paris
librairie.internationale@harmattan.fr
01 40 46 79 11
www.librairieharmattan.com

Librairie l'Espace Harmattan
21 bis, rue des Écoles – 75005 Paris
librairie.espace@harmattan.fr
01 43 29 49 42

Lib. sciences humaines & histoire
21, rue des Écoles – 75005 Paris
librairie.sh@harmattan.fr
01 46 34 13 71
www.librairieharmattansh.com

Lib. Méditerranée & Moyen-Orient
7, rue des Carmes – 75005 Paris
librairie.mediterranee@harmattan.fr
01 43 29 71 15

Librairie Le Lucernaire
53, rue Notre-Dame-des-Champs – 75006 Paris
librairie@lucernaire.fr
01 42 22 67 13

www.ingramcontent.com/pod-product-compliance
Lightning Source LLC
LaVergne TN
LVHW010428230826
846092LV00009BA/1083

* 9 7 8 2 3 4 3 2 0 9 2 1 0 *